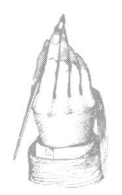

論理的な英語が書ける本

How to Become a Skillful Writer in English

﨑村耕二［著］

［英語校閲］
Roger Charles Nunn

大修館書店

まえがき

　本書は，実際に英語を書いてみる，という観点で書かれたライティングの手引き書である。「英語を実際に書いてみる」とはわかりきったことのように聞こえるかもしれない。英語を書いてみなければ，そもそもライティングは意味を成さないからである。ところが，この当たり前のことを促し，教えてくれる手引き書がなかなか見あたらないのである。

　本書は，主に大学生および中級レベル以上の一般学習者を対象としている。想定しているのは，英語のレポート，エッセイ，ビジネスレター，電子メールなどを実際に書く必要に迫られている状況である。そのような現実的な状況で，英語を書くための一連の作業の段取りを示し，取り組みの定石を示すことがねらいである。

　すべてのあらゆる困難な課題と同様，外国語の学習は，一定の形から入り，一つ一つステップを踏んでいかなければ上達は見込めない。水泳を教える時に，生徒をいきなり海の中に投げ込んで「泳げ」というインストラクターはいないだろうが，英作文については，それに近いことが行われてきた。「英文法，教えた。英文解釈，教えた。英文和訳，いやと言うほど訓練した。もう書けるね。あとは勝手にやれ。」という具合である。

　本書ではそのような実態をよく見きわめ，一定の手がかりに則って英語を書き始めるという作業を重視した。作曲家が楽想を得るためにとりあえずピアノの鍵盤をたたいてみる，という行為から入るのと同様に，本書では，具体的な語句や実例を手がかりにして英文を組み立てる作業へと進む。

　そのために，第1章「センテンスを書く」と第2章「パラグラフを書く」で，基本的なライティングの要点をまとめた。次に，第3章「整理する」と第4章「展開する」において，建築物にもたとえうる英語ライティ

ングの構築術を類型化して説明した。第5章「効果的に表現する」では，言葉の選び方や吟味の仕方，辞書の活用法，さらには英語らしい言い回しや構文，そして，一定の効果を狙った表現技法を解説した。そして第6章「文書を作成する」では，ライティングの最後の仕上げで必要となる文書作成の取り決めを説明し，論文・レポート・手紙の様式の基本を理解するための便利な情報と実例を提供している。

以上が本書の構成の骨格であるが，さらに第7章「書いてみよう」を設けて，実作の練習課題を提供している。具体的な英語表現のヒントを示しながら，ライティングのプロセスを見せているので，読者は，大きな課題の前で茫然とすることなく，最初の取りかかり（単語やトピックの検討）から始まって，文（sentence）を組み立て，一定の内容の固まりをパラグラフに仕上げるプロセスなどを実地に見ることができる。また，今すぐに英語を書かなければならないというせっぱ詰まった状況におかれた人にとって，具体的な英語表現はなによりも便利だと思われるので，巻末に「ライティングに使える英語表現集」を付けている。

以上のとおり，本書の大きな特徴は，英語を今からすぐに書くという現実的な必要性に直面している人に，実際的な助けを提供していることである。単調であまり知的刺激をかき立てられない旧来の「和文英訳」という枠を超えて，ものをどうとらえるか，そしてとらえた内容を英語でどのように組み立てて効果的に表現するかという，思考を伴ったライティングへと踏み込むきっかけになれば幸いである。

このように自由な発想を実体化する機会を著者に提供してくださった大修館書店の皆様，とりわけ，執筆の過程で，辛抱強くきめ細かな手引きをしてくださった編集部の佐藤純子氏には，心より感謝いたしたい。

平成21年6月

﨑村耕二

目次

まえがき　iii

第1章　センテンスを書く　　3

  1　「何が…する／…である」をはっきりさせる　4
  2　主語を決める　5
  3　動詞を決める　9
  4　修飾語句を決める　13
  5　センテンスの配分を決める　23
  6　英語の句読法　27

第2章　パラグラフを書く　　37

  7　パラグラフの頭は字下げする　38
  8　分量は100語前後が目安　39
  9　一つのパラグラフでは一つのトピックを取り扱う　42
 10　それぞれのパラグラフには固有の目的を持たせる　43
 11　パラグラフにはトピック文を置く　44
 12　トピック文を支える内容を示す　56
 13　内容を整理しパラグラフへ振り分ける　58
 14　統一性を考えて書く　60
 15　脈絡を考えて書く　62
 16　しめくくる　67

第3章　整理する　　　　　　　　　　　　　　　　　　71

17　時間的に並べてつなぐ　72
18　空間的に並べてつなぐ　76
19　順序を付けて並べてつなぐ　78
20　並列で並べる　84
21　追加的につなぐ　86
22　階層化する　89
23　前後を指し示してつなぐ　92
24　つなぎ語（接続詞・副詞など）を用いる　97
25　つなぎ語を用いずに文の流れを整える　99

第4章　展開する　　　　　　　　　　　　　　　　　　101

26　具体的に述べる　102
27　詳しく述べる　104
28　分類・分割する　105
29　個別のものへ内容をしぼる　107
30　一般的なものへ内容を広げる　108
31　比較・対照させる　110
32　定義する　114
33　論理的に述べる　116
34　問いを投げかける　119
35　問題を考察する　121
36　新たな視点を導入する　122
37　視点を深める　123
38　興味を段々高めていく　126

第5章　効果的に表現する　　129

- 39　言葉の選択に迷ったときには…　130
- 40　辞書を活用する　130
- 41　パソコンで用例を検索する　147
- 42　日本語の発想に引きずられない　148
- 43　主眼点をどこに置くか　161
- 44　命令形を使う　165
- 45　省略する　166
- 46　強調する　167
- 47　比喩を用いる　171
- 48　繰り返す　174
- 49　事実と見解を区別する　176
- 50　意見や感情をうまく表現する　177
- 51　会話文や引用文を本文に組み込む　179
- 52　文体を考える　182
- 53　分野に特有の語彙や文体に配慮する　185
- 54　フォーマルとインフォーマルを区別する　186
- 55　同じ内容を言い換えて表現する　191

第6章　文書を作成する　　193

- 56　校正——最後の重要な作業　194
- 57　ページのレイアウト　195
- 58　文献の引用と典拠の明示　200
- 59　フォーマル・レターを書く　204

第7章　書いてみよう　213

- 課題1　適切な言葉を選ぶ　214
- 課題2　主語をはっきり示す　214
- 課題3　英語らしい主語を選ぶ　215
- 課題4　無生物主語を用いて文を書く　217
- 課題5　内容をセンテンスにまとめる　218
- 課題6　トピック文を書く　219
- 課題7　トピック文を書き分ける　220
- 課題8　トピック文とそれを支える内容を書く　221
- 課題9　目的を定めてパラグラフを書く　222
- 課題10　内容を振り分けてパラグラフを組み立てる　224
- 課題11　時の推移を軸にして書く　227
- 課題12　空間的な位置に基づいて配列する　228
- 課題13　関連する語句を整理する　229
- 課題14　話題を整理する　232
- 課題15　アウトラインを書く　233
- 課題16　スケジュールを書く　235
- 課題17　案内文を書く──宣伝・勧誘・広告を書く　236
- 課題18　作業手順や方法・行程について書く　241
- 課題19　フォーマル・レター（ビジネスレター）を書く　243
- 課題20　電子メールを書く──簡潔に要点を伝えるメッセージ　244
- 課題21　電子メールを書く──親しみを込めた気軽なメッセージ　247
- 課題22　伝記を書く──人物の生涯について書く　248
- 課題23　物語を書く　250
- 課題24　自分自身について書く──自分の履歴を書く　252
- 課題25　小文を書く──自分の身に起こった出来事について書く　253
- 課題26　論述文を書く（推論）　256
- 課題27　論述文を書く（論理的な考察）　258

付録　ライティングに使える英語表現集　261

   1　付け加えるための英語表現　262
   2　順番を付けるための英語表現　263
   3　時間を示す英語表現　264
   4　経験・経歴を示す英語表現　268
   5　空間を示す英語表現　269
   6　文を対等につなぐための英語表現　273
   7　文を主従でつなぐための英語表現　274
   8　論理を示す英語表現　276
   9　定義するための英語表現　281
  10　例をあげるための英語表現　281
  11　一般論を述べるための英語表現　282
  12　見解・主張を示す英語表現　283
  13　意見や感情を示す英語表現　283
  14　強調を示す英語の副詞　286
  15　It is ... to .../ It is ... that ... の英語表現　287
  16　ビジネスレターでよく使われる英語表現　288
  17　親しい相手への手紙によく使われる英語表現　293
  18　電子メールでよく使われる英語表現　295
  19　日記・手帳でよく使われる英語表現　297

引用文献　299

参考文献　301

論理的な英語が書ける本

第1章　センテンスを書く

　ライティングの基本は，センテンス（sentence）を書くことである。わずか数行のメモであっても，数百ページにわたる大論文であっても，一つ一つのセンテンスの積み重ねで成り立っているという点では同じである。もちろん，そのセンテンスはいくつかの単語（word）で成り立っている。一つ一つの単語に含まれているのはそれぞれの語義のみである。事実や見解など意味のある一つの内容を表すためにはセンテンスという単語のかたまりが必要になる。したがって，英文を書くためには，まずセンテンスを書くということが重要になる。

1 「何が…する/…である」をはっきりさせる

　一つの内容を一つの文で表す時,「何がどうする/どうである」という基本的内容がもとになる。これは,述べようとしていることが単純であろうが複雑であろうが,基本的にすべての文について言えることである。

$$\boxed{\text{何が}} + \boxed{\text{…する/…である}}$$

　日本語では,「何が」の部分が前後関係から明らかであれば,それをはっきり主語として表さないことが多い。それに対して英語では,主語と動詞を表示することなしには内容のあるセンテンスが成り立たない。したがって,英語でセンテンスを書く場合に一番大切なことは,「何がどうする」をはっきりさせることである。

　「何が」にあたる部分は,人間,物体,生物,概念などであり,具体的には,「私」「田中さん」「水」「地球」「机」「桜」「鳥」「愛情」「提案」のようなものである。(「それ」「だれ」「彼ら」のような代名詞が用いられる場合もあるがそれはあくまで言葉の上のことである。)

　次に,「どうする」の部分である。ここでは,主体の行為,動作,現象などを表したり,状態,様子,性質などを表す。

参考
「何がどうする」という形をとらない文もある。会話ではよく用いられる次のような用例は,ライティングにも無関係ではないだろう。
(1) Please send your résumé to the following address.（履歴書を下記の住所に送って下さい。）[命令：行為の主体は you]
(2) Let us consider the second point.（第2の点を考察しよう。）[提案：行為の主体は we]
(3) Of course.（もちろん。）/ Obviously.（明らかに。）/ Absolutely.（まったく。）[副詞表現（修飾される部分の省略）]
(4) Found dead.（死体で発見。）[新聞記事などの見出し（省略形）]
(5) How beautiful!（なんてきれい。）/ What a pity!（残念。）[感嘆文（省略形）]
(6) The idea!（そんなことを考えるなんて。）/ Congratulations!（おめでとう。）[名詞表現を用いた感嘆・祝福]

| 主体 | + | 行為・動作・現象・状態・様子・性質 |

以上のことをふまえたうえで，英語のセンテンスの仕組みを考えてみよう。

2 主語を決める

1. 主語をはっきり示す

英語のセンテンスは主語がなければ成り立たない。書こうとしている事柄の主体をはっきりさせておくことが大切である。つまり「何がどうする」の「何が」をはっきりさせることである。

| 何が | どうする |

英語を書く場合，日本語の表現様式に引きずられ，「何がどうする」の骨格があやふやになることがある。それは，主語を明示しないことが多い日本語の特徴に慣れているからである。次の文を見てみよう。

・車を運転しながら携帯をかけているのを見かけた。危険だと思った。

日本語の文としてみれば自然な文である。しかし，主体は何かという観点で見ると，次のようなものが主語として示されていないことがわかる。
　・車を運転していた人
　・それを見かけた人
　・危険であること
　・「思った」人
しかし，英語では行為・動作・状態・性質などを文の述部（「どうする」，

「どうである」にあたる部分）で述べようとする場合，それらの主体は何かと考え，主語を文の中に組み込まなければならない。下の文のように，英語では，主体が言葉の上で示されて初めてセンテンスが成り立つのである。

- I saw a man speaking on his cell phone while driving. I thought it was dangerous.
- →（人が）車を運転しながら携帯をかけているのを（私は）見かけた。（そのようなことは）危険だと（私は）思った。

☞ 「第7章 書いてみよう」課題2

2. 主語を決める（もの・ひと）

　主語を決めるにあたって，何を主体とみなすのかを考えよう。大きく分けると，「もの」を主体にするか，「ひと」を主体にするかで，文の主語，ひいては文の仕組みが決定される。次のリストを参考にして，ふさわしい主体＝主語を考えてみよう。

【私】
- I agree with his view that tax reduction will stimulate the economy.（減税が経済を活性化させるという彼の見解に私は賛成だ。）

【人】
- He is wrong in thinking that tax reduction will stimulate the economy.（減税が経済を活性化させると考える彼は間違っている。）

【生物】
- Plants absorb carbon dioxide.（植物は二酸化炭素を吸収する。）

【人間一般】
- When we are underestimated, we tend to become angry.（われわれは過小評価された時，腹を立てがちである。）

- If <u>you</u> have a skill, <u>you</u> will never be out of a job.
  （人は手に職を持っていれば食いはぐれることはないだろう。）
- <u>They</u> speak Spanish in Mexico.（メキシコではスペイン語を話す。）

【もの】
- <u>The train</u> leaves at ten.（列車は10時に発車する。）
- <u>The rock</u> on the street was obstructing the traffic.
  （通りに横たわった岩が交通を妨げていた。）

【組織】
- <u>The committee</u> is considering the issue now.
  （委員会は目下，その件を検討中である。）

【思考】
- <u>The thought</u> that she might refuse me made me nervous.
  （彼女が私を拒絶するかもしれない，という思いは，私を不安にした。）

【行為】
- <u>His attitude</u> surprises me.（彼の態度は私を驚かせる。）
- <u>Teaching English to a class of one hundred students</u> is a difficult job.（1クラス100人の学生に英語を教えるのは大変な仕事だ。）
- <u>To say</u> "The film was excellent," is an exaggeration.
  （「その映画はすばらしかった」と言うのはおおげさだ。）

【it】
- <u>It</u> is fine today.（今日は晴れだ。）
- <u>It</u> was just yesterday that I met her.
  （私が彼女に会ったのはつい昨日のことだ。）
- <u>It</u> is important to focus on the things we have in common.
  （われわれが共通に持っているものに焦点を当てることが重要である。）
- <u>It</u> turned out that I made the best choice.
  （私は最善の選択をしたということがわかった。）

☞ 「第7章 書いてみよう」課題 3, 4

3. 主語を決める（意味上の主語）

　文の一部が，文全体の主語とは別の主体を持つ場合がある。つまり「to do」や「doing」（分詞構文）の意味上の主語である。

【意味上の主語を表示する場合】
・It will take a week <u>for me</u> to read through the book.
　（私がその本を読み上げるのには一週間かかるだろう。）
　→センテンス全体の主語は it であるが，read の主体は me（← I）である。

・I fell on the ground, <u>my nose</u> beginning to bleed.
　（私は鼻血を出しながら地面に倒れた。）
　→センテンスの主語は I であるが，分詞構文の beginning（← begin）の主体は，my nose である。

【意味上の主語を表示しない場合】
・<u>The fan</u> brings heated air out of the container, keeping the inside temperature at a certain level.
　（ファンは，内部の温度を一定に保ちながら，熱をもった空気を容器の外に送り出す。）
　→分詞構文の keeping（← keep）の主語は，センテンスの主語 the fan と一致しているので，表示しない。

4. 英語にふさわしい主語を選ぶ

　何を主体とするかについて，日本語と英語とで一致しないことがよくある。日本語の発想に引きずられないように主語を決めよう。

(1) 時間が残り少なくなってきた。⇒We are running out of time.
(2) 雨がたくさん降った。⇒It rained heavily.
(3) どうしてあなたはそんなにイライラしているのですか。
　⇒What makes you so nervous?
(4) 建設的な批評は歓迎です。⇒I welcome constructive criticism.
(5) 日本銀行からお金を借りることはできません。
　⇒You cannot borrow money from the Bank of Japan.

　(1)の日本語では，費やされる「時間」そのものが主体としてとらえられるのに対し，英語では時間を費やす者としてのweが主体になっている。
　(2)の日本語では「雨」そのものが主体になっているのに対し，英語では非人称的な状況が主体になっており，天候を表すitを主語にとっている。
　(3)の日本語では「あなた」が主体になっている。英語ではwhat「何」が主体になっている。つまり「何があなたをそれほどイライラさせているのですか」という形で主体をとらえている。
　(4)の日本語では「批評」が主体になっているように見えるが，実は隠れた主語「私」がある。「私は批評を歓迎する」ととらえる。
　(5)の一般的な人が主体と考えられる場合には，英語ではyou（またはwe / one）を用いる。

☞　「第7章　書いてみよう」課題2, 3

3　動詞を決める

1.「…する／…である」の部分を書く

　「何がどうする/どうである」の「何が」をはっきりさせれば，次は「…する/…である」の部分を決めてセンテンスを組み立てる。

何が　…する/…である

【行為・動作・現象】…する
- If you put your hand on the sensor, the door will open automatically.（センサーに手を当てれば，ドアは自動的に開く。）
- The earth revolves around the sun in 365 days.
（地球は 365 日で太陽のまわりを回る。）

【状態・持続・所有】…している
- The cottage stands near the river.
（その小屋は川の近くに建っている。）
- Peter majors in law.（ピーターは法律を専攻している。）
- I have an office of my own.（私は自分のオフィスを持っている。）

【A＝B】…である
- Peter is a university student.（ピーターは大学生である。）

【存在】～がある［There ＋ be 動詞 ＋ 主語…の構文］
- There was a discussion about the matter yesterday.
（その件について昨日話し合いがあった。）

【完了・進行・未来】…し終わった/…している/…だろう
- They had finished packing by sunset.
（彼らは日没までに梱包を終了した。）
- The committee is considering the issue now.
（委員会は目下，その件を検討中である。）
- It will rain tomorrow.（明日は雨でしょう。）

【可能・当然・推測など】…できる/…すべきだ/…かもしれない，など
- I can write English quite well.

(私は英語を書くことはかなりできる。)
- We should think about the future of our children.
  (われわれの子どもたちの将来のことを考えるべきだ。)
- He may change his mind. (彼は心変わりするかもしれない。)

2. 自動詞と他動詞

「…する/…である」を成す基本部分は動詞であり，特に，自動詞と他動詞の用法の区別をすることがライティングでは重要になる。特に以下の点に注意しておこう。

(1) (行為や動作の) 対象を持たない(自動詞)
- I like to read. (私は読書が好きだ。)
- She smiled. (彼女は微笑んだ。)

(2) (行為や動作の) 対象を持つ(自動詞＋前置詞と他動詞)
【自動詞＋前置詞】行為・動作の対象を表すために前置詞をともなう。

「…に応える」	[○] reply to	[×] reply
「…を見る」	[○] look at	[×] look
「…を聞く」	[○] listen to	[×] listen
「…をざっと読む」	[○] browse through	[×] browse
「…にぶつかる」	[○] bump into	[×] bump

【他動詞】直後に目的語をとる。たとえば discuss は他動詞なので「discussed about the issue」とは言わない。日本語では「…について議論する」と言うので，英語の他動詞の後にうっかり前置詞を入れたくなる。同様の事例を次の通り整理しておこう。

「…について検討する」	[○] consider	[×] consider about
「…に似ている」	[○] resemble	[×] resemble with
「…に着く」	[○] reach	[×] reach to

「…に接近する」	[○] approach	[×] approach to
「…に出席する」	[○] attend	[×] attend to
「…に答える」	[○] answer	[×] answer to

(3) 自動詞と他動詞の両方の働きを持つ

- The company is growing rapidly.（その会社は急成長している。）
- Farmers grow fruits as well as vegetables here.
（この地方では農夫たちは野菜だけでなく果物も栽培する。）

■自動詞と他動詞の両方の働きを持つ動詞の例：

```
grow 「育つ」[自動詞] /「…を育てる」[他動詞]
run  「走る」[自動詞] /「…を経営する/…を動かす」[他動詞]
sell 「売れる」[自動詞] /「…を売る」[他動詞]
```

(4) 自動詞でも「…を…する」の意味を含むことがある

　　I don't smoke.（私は煙草を吸わない。）＝I don't smoke cigarettes.

■「…を…する」の意味を含む自動詞の例：

```
drink (liquor)（酒を飲む）/ eat (food)（食物を食べる）/ read (books,
etc.)（読書する/何かを読む）/ wave (one's hand)（手を振る）
```

3.「…する」と「…である」を相互に書き換える

　一般動詞を用いた「…する」とbe動詞を用いた「…である」の選択は、かならずしも固定的なものではない。構文の効果を比べながら、どちらがふさわしいかを考えることが大切である。相互に書き換える練習をしてもよいだろう。

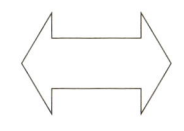

| …する
（一般動詞） | ⇔ | …である
（be 動詞＋名詞/形容詞） |

| Paul often cries for no reason.（ポールはささいなことでよく泣く。） | Paul is a crybaby.（ポールは泣き虫だ。） |
| She made a success of her business.（彼女は事業を成功させた。） | She was successful in her business.（彼女は事業がうまくいった。） |

4 修飾語句を決める

1．修飾語句の働き

　英語表現の基本は，述べたいことの骨格をまず打ち出すことである。これがまずできていなければならない。次に求められることは，修飾することである。文の中のある言葉の意味を補足したり限定したりすることである。次のような図で理解しておこう。

【「…が」　→　「…する」】
・The baby smiled.（その赤ん坊は微笑んだ。）

【{どのような}「…が」　→　「…する」】
・The <u>cute</u> baby smiled.（そのかわいらしい赤ん坊は微笑んだ。）

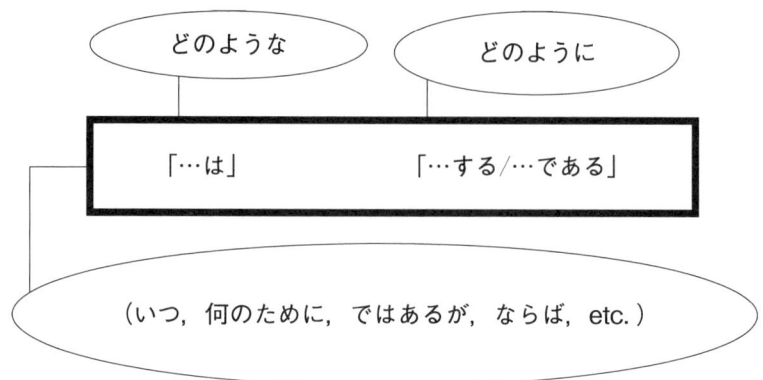

【「…が」 → ｛何に対して｝「…する」】
・The cute baby smiled <u>at me</u>.（そのかわいらしい赤ん坊は私に微笑んだ。）

【「…が」 → ｛どのように｝「…する」】
・The cute baby smiled <u>beautifully</u> at me.
（そのかわいらしい赤ん坊は私ににっこりと微笑んだ。）

【「…が…する」（…とき）】
・The cute baby smiled beautifully at me <u>when I held it in my arms</u>.
（私が抱っこすると，そのかわいらしい赤ん坊は私ににっこりと微笑んだ。）

　センテンスを書くとき，頭の中で，何を中心に内容を整理するか，という重点化のプロセスが必要である。英語のライティングでは，基本的に，骨格になるものをまずはっきり打ち出すということが大切である。ここで言う「骨格」とは，それがなければそもそもセンテンスが成り立たない部分である。枝葉になる部分は後回しにする。枝葉とは，それがなくても主旨はそこなわれない部分である。日本語の構文は，「葉」から入り，だんだん「枝」を継ぎ足していって最後に「木」の姿が見えてくる，という形が多いが，英語のセンテンスを書く時には，まず「幹」を立て，「木」の全体の姿を暗示しておいて「枝葉」を見せていく，という形を基本と考えよう。

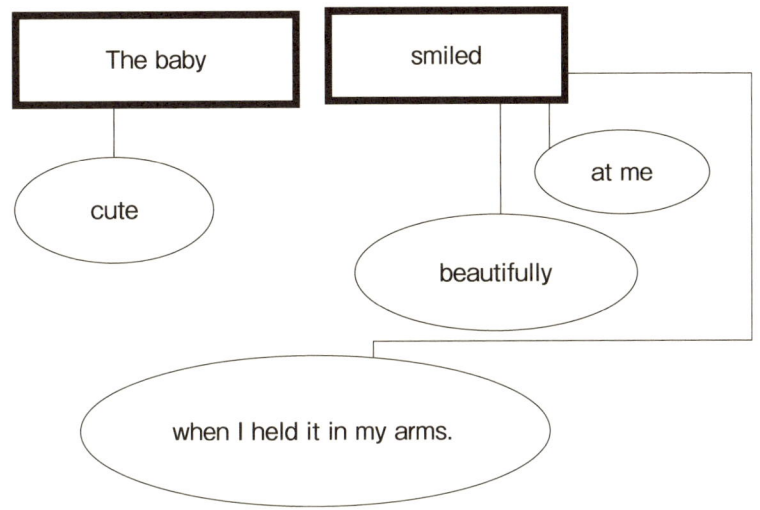

2. 前から修飾する（後の名詞へ）

「もの・こと」の意味内容を「どのような」で詳しく述べていくことを考えよう。名詞の意味を限定・補足するための最も単純な形は，前から後の言葉へ意味をかける形である。

> どのような→　　もの・こと

【形容詞または名詞が，後ろの名詞の意味を限定する】
- a blue tie（青いネクタイ）[形容詞→名詞]
- a sleeping dog（眠っている犬）[形容詞(〜ing)→名詞]
- unpublished documents（未刊行の文書）[形容詞(〜ed)→名詞]
- a TV addict（テレビ依存症）[名詞（形容詞的用法）→名詞]
- a sleeping bag（寝袋＝a bag for sleeping）[動名詞→名詞]
- the old American couple（老年のアメリカ人夫婦）[形容詞，形容詞→名詞]

【同格の立場で，前の語句が，後ろの語句を明確化することがある】
- <u>Former vice-president of the United States</u> <u>Al Gore</u> is now active as an environmental activist.（元アメリカ合衆国副大統領アル・ゴアはいま環境問題活動家として活躍している。）
  → 下線部＿と下線部＿は同格である。ただし前の語句は後ろの語句の意味を限定している。アル・ゴアは他にもいるかもしれないが，元アメリカ合衆国副大統領であったアル・ゴアのこと。

3．後ろから修飾する（前の名詞へ）

「もの・こと」を「どのような」で詳しく述べていく場合，後ろから前の名詞へ，句・節をかけて，その意味を後ろから補足・限定する形が英語の特徴である。形容詞・前置詞句（形容詞句）・不定詞句・関係代名詞節がよく用いられる形である。英語では，後ろから前へかかるものは次のような形をとる。

【名詞の後ろに前置詞句をつなげる】
- I would like a room <u>with a view</u>.（眺めの良い部屋をお願いしたい。）
- The committee has set up the guidelines <u>for cutting the budget</u>.
  （委員会は予算削減のためのガイドラインを作成した。）
  → 前置詞に導かれる語句は，内容の骨格を肉付けするために用いられる。場所，時間，目的，所有，手段など前置詞それぞれの持つ意味に応じて，表現内容を詳述したり限定したりする。

■前置詞の例：

after / at / before / between / by / during / for / from / in / of / on / through / till / to / under / with など。

【名詞の後ろに現在分詞（～ing）や 過去分詞（～ed など）を置く】
- The report was released by the committee <u>consisting</u> of twelve experts in educational reform.

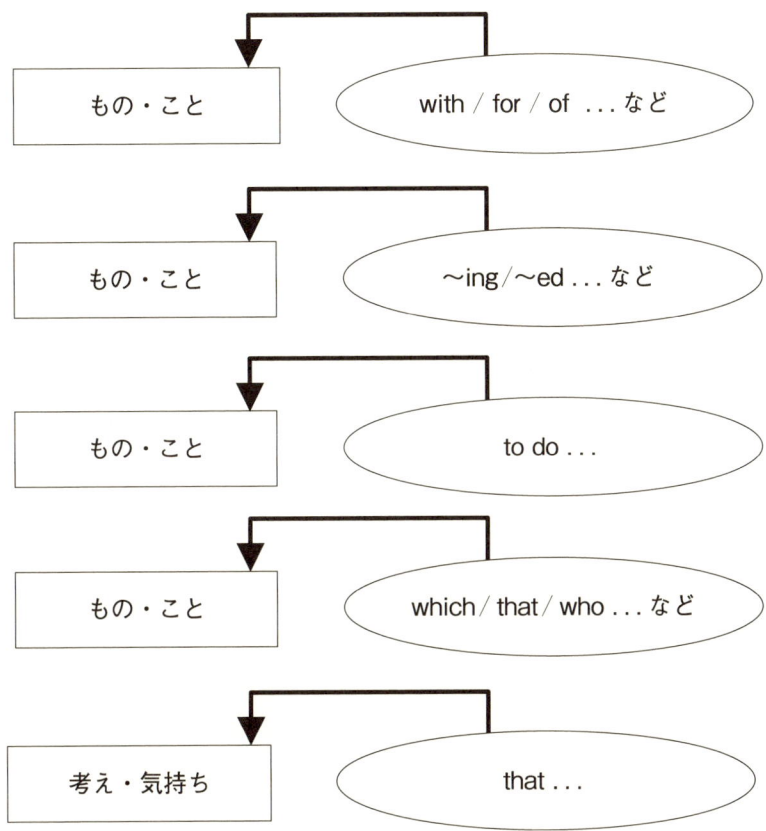

（その報告書は教育改革の専門家12人から成る委員会によって発表された。）
- The house <u>built</u> by the contractor collapsed.
（その業者によって建てられた家は倒壊した。）

【名詞の後ろに to do を置く】
- The committee's plan <u>to cut</u> the budget is a surprise.
（委員会による予算削減計画は意外である。）

【名詞の後ろに関係詞を置く】
- I have two brothers <u>who are doctors</u>.

（私には医者の兄弟が二人いる。）
- The committee which consisted of twelve experts released a report. （12 人の専門家から成る委員会が報告書を発表した。）
  → who, which, that, what や when, where, why, how のような関係詞は，センテンスの「幹」から伸びる大きな「枝」のように表現内容を拡張する。センテンスの中のある名詞（それが主語であれ目的語であれ補語であれ）の意味を限定，説明，補足するために使われる。

【the thought などの名詞の後ろに that 節をつなげる】
- The committee reached the conclusion that the new method should be adopted. （委員会はその新方式を採用すべきだとの結論に達した。）
- The university's decision that they should cut the research budget is a surprise.
  （研究予算を削減すべきだという大学の決定は意外である。）
  → ある種の名詞（たとえば thought）は，それが指している内容を示すのに同格の that 節を従える。「thought」だけではどのような内容かわからないので，直後に that ... と続けて示すのである。この種の名詞に多いのは，意図・決心・提案・思考・感情・情報・発言などにかかわる名詞である。

■指している内容を示すのに同格の that 節を従える名詞の例：

advantage（利点）/ agreement（一致）/ announcement（告知）/ argument（議論）/ assertion（主張）/ assumption（仮定）/ belief（信念）/ chance（見込み）/ claim（主張）/ comment（意見）/ complaint（不平）/ conclusion（結論）/ condition（条件）/ confidence（自信）/ decision（決定）/ demand（要求）/ desire（願望）/ discovery（発見）/ duty（義務）/ effect（効果）/ evidence（証拠）/ exception（例外）/ explanation（説明）/ fact（事実）/ fear（不安）/ feeling（気持ち）/ ground（立場）/ guess（推測）/ hope（希望）/ idea（考え）/ impression（感じ）/ information（情報）/ knowledge（知識）/ likelihood（可能性）/ news（情報）/ notice（通告）/ notion（概念）/

observation（観察）/ opinion（意見）/ point（要点）/ possibility（可能性）/ promise（約束）/ remark（意見）/ reply（返事）/ report（報告）/ request（依頼）/ rumor（うわさ）/ statement（声明）/ suggestion（提言）/ supposition（仮定）/ theory（説）/ thought（考え）/ truth（真実）/ understanding（了解）/ view（見解）

【同格で，後ろから前の意味を明確化する】
- Diet, the legislative branch of the government, is made up of the House of Representatives and the House of Councilors.
  （立法府である国会は，衆議院と参議院から成り立っている。）
  →この文例の下線部＝と下線部＿は同格であり，後ろの語句は前の語句を言い換えることによって，その意味を明確にしている。

4．「どのような」や「どのように」の意味を修飾する

　「どのような」や「どのように」の意味をさらに補うことを考えてみよう。形容詞や副詞の意味を限定したり補足したりする場合である。前から後ろにかかる場合と，後ろから前へかかる場合がある。

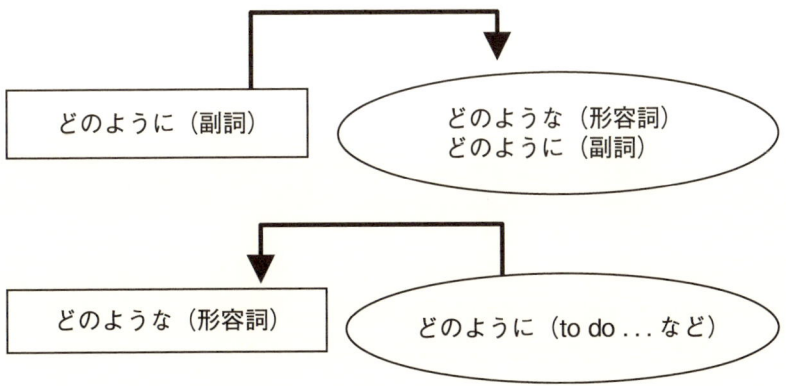

【前から後ろへ】
- <u>newly</u> developed cars（新開発の車）[副詞→形容詞]
- The museum is <u>financially</u> successful.
  （その博物館は収益面ではうまくいっている。）[副詞→形容詞]
- The gate was closed <u>immediately</u> after sunset.
  （その門は日没後すぐに閉められた。）[副詞→副詞句]

【後ろから前へ】
- The client is difficult <u>to deal with</u>.（その顧客は扱いにくい。）
- He was so kind <u>as to bring me a glass of water</u>.
  （彼は親切にも私に水を持ってきてくれた←私に水を持ってきてくれるほど親切だった。）

■to do ... の形をとる形容詞の例：

> ready ／ anxious ／ easy ／ difficult ／ dangerous ／ willing ／ eager ／ keen ／ likely ／ glad ／ certain ／ sure
> ★ too ... to ／ so ... as to などの形もある。

5.「する」の意味を修飾する

「どのように…する」のように，動詞の意味を補足したり限定したりするためには副詞や副詞に相当する句・to 不定詞・節を用いる。

> どのように → （…する）

【副詞・副詞句】
- He understands the point <u>clearly</u>.
  （彼は要点がはっきり理解できている。）
- The country is developing <u>much more slowly than before</u>.
  （その国は，以前よりも発展の進み方がずっと遅い。）

→副詞・副詞句は，特定の動詞ではなく文全体の意味を補っていると解釈できる場合がある。文全体の意味を補う用法については次項を参照。

【to do】（副詞的用法）　動詞・句動詞の意味を修飾する。目的・結果・判断の根拠・条件などを示す。
・We need money to fix the matter.
（その件を処理するためにはお金が必要だ）［目的］
・The boy grew up to be a pianist.
（少年は成長してピアニストになった。）［結果］
・He must be a genius to produce such an excellent piece of art.
（そんなにすばらしい芸術品を生み出すなんて彼は天才にちがいない）
［判断の根拠］
・To hear him speak Japanese, you would take him for a Japanese.
（彼が日本語を話すのを聞いたら，日本人とまちがえるだろう。）［条件］

【to do / that 節】動詞の具体的な意味内容を示す
・The University decided to cut the research budget.
（大学は研究予算を削減することを決定した。）
・The University decided that they should cut the research budget.（大学は研究予算を削減することを決定した。）

　ある種の動詞は，その対象となっている内容を示すのに to do や that 節を従える。この種の動詞に多いのは，意図・決心・願望・提案・思考・感情・情報・発言などの意味にかかわる名詞である。

6．文全体の意味を修飾する

　文中の一定の語句の意味を補うのではなく，文全体（主節）にかかる副詞・副詞句・副詞節がある。

> どのように→「〜は…する／…である」

【副詞・副詞句】(to 不定詞と分詞構文を含む)
- <u>Clearly</u>, he does not understand the point.
  (明らかに，彼は要点を理解していない。)
  → clearly は文全体を修飾している。
- I am short of money. <u>In other words</u>, I cannot afford luxury.
  (私はお金がない。言い換えれば，贅沢ができない。)
- <u>Encouraged by my father</u>, I decided to study abroad.
  (父に励まされて，私は留学を決心した。)

【副詞節】
- I went out <u>after I had cleaned up my room</u>.
  (部屋をきれいに掃除した後，私は外出した。)［時］
- The student gave up applying to the school <u>because he could not afford the tuition</u>. (その学生は，授業料が払えなかったので，その学校への志望をあきらめた。)［理由］

副詞節は，主節を修飾し，その内容を補足したり限定したりする。次のような語で導かれる副詞節は，それぞれ一定の意味内容を主節に付け加える。

■副詞節を導く語句の例：

［時・時間］	as / after / before / when / whenever / while / if / until / since / once / as soon as
［場所］	where / wherever
［原因・理由］	because / as / since / now that
［結果］	so that / so ... that / such ... that
［条件］	if / unless / in case / as long as / provide that
［譲歩・容認］	although (though) / while / whereas / when / even if / whether ... or ...

5 センテンスの配分を決める

1. 一定の内容をセンテンスに配分する

　望ましいセンテンスの形を整えるためには，一つのセンテンスにどれだけの内容を盛り込めばよいかを考えることが大切である。一つの内容を二つのセンテンスに分ける，あるいは逆に，二つの内容を一つのセンテンスにまとめる，ということもあり得る。センテンスの長さを考えながら内容の配分を検討してみよう。

(1) **一つの内容をいくつかのセンテンスに切り分ける**
　一つの内容を一つのセンテンスに詰め込むのではなく，二つ以上のセンテンスで表せないかどうか検討してみよう。

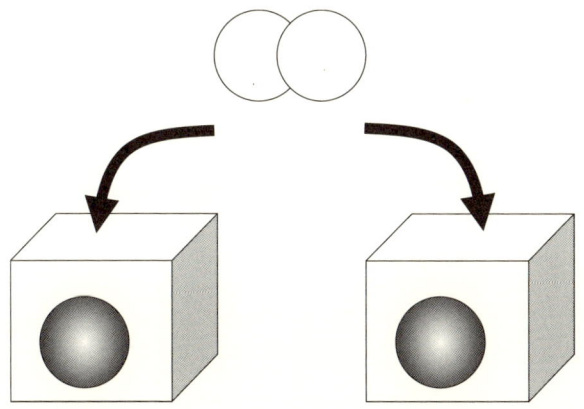

・I have a piano <u>which</u> my grandmother gave me as a present.
　（私は祖母からプレゼントされたピアノを持っている。）
⇒I have a piano. <u>It</u> is a present from my grandmother.
　（私はピアノを持っている。それは祖母からのプレゼントである。）

一つの内容を複数のセンテンスで表した場合，センテンス同士のつながりを明らかにする必要が出てくる。たとえば上記の文例では「a　piano which ...」の部分を「a piano. It ...」の形に切り分けてうまくつないでいる。第 3 章「整理する」を参考にしよう。

- The policemen searched <u>inside and outside</u> the garden for the child.
  （警察は子どもを求めて公園の中と外を捜索した。）
⇒ The policemen searched inside the garden for the child. They <u>also</u> searched outside.
  （警察は子どもを求めて公園の中を捜索した。彼らは外も捜索した。）

(2) 二つの内容を組み合わせて一つのセンテンスに盛り込む
　今度は前項とは逆に，二つのセンテンスで表した内容を一つに組み合わせて一つのセンテンスに盛り込めないかどうか検討してみよう。

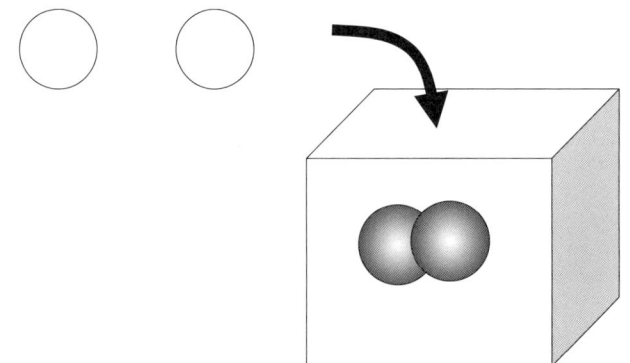

- You can pay by cash. Alternatively, you can pay by credit card.
  （現金でお支払いいただくことができます。あるいは，クレジットカードでのお支払いも可能です。）
⇒ You can pay by cash or by credit card.
  （お支払いは現金でもクレジットカードでも可能です。）

- Animals move around freely. Plants, <u>on the other hand</u>, grow in a fixed position.
  (動物は自由に動き回る。他方，植物は固定された場所で成長する。)
⇒ <u>Whereas</u> animals move around freely, plants grow in a fixed position.
  (動物は自由に動き回る一方，植物は固定された場所で成長する。)

(3) **センテンスの長さを考える**

　一つのセンテンスの長さに決まりはない。たとえばメモや日記では短いセンテンスが多く用いられる。他方，学術論文のように，30 語を越える長いセンテンスが連続する英文もある。同じ文章の中でも長さはさまざまに移り変わる。一般的な目安としては，10 語〜20 語を標準的な長さと考え，目的や様式，そして，文の流れやリズムに応じて，2 語〜30 語の範囲で変化を加えるとよいだろう。

　時々，英作文の教科書で「できる限り短いセンテンスで書け」といった助言を見かける。もし，最初から最後まで短いセンテンスで通せ，というのであれば，それは受け入れがたい。会話文ならばともかく，ビジネスレターや学術的な英文では，短文だけで十分な内容を表現することは難しいだろう。内容表現を簡明化するどころか，逆に，語の使用が非効率になり，文体的に単調で勢いのない英文ができてしまう。短文の連続は，幼稚な印象をあたえることもあるだろう。

　重要なことは，理想的なセンテンスの長さは何語かという問題ではなく，表現内容に見合った適切なセンテンスを，前後の流れのなかで組み立てていくということである。長すぎると思ったら二つに分割する，逆に，二つの文を一つに統合するという工夫が必要である。

☞　「第 7 章　書いてみよう」課題 5

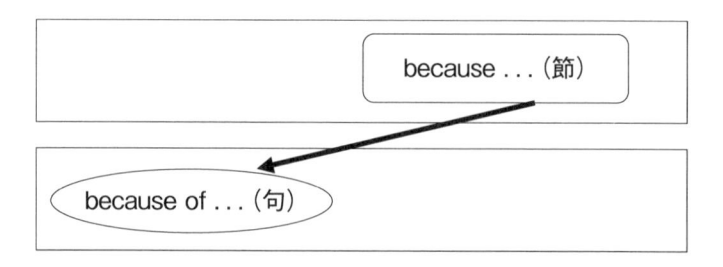

```
                      ┌─────────────────┐
                      │ because ... (節) │
                      └─────────────────┘
                              ↙
  ┌─────────────────┐
  │ because of ...(句)│
  └─────────────────┘
```

2. 句にまとめる

　一つの内容を「句」という部分にまとめることを検討してみよう。たとえば，副詞節を副詞句にまとめるのである。

- Yellow often suggests happiness <u>because it has long been associated with gold</u>.
  (長い間，黄色といえば金を連想させてきたので，黄色はしばしば幸福を暗示する。)
- ⇒ <u>Because of its long association with gold</u>, yellow often suggests happiness. (長い間の金との連想のために，黄色はしばしば幸福を暗示する。)

☞　「第7章　書いてみよう」課題5

3. 節にまとめる

　一つの内容を「節」という部分にまとめることを検討してみよう。

- <u>In spite of</u> the success he has achieved in business, he is not rich.(ビジネスにおいておさめた成功にもかかわらず，彼は金持ちではない。)
  ⇓
- <u>Although</u> he has achieved success in business, he is not rich.
  (彼はビジネスにおいて成功したが，金持ちではない。)

```
┌─────────────────────────────────┐
│     In spite of ... (句)        │
│            │                    │
└────────────┼────────────────────┘
             ▼
┌─────────────────────────────────┐
│     Although ... (節)           │
└─────────────────────────────────┘
```

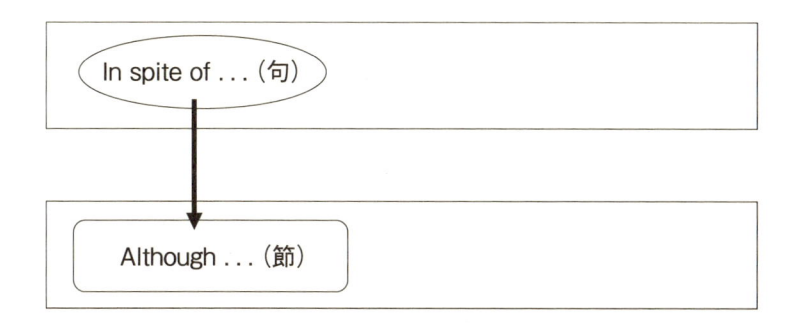

☞　「第7章　書いてみよう」課題5

6　英語の句読法

　英語を書くとき，言葉以外に必要となるものがある。「, . ; : ―」のような符号，つまり句読点である。英語の句読点には，独自の使用法があるので，適切な使い方を学んでおきたい。これはライティングの内容を正確かつ効果的に表現するためにも重要なことである。ここでは代表的なものを解説しよう。

,	comma（コンマ）
.	period（または full stop）（ピリオド / 終止符）
;	semicolon（セミコロン）
:	colon（コロン）
' '	single quotation marks（一重引用符）
" "	double quotation marks（二重引用符）
-	hyphen（ハイフン）
―	dash（ダッシュ）

　詳しい英語の句読法については *MLA Handbook for Writers of Research Papers*（以下，*MLA*）など権威のある手引書で調べてみよう。

また書こうとしている英文の内容や様式と同じ分野の英語文献にあたって多くの実例を調べてみることも役に立つ。

1. コンマ

符号	名称	基本的用法
,	comma （コンマ）	(1) センテンス内に区切りを入れる。 (2) センテンス内の語句のかたまりを他の部分から切り分けて示す。 (3) 挿入句をくくる。 (4) 列挙される語句を区切る。 (5) 修飾関係を示す。

【副詞節が主節に先立つときに，副詞節の末尾にコンマを入れる】
- When we are underestimated, we tend to become angry.
（われわれは過小評価された時，腹を立てがちである。）

【副詞句や分詞構文を区切る】
- According to the weather forecast, it will rain tomorrow.
（天気予報によれば，明日は雨だ。）
- I decided to fly to Nagoya and then to take the train, believing that it would be the fastest way to go to Toyohashi.
（私は名古屋まで飛行機で行き，それから列車に乗ることに決めた，それが豊橋に行く早道だと考えたから。）

【非制限用法の関係詞節を区切る】
- He moved to Tokyo, where he became famous as a TV personality.
（彼は東京へ移り，テレビタレントとして有名になった。）

【挿入句の前後を区切る】
- Our curriculum offers a variety of language courses. You can take, for example, such Asian languages as Chinese and Korean.
(本校のカリキュラムは，さまざまな語学クラスを提供しています。たとえば中国語や朝鮮語のようなアジアの言語を履修することができます。)

【同格の語句を区切る】
- Margaret Thatcher, the former prime minister of Britain, visited Japan a few times during her office.
(元イギリスの首相であったマーガレット・サッチャーは在任中に数回日本を訪れている。)

【語句を並列の関係で列挙するときに，それぞれを区切る】
- My favorite pastimes are fishing, camping, and swimming.
(私の趣味は，釣り，キャンプ，そして水泳です。)

【ある言葉が，次のどの言葉にかかるのかを明らかにする】
- I deleted the last three, less important names.
(私は最後の，重要ではない名前を三つ消した。)
 → three は，less important と同格で names にかかる。

2. ピリオド

符号	名称	基本的用法
.	period / full stop (ピリオド/終止符)	(1) センテンスの末尾を示す。 (2) 省略記号に用いる。 (3) 数字の表記に用いる。

- G. J. Smith graduated from Well Done University with a B.A. in Economics.

(G・J・スミスはウェルダン大学で経済学の学士号を得て卒業した。)

【略号・略語にピリオドを付ける*】
[名前・称号等]　　　　　G. J. Smith / Dr. Smith / Mr. Smith など。
[学位]　　　　　　　　　B.A. / B.S. / M.A. / Ph.D.
[月]　　　　　　　　　　Jan. / Oct.
[国名・組織・団体名等]　U.K. / U.S.A.
→イギリス式ではピリオドを付けないことが多い。略号・略語にピリオドを使うかどうかについては，逐一，辞書で確認することが大切である。

【数字の表記にピリオドを用いる】
[小数点]　　　　　　　3.14
[通貨の単位]　　　　　$10.50
[時刻（イギリス式）]　10.00 p.m.
→アメリカ式は時刻の表記にコロン（ : ）を用いる。

3．セミコロン

符号	名称	基本的用法
;	semicolon （セミコロン）	ピリオドでは区切りが強すぎ，コンマでは区切りが弱すぎる場合に，セミコロンを使って二つの節をつなぐ。

・You can use the software for free under the following conditions: (1) you use the software for evaluation purposes; or (2) you use the software for private purposes; or (3) you are a student or a university or college staff member.
　（このソフトは次の条件により無料で使用することができます。(1)試しに使ってみる場合，または，(2)個人的に使う場合，または，(3)学生か大学職員であ

---

* 略号・略語であってもピリオドなしを正式な表記としているものもある。
　FBI / UNICEF / BMW など。

る場合。）
　→コロンで導入された三つの節（or ...）を区切っているのがセミコロンである。

- Professor Kinpachi is approachable and understanding; Professor Scrooge, very unfriendly and difficult.
（金八教授は気さくで思いやりがある。スクルージ教授は冷たくて気むずかしい。）
　→このように両者の内容が並列関係にあり，特に対照を成す場合にセミコロンがよく用いられる。セミコロンの後の文では，be 動詞が省略されている。

4．コロン

符号	名称	基本的用法
:	colon（コロン）	(1) 次に続く部分を指し示す。引用文などを導入したり，いま述べた内容を敷衍したり，説明を加えたり，言い換えるために用いられる。 (2) 数値の表示などに用いられる。

【引用文や数式などを導入する】
Let us consider the first part of Longfellow's poem:
　　　　I shot an arrow into the air,
　　　　It fell to earth I knew not where;
　　　　For, so swiftly it flew, the sight
　　　　Could not follow it in its flight.
　→ここでは「ロングフェローの詩の最初の部分を考察してみよう」という導入の文の後にコロンが打たれ，次に詩からの引用が表示されている。

【次に続く文を the following ... などで指し示す】
- We may ask ourselves the following question: Are we entirely free from blame?（われわれは次のような質問を自分自身に問うてもよかろう。われわれはまったく責任がないと言えるだろうか、と。）
  → ここでは「the following ...（次の...）」が指し示す内容をコロンの後に続けている。

【いま述べた内容を敷衍する】
- Unless the person who set the table has got it wrong, the forks will always be set in the same way: The salad fork will be on the outside.
  （テーブルをセットした人の間違いでないかぎりフォーク類はいつでも同じ置き方をする。つまり、サラダ用フォークは外側に置かれるのである。）
  (John Bridges and Bryan Curtis, *50 Things Every Young Gentleman Should Know*.)
  → ここでは「フォーク類の置き方」という趣旨を敷衍する内容がコロンのあとに続けられている。

【「すなわち」の意味で、具体的項目を挙げる】
- There are three kinds of bees in a hive: the workers, the queen, and the drones.
  （箱飼いのミツバチには三つの種類がある。働き蜂、女王蜂、雄蜂である。）

【数値や項目を区切る】
時刻の表示（アメリカ式表記）、文献目録における出版地名と出版社名の区切り、手紙の出だしの呼びかけなど。
[時刻]　　　I got up at 6 : 30.（私は6時30分に起きた。）
[文献目録]　Tokyo: Taishukan-shoten, 2009.（東京、大修館書店、2009年）
[手紙]　　　Dear Mr. Smith :（拝啓スミス様）

5. 引用符

符号	名称	基本的用法
' ' " "	quotation marks （引用符） single quotation marks（一重）/ double quotation marks（二重）	(1) 引用文を囲む。（直接話法の発話部分。他の文献または他者の発言からの引用） (2) 話題になっている語句を囲んで際立たせる。 (3) 詩，短編，論文，歌，絵などの表題を囲む。 (4) single（一重）は，二重引用符の内部に引用符が必要になったとき用いる。 (5) イギリス式においては主に single（一重）を上記(1)〜(3)の用法で用いる。

【直接話法の発話部分】

- She said to me, "I like the songs by Southern All Stars."
 （彼女は私に「サザンオールスターズの歌が好きだ」と言った。）

- Ernest Hemingway used the term "a movable feast" to express his feelings about Paris. "If you are lucky enough to have lived in Paris as a young man," he writes, "then wherever you go for the rest of your life, it stays with you."
 （アーネスト・ヘミングウェイはパリへの思いを表すのに「移動祝祭日」という言葉を用いた。「もしきみが幸運にも若いときにパリに住んだことがあるならば，」と彼は書いている，「その後の人生でどこへ行こうとも，パリはきみについてまわるのだ」）

【詩，短編，論文，歌，絵などの表題】

- The short story "The Murders in the Rue Morgue" was written by Edgar Allan Poe.
 （短編小説「モルグ街の殺人事件」はエドガー・アラン・ポーの作である。）

- The article entitled "My Dream" appeared in the school paper.
（「私の夢」と題された記事が学校新聞に掲載された。）

- She sang "Après un rêve."（彼女は「夢のあとに」を歌った。）

- She said to me, "I like the song 'TSUNAMI' by Southern All Stars."
（彼女は私に「サザンオールスターズの『TSUNAMI』という歌が好きだ」と言った。）
→ double quotation marks の内部に引用符が必要になったので single quotation marks が用いられている。

6. ハイフン

符号	名称	基本的用法
―	hyphen （ハイフン）	(1) 二つ以上の語をつないで複合語を形作る。 (2) 語の一部を行末で次行に送る場合に, 分綴を表示する。

【複合語】
by-product（副産物）/ sit-in（すわりこみ）/ mid-forties（四十代半ば）/ commander-in-chief（最高指令官）
→なお, 複合語であっても, ふつうハイフンを用いない場合もある（例：bystander）。複合語にハイフンを用いるかどうかについて, 個別の事例は逐一, 辞書で確認することが大切である。

【行末の分綴】
　タイプ原稿では, 行末の凸凹を均すために, 右端に突き出た長い単語をハイフンで二つに分け, 次の行に送ることがおこなわれる。ハイフンによって分綴できる箇所には一定の決まりがあるので, 辞書で確認しよう。

(なお,提出原稿の規定には,行末の分綴を禁止しているものも多いので,提出先の規定を確認しておこう。)

> It is therefore important to examine the relationship between the media and our knowledge of the world mainly in terms of human communication and knowledge.

7. ダッシュ

符号	名称	基本的用法
—	dash (ダッシュ)	センテンス内に,強調的なニュアンスとともに区切りを入れて文を導入する。 (1) 前述の内容を受けて敷衍的,追加的にしめくくる。(エッセイや報道記事で用いられることが多い。) (2) 語句や文を挿入する。 (3) 列挙された複数の項目をひとくくりに受ける。

- In Britain, a single ticket could cost more than a return ticket —a mystery which confuses tourists from other countries.
  (イギリスでは片道切符よりも往復切符のほうが安いこともある――これは海外からの観光客にとってはわけがわからないことである。)

- Personal interviews are different from other sources of information because they are informal and—for the person interviewed—unprepared.
  (個人的に人と面談して情報を得ることが他の情報源とは異なるのは,それが形式ばらないためであり――面談を受ける側からみれば――準備なしで行われるためである。)　　　　　　　　　　(John Seely, *Writing Reports*.)

→ダッシュではさまれた語句に注意をうながし，次に来る語（unprepared）を強調している。

Julia, Fatou, Hubbard, Barnsley, Mandelbrot—these mathematicians changed the rules about how to make geometrical shapes. (ジュリア，ファトゥー，ハバード，バーンズリー，マンデルブロ――これらの数学者たちは幾何学的図形の作成に関する法則を変革したのである。)

(James Gleick, *Chaos: Making A New Science*.)

第2章　パラグラフを書く

　パラグラフ（paragraph=段落）は，通常，いくつかのセンテンスからできており，一つのトピックにかかわる一定の内容と構成を持つ。
　日本語では「文章読本」や「小論文の書き方」などの手引書で，「段落」という内容の区切りについて説明されることが多いので，決してなじみが薄いわけではないだろう。ところが，一般的に，日本語の文章を書く際に「段落」を内容構成の基礎単位として強く意識することはあまりないようである。
　英語を書く場合は，パラグラフに対して特に強い意識を持つことが大切である。英語の文章では理知的な内容構成が意識され，それにともなってしっかりとしたパラグラフ構成が重視されるのである。これは言語表現の問題だけではなく思考の形成とその表現にもかかわることであるので，根本的な認識が必要である。

7　パラグラフの頭は字下げする

　見た目に一つのパラグラフが一つのかたまりとしてわかるように，通常，パラグラフの頭（つまり第1行の始まり）を右へ引っ込める。図1のように，スペースが空くことになる。英文ワープロでタイプ打ちする場合の一つの標準は5文字分空けることである。（MLAのような様式では，欧文文字で5文字または1インチと定められている。☞第6章「文書を作成する」）

図1　パラグラフの頭を字下げする

5文字空ける

↓　All objects on or near the earth's surface are attracted to its center. This pull of the earth is called the force of gravity. A stone rolling down a hillside, falling rain or snow, a ball dropping to the ground, are all examples of it. The earth's layer of air, called the atmosphere, remains close to the earth's surface instead of wandering into space because of the force of gravity.

　　　　(George Bischof, and Eunice Bischof, *Sun, Earth, and Man.*)

　ただし，図2のように，字下げをせず，パラグラフとパラグラフの間に空白行を置いて区切ることも多い。これは，ビジネス文書や電子メールでよく行われる。

図2　空白行でパラグラフを分ける（ビジネスレターなど）

> Dear Mr. Tanaka:
>
> Thank you for contacting us with regard to the delivery problem of item No 8367. We sincerely apologize for any inconvenience the delay may have caused.
>
> We have found out that the item was delivered to the address with the same room number in a different apartment in your neighborhood. This should never have happened. Again, we would like to offer our sincerest apologies.

1行分空ける

8　分量は100語前後が目安

　一つのパラグラフの長さには決まりがあるわけではないが，書こうとする内容の整理を行うにあたって，分量の目安を持っていると便利である。語数で言えば100語前後を目安とし，±50語程度の幅で増減させるとよいだろう（例1）。ただし，これはあくまで標準的な分量である。同じ文章の中でもそれぞれのパラグラフがどのような内容を取り扱うかによって短くなったり長くなったりする。

　また，英文の分野，様式，目的により，長さの傾向が異なってくる。論文や報告文では，踏み込んだ論考や詳述が中心となるので，一つのパラグラフはかなり長くなる。精密な分析，詳細な説明，緻密な描写のためには，200語を越える分量が求められることもある。（例2）

　逆に，あえてパラグラフを短くする場合もある。事実を簡潔に提示したり，実務的な要点のみを伝達したり，話し言葉や出来事の躍動的な展開をねらう場合には，1パラグラフあたり1～3のセンテンスのみということもありうる。くだけたエッセイや私信メール，物語，報道記事，簡潔なビジネスレター，社内メモなどでは，パラグラフは短くなる傾向がある。（例3）

■例1　標準的なパラグラフ（レポート・論説・解説文など）

　There are as many different ways of writing as there are writers. Some novelists—especially detective story writers—prepare a rough plot for the first few chapters, sit down to write, never to look back, and let the story and the characters develop themselves. In most cases the results are sloppy in the extreme, but there are many exceptions. Rex Stout, for example, one of my favorite authors, told a newspaper reporter that he never revised his work. He never rewrote. His stories, he said, took form while he was writing them, and he sent his typescripts directly to the publisher without revision. The only rereading he did was the output of the preceding day. Georges Simenon, I believe, had a comparable method of working. They exemplify writers of vast talent, disciplined imagination, and fluent writing technique. 〉137語

　A newspaper reporter may write as rapidly as his fingers can pound the typewriter and send off his copy as fast it is written. Samuel Johnson wrote *Rasselas* in enormous haste, giving the hand-written sheets, as fast as he finished them, to a printer's boy who stood waiting at his elbow. Rudolph Virchow, we are told, did not revise. His manuscripts, where still extant, show negligible corrections. 〉68語

　The noted medical historian Henry Sigerist gave a detailed account of his own method of writing. He had, apparently, a remarkably systematic mind. When starting to write a major work, he would first prepare a brief outline, approximately a page in length. This would suffice for a journal article or a single chapter in a book. Every working day he would write for three hours, from 9:00 in the morning until noon, and during this period he would finish about five pages, some 700 words in all. Using special copy books of folio size, he wrote in longhand on the recto only, while the facing left-hand page he kept for footnotes and minor changes. But the changes would be minor indeed; for practical purposes what he wrote was in absolutely final form. 〉132語

(Lester S. King, *Why Not Say It Clearly*.)

■例2　長いパラグラフ（学術論文や報告書）

> 　　Women aged 18-55 years with a body mass index (BMI) of 25-39 were recruited through four physician provider sites. Following eligibility screening and informed consent, patients were randomly assigned to either the 1-year Patient-centered Assessment and Counseling for Exercise and nutrition via the Internet (PACEi) intervention or an "enhanced" standard care comparison group (Calfas et al., 2002). Figure 1 shows the recruitment procedure and response rates. Standard care participants crossed over to PACEi after 12 months. Standard care participants received usual advice from their provider concerning overweight; to change their physical activity and eating habits. They also received a standard set of materials summarizing recommendations for diet and exercise. The PACEi intervention consisted of a computerized assessment which produced a stage-based action plan to improve physical activity and nutrition behaviors. Patients then received an initial face-to-face goal setting session with their healthcare provider based on the plan. Participants were then encouraged to log on to the website on a monthly basis to learn about physical activity, nutrition, and skills for change through tutorials and tip sheets and to set monthly goals. Intervention patients could complete a total of 12 computer modules. Support and tailored feedback on skills adoption and goal setting for the physical activity and eating behaviors were provided by trained PACEi health advisors on a monthly basis by email and through quarterly telephone sessions. The target behaviors were increasing physical activity, fruit and vegetable intake, fiber intake, and decreasing dietary fat. There was no content that addressed depression or depressive symptoms.　　　　　　　　　　　　　　　　　　　　　　　　255語
>
> 　　The validated 10-item short version of the Center for Epidemiological Studies Depression Scale (CESD-SF) [Andresen et al., 1994] was given to participants at baseline, 6 and 12 months. The scale developers suggest a score of 10 or greater can be considered as a cut off for probable depression.　48語

(Jacqueline Kerr et al. "Randomized Control Trial of a Behavioral Intervention for Overweight Women: Impact on Depressive Symptoms." *Depression and Anxiety*.)

■例3　短いパラグラフ（軽いエッセイ，会話文など）

> I hate to meet young people from foreign countries. They make me feel so inferior and they make me blush for our own young people in America. }27語
>
> Dining with us last evening was a German boy of nineteen, who arrived on these shores a week ago to attend a college in Ohio. His grasp of English was superb, and I asked him how often he had been to America. }42語
>
> "Oh, never before," he said. "This is my first trip here. But, from my reading, I feel as if I know America very well." }24語

(Sydney J. Harris, *For the Time Being*.)

9　一つのパラグラフでは一つのトピックを取り扱う

　一つのパラグラフでは一つのトピック（話題）だけを取り扱うことが基本である。一つのパラグラフにいくつもの異なる話題を詰め込んではいけない。パラグラフはいわば「箱」のような働きをする。この箱の中に入れることができるのは，一つのトピックだけである。もう一つ入れたいと思ったら，同じパラグラフの中に入れず，新たにパラグラフを設けて，その中で取り扱うのが原則である。

　論文やレポートのように，理知的な説明や論理的な考察を主眼とする文章では，かならず，1パラグラフ＝1トピックの原則を守ろう。

☞　「第7章　書いてみよう」課題6

10 それぞれのパラグラフには固有の目的を持たせる

　パラグラフを書き始める前に，そのパラグラフの目的を明確にしておこう。事実を淡々と記述したいだけなのか，言葉を定義したいのか，主張を論理的に展開したいのかなど，いろいろな目的に応じてまとまりのあるパラグラフを書くことが大切である。

　下記のパラグラフでは，物体が地球の中心へ引かれるという科学的事実が話題になっており，重力の作用の具体例が示されている。このパラグラフにははっきりとした目的が設定されており，この目的のもとにパラグラフにまとまりができている。

このパラグラフの目的
「地球上の物体には重力が働いていることを具体例をあげてわかりやすく説明する」

　All objects on or near the earth's surface are attracted to its center. This pull of the earth is called the force of gravity. A stone rolling down a hillside, falling rain or snow, a ball dropping to the ground, are all examples of it. The earth's layer of air, called the atmosphere, remains close to the earth's surface instead of wandering into space because of the force of gravity.
（地球の表面や表面近くの物体はすべて，中心へ向かって引かれている。地球から働くこの引っ張る力を，重力と呼ぶ。丘を転がり落ちる石，降る雨や雪，地面に落ちるボールはすべてこの例である。大気圏と呼ばれる地球上の空気の層は地表近くにとどまっており，宇宙へ漂い出ることがないのは，重力の働きによるのである。）

(George Bischof, and Eunice Bischof, *Sun, Earth, and Man*.)

パラグラフの主な目的には次のようなものがある。パラグラフを書こうとするとき，その目的を決める手がかりにしよう。
- ●例をあげて説明する　●論証する
- ●要約する　　　　　　●定義する
- ●比較・対比する　　　●一般化する（一般論を述べる）
- ●個別化する（個別のものを取り上げる）
- ●事実を描写する

☞　「第7章　書いてみよう」課題9

参考

　パラグラフに目的を振り分ける際，助けになるのは，「アウトライン」を作成することである。これは，英文を書く前に，どのような内容をどのような順序でつなげていくかについて大まかなプランを決める作業である。

11　パラグラフにはトピック文を置く

1．トピック文では内容を簡潔に言い表す

　トピックを定めパラグラフの目的が決まれば，次に取りかかるべきことは，トピック文*を書くことである。トピック文とは，パラグラフの要点を簡潔に言い表す文のことである。いわば，パラグラフの顔である。

　それでは，具体的にトピック文はどのようなもので，どのような働きをするのかを，実例に即して見てみよう。下記の「トピック文の例1」に示しているのは，ロンドンの公園と市場について書かれたパラグラフの例である。最初の文——Two things many people enjoy in London are the parks and the markets.——がトピック文になっており，パラグラフ全体の話題を提示している。典型的なトピック文の例である。

　トピック文の基本的な役割は，パラグラフの話題を示すことであるが，

---

*　トピック文は，英語では topic sentence（トピックセンテンス）と言う。話題文と訳されることもある。

11. パラグラフにはトピック文を置く

【トピック文の例1】

> トピック文 → パラグラフの話題を簡潔にセンテンスで示す。
>
> <u>Two things many people enjoy in London are the parks and the markets.</u> From many popular places in the center of London it's only a few minutes' walk to a park, where you can have your picnic lunch or a rest on the grass. You will find big, well-known markets near the center too, like Leadenhall, Billingsgate and Portobello Road. However, there are lots of smaller and less famous ones which are good places to shop for clothes, food and souvenirs or to watch and listen to Londoners at work.
> (多くの人々がロンドンで楽しむものに二つのものがあるが，それは公園と市場である。ロンドンの中心部にある多くの人気スポットから，ほんの2，3分歩いただけで公園へ行くことができ，弁当を食べたり，芝生の上で休んだりできる。ロンドンの中心近くには，大規模の有名な市場もある。たとえば，レドンホール，ビリングズゲイト，ポートベローロードである。しかし小さくてあまり知られていない市場もたくさんあり，そのような場所は，服や食べ物やお土産を買ったり，ロンドンっ子が立ち働く姿に目をみはったり耳を傾けたりするのに持ってこいだ。)

(Christine Lindop, and Dominic Fisher, *Discover Britain*.)

このことは，同時に，パラグラフの内容を要約する働きでもある。つまり，パラグラフ全体の内容を簡潔にまとめることが，トピック文の大きな働きである。たとえば，「トピック文の例2」を見てみよう。このパラグラフでは，電気のさまざまな使用例をあげているが，まず最初に，"We use electricity in many ways."（私たちは電気をさまざまな用途で使っている。）というセンテンスでパラグラフの内容をひとくくりにまとめている。これにより，読み手はパラグラフの主旨をはっきりつかむことができる。

【トピック文の例2】

> トピック文 → パラグラフの内容を簡潔に要約する。
>
> <u>We use electricity in many ways.</u> We use electricity to light our homes. Many people cook their food with electricity. Some people use it to warm their homes. We also use electricity to keep our food cool and fresh.
> （私たちは電気をさまざまな用途で使っている。家の中を明るくするために電気を使う。電気を使って料理をする人たちは多い。電気を暖房のために使う人たちもいる。食品を冷却して新鮮さを保つために電気を使うこともある。）

(Terry Jennings, *Science Success: Starter Book.*)

☞ 「第7章　書いてみよう」課題6

2. トピック文はどのようなものか

トピック文を書くには次のことをこころがけることが大切である。

(1) トピック文は一つのセンテンスで書く
(2) トピック文では一つのことだけを述べる
(3) トピック文はできる限りしぼり込む
(4) トピック文には二つのタイプがある

(1) トピック文は一つのセンテンスで書く

トピック文は，「…は…する」や「…は…である」のような一つの内容を持った一つのセンテンスで書かなければならない。前置詞句や動名詞句のような語句（フレーズ）だけではセンテンスの形を成さないので不十分である。

[×] The danger of giving too much emphasis on English.
（英語に重点を置き過ぎることの危険性。）
→話題をフレーズで表すだけでは，トピック文にはならない。
[○] It is dangerous to give too much emphasis on English at elementary school.（小学校で英語に重点を置き過ぎるのは危険である。）
→一つのトピックが一つのセンテンスで表されている。

[×] It is useless to put too much emphasis on English at elementary school. It is also dangerous to do so.
（小学校で英語に重点を置き過ぎるのは無益である。また危険でもある。）
→二つのセンテンスに useless と dangerous という二つの要素が振り分けられているので，要点がしぼられない。
[○] It is dangerous as well as useless to put too much emphasis on English at elementary school.
（小学校で英語に重点を置き過ぎるのは無益であるばかりか危険である。）
→話題が一つのセンテンスにうまくまとめられており，要点が dangerous にしぼられている。

(2) トピック文では一つのことだけを述べる

　トピック文は，パラグラフ全体の主旨を一つの文に簡潔に要約したものである。したがって，一つのトピック文では，一つのことだけを述べることが大切である。いくつもの話題を盛り込もうとしてはいけない。また，パラグラフとの整合性がなければならない。
　まず，ごく簡素なパラグラフの例をあげて説明しよう。次の例は，トピック文の焦点が一つのトピック文にしぼれていないパラグラフである。トピック文に二つの話題が含まれている。「交通事故が起きた」という話題と「原因は飲酒運転だった」という話題である。

> There was a traffic accident on Route 3 and it seems that it was caused by a drunk driver. A car and a tractor were involved. Three people were killed and five were injured. The police is now investigating the cause of the accident.
> （3号線で交通事故があったが，これは飲酒運転者によるもののようだ。乗用車とトラクターの事故であった。3人が死亡，5人がけがをした。警察はいま事故原因を調査中である。）

そこで，次のパラグラフを見てみよう。

> There was a traffic accident on Route 3. A car and a tractor were involved. Three people were killed and five were injured. While the police is now investigating the cause of the accident, it seems that the tractor driver was drunk when he went into the opposite lane and hit the car.
> （3号線で交通事故があった。乗用車とトラクターの事故だ。3人が死亡，5人がけがをした。警察はいま事故原因を調査中であるが，対向車線に飛び出して乗用車にぶつかったトラクターの運転手は，酔っぱらっていたようだ。）

　この例では，事故の概要を述べるという目的のもとにパラグラフ全体がすっきりまとまっている。それは，最初の文（トピック文）で一つのトピックに焦点を絞っているからである。「事故の原因」については，事故の概要の一部という扱いで，パラグラフの最後の部分に述べられている。

(3) トピック文はできる限りしぼり込む

　話題を一つに定めたとしよう。それでも，一つのパラグラフで取り扱うことのできる内容は限られている。したがって，トピック文もできるだけ限定することが肝心である。特別に一般論を述べることが必要な場合をのぞき，あまり漠然とした書き方はしない方がよい。また，仮にパラグラフの中で言及しても，正面切って論じない話題をトピック文に含めないようにしよう。

[×] A hard disk is a computer device.
(ハードディスクはコンピュータ装置である。)
→内容が漠然としている。パラグラフの長さは限られているので,「ハードディスク」全般について述べることは難しい。トピックをしぼることが大切である。

[○] A hard disk is an efficient device for making backup files.
(ハードディスクはファイルを(コピーして)バックアップするのに有効な装置である。)
→このように書けば,"an efficient device for making backup files" というトピックにしぼってパラグラフを展開することができるだろう。

[×] People should consider three things when they choose a university, and the same things can be applied to choosing an spouse. (大学を選ぶ際,三つのことを考慮すべきであるが,同じことは,配偶者を選ぶ場合にも当てはまる。)
→相互の関連が明らかでない二つのトピック,大学と配偶者,が無理に盛り込まれている。何らかの関連性があるとしても,まずは一つのパラグラフに一つのトピックを振り当てるのが得策である。

[○] People should consider three things when they choose a university. (大学を選ぶ際,主に三つのことを考慮すべきである。)
→とりあえず,「大学の選択に際して考慮すべき三つのこと」にトピックをしぼってみよう。「配偶者」を話題にしたいのであれば,新たに別のパラグラフを設け,独立したトピックとして取り上げることを検討してみよう。

(4) トピック文には二つのタイプがある

　トピック文の役割は話題を示すだけにとどまらない。トピック文がパラグラフの中でどのような働きをするかという観点に照らし,二つのタイプに分けて考えてみよう。一つは「事実を示すトピック文」,もう一つは「主張・見解を述べるトピック文」である。

【トピック文で事実を示す】
　トピック文の第1のタイプは，単純に事実を述べるトピック文である。事実には，一般的または日常的な知識，歴史的事実，科学的真理，データとして示される調査結果，さらに，ニュース性のある情報，新しい発見，未知の出来事の開示などがある。

- All objects on the earth's surface are attracted to its center.
  （地球上の物体はすべて，中心へ向かって引かれている。）

- The United States of America declared independence from English rule in 1776.
  （アメリカ合衆国は1776年にイギリス支配からの独立を宣言した。）

- We decided to launch a joint venture with a Singaporean company.
  （我々はシンガポールの会社とジョイントベンチャーを行うことを決定した。）

- The TOPIX rose 0.5% and closed at 1151.97.
  （東証株価指数は0.5パーセント上がり，1151.97で締めとなった。）

【トピック文で見解・主張を述べる】
　トピック文の第2のタイプは，自分の見解（opinion, view など）や主張（argument, assertion, claim, suggestion など）を打ち出すトピック文である。これは，事実そのものを述べるトピック文とは異なり，事実をどのようにみるか，という観点が入ってくる。またさらに，読み手に対して提案をしたり自説を主張したり，訴えかける働きをする。
　見解・主張を明確に示すための端的な方法は，should / should not（…すべきだ／…すべきではない）のような，はっきりと見解・主張がわかる表現を用いることである。たとえば次のような文がこの種の典型的なトピック文である。

- Children should not spend too much time watching TV.
  （子どもたちは，テレビを観過ぎないようにすべきである。）

トピック文で見解・主張を述べるためには，見解・観点，主張，推量などを表す語句を用いるとよい。下記はその代表例である。

推量，義務，当然，可能などを表す助動詞を用いる	must / would / may / should / might / can / could など
感情，見解，願望，印象を表す動詞を用いる	I feel / I think / I want to / It seems など
見解・観点を表す語句を用いる	in my opinion / my view is … など
判断や推量を表す形容詞を用いる	good / clear / desirable / wonderful / important など評価や判断を表す形容詞を用いる。（特に「it is＋形容詞＋to …」の形がよく用いられる。）

他方，次の例のように，一定の内容を客観的な事実として述べる形をとりながら，その中に書き手の見解・主張を含める場合もある。

・Most children spend much more time watching TV than they should.（多くの子どもたちは，テレビ視聴時間数が限度を越えている。）

また，次の例のように，科学的仮説を一定の見解の形で表す文もトピック文になりうる。

・If children below five spend more than four hours a day watching TV, they are more likely to be overweight than those who watch TV two hours or less a day.
（もし5歳以下の子どもがテレビの視聴に1日4時間以上を費やしていれば，1日2時間かそれ以下しか視聴しない場合に比べて肥満になる可能性が高い。）

このトピック文では，書き手の「顔」は隠れているが，文の内容に，書き手（論者）の見解・主張が反映されている。これは学術論文において典

型的なトピック文であり，いわゆる命題文としての役割を持つことが多い。とりわけ論文・レポートにおいて，見解，解釈，判断，分析などを示したい場合や，現実を改善したり真実を深く認識するための提案，指針，方法論などを打ち出したい場合には，その要点を簡潔に述べるトピック文をパラグラフの中に配置することが大切である。

(5)「命題陳述」(thesis statement)

あまり聞き慣れない用語かもしれないが，アメリカのライティング教科書で必ずと言ってよいほど取り上げられるのが「命題陳述」(thesis statement)である。とりわけ英語のレポートや論文を書く場合は，最初の部分で「命題陳述」を行う。これは，主な論点や主張を簡潔に文の形にまとめたものである。「命題」は，書こうとしている英文全体の内容にすべてつながり，各パラグラフの有機的な展開の中で一貫性をもって理知的に説明され，論述され，考察され，最後に結論付けられるものである。前述の「トピック文で見解・主張を述べる」であげている文例はすべて，命題陳述になりうる。ただし，命題陳述は，一つのパラグラフではなく，論文やレポート全体との関係において展開されるものである。

「命題陳述」を行うためには，論文やレポートの全体像とその組み立てがはっきりしていなければならない。逆を言えば，「命題陳述」を書くことによって，筆者は論文やレポートの主旨や展開を自ら明らかにしていくのである。

☞　「第7章　書いてみよう」課題6，7

3. トピック文はどこに置くか

トピック文は，パラグラフのはじめに置くことが多い。これは，読み手の側からみれば，パラグラフ全体の趣旨を最初にふまえたうえで詳しい内容に入っていく方が理解しやすいからである。また，＜トピック文の提示＞⇒＜トピック文の展開＞という流れに照らせば，トピック文は時間軸の最初に配置することは理にかなっている。特に事実や論理を無駄なく正

確に伝えることが主眼である場合には，トピック文を冒頭の位置に置くことが最も効果的である。したがって論文，レポート，ビジネス文書（通知文，案内文）などでは冒頭の位置が好まれる。

　トピック文は，中ほどや終わりに置くこともある。その方が，パラグラフの独自の内容に照らして，あるいは隣り合う前後のパラグラフとの関係に照らして，ふさわしいことがある。特定の様式や文体においては，トピック文をパラグラフの後半部分に配置する方が，ある種の情感を効果的に表現したり，読者の認識を深める助けになるであろう。

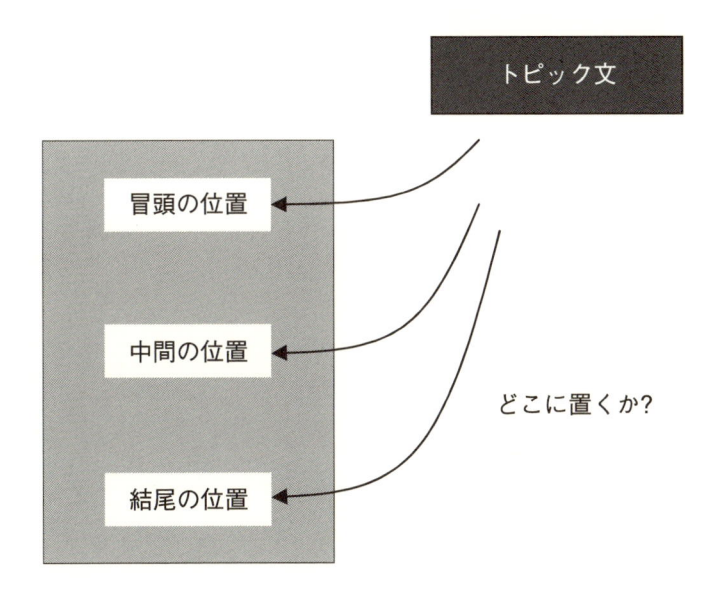

　以上をまとめれば，トピック文の配置は，一般的には冒頭の位置が好ましく，特に，理知的な論証を主軸とするライティングでは，冒頭が最適である。その他の場合，特に人を説得することを目的とする論説文，物語的な文体を持つルポルタージュなど，また，修辞的な効果をねらう広告文などを書く場合には，トピック文の配置に多様性を持たせるとよいだろう。
　以下，冒頭，中間，結尾の順に例をあげて解説しよう。

第2章　パラグラフを書く

【冒頭に置く】

> <u>Learning all you can about a particular culture is a good way to figure out how to send and receive intercultural messages effectively.</u> Read books and articles about these cultures, and talk to people who have done business with members of these cultures. Concentrate on learning something about each culture's history, religion, politics, values, and customs. Find out about a country's subcultures, especially its business subculture, and any special rules or protocol.
> （特定の文化についてできるかぎり多くのことを学べば，異文化の垣根を越えてメッセージのやりとりを効果的に行うにはどうしたらよいかがわかってくる。その文化について書かれた本や記事を読んだり，その国の人々とビジネスをした経験を持つ人と話をすることだ。特に，その文化にかかわる歴史，宗教，政治，価値観，習慣について学ぶよう心を向けることである。その国のサブカルチャー，特にビジネス文化と，特有の規範や儀礼について調べることである。）

(John V. Thill and Courtland L. Bovée, *Excellence in Business Communication*.)

　トピック文は1文目に置かれており，「異なる文化の垣根を越えてメッセージのやりとりを行うためには特定の文化について学ぶことが大切である」という趣旨が提示されている。2文目以下は，その内容を具体化している。トピック文がパラグラフの中ほどや末尾に配置されていたら，読み手はパラグラフ全体の要点をつかみにくいだろう。

【中間に置く】

> Fresh or frozen, canned or dried, instant or from scratch? Which foods have the nutrients? Which do not? The fact is they all do. <u>All foods have their place and almost all food in its place is good food.</u> Some foods are safer to use when they are

11. パラグラフにはトピック文を置く

> processed. Some are more appealing when they are fresh. It's a good idea to know your foods. Packaged, pasteurized, fortified milk has been around for so long that no one thinks of it any more as a processed food, but it is. Because milk is pasteurized, or processed, it is now safe to drink. Unpasteurized milk may carry many germs that can make us sick.
> (生鮮か冷凍か、缶詰か乾燥か、インスタントか手作りか。どの食べ物に栄養があるだろう？栄養の無い食べ物はどれだろう。実際のところ、これらすべてに栄養があるのだ。すべての食べ物にはそれなりの本分があり、本分にしたがった食べ物は、ほとんどが良い食べ物なのだ。加工処理すれば、より安全に食べることのできる食べ物がある。新鮮な方が食欲をそそる食べ物もある。自分が口にする食べ物のことを知っておくことは良いことである。低温殺菌し、栄養強化したパック入り牛乳は、永く普及しており、もはや誰もそれが加工食品だとは考えていない。しかし実際は、加工食品なのだ。牛乳は低温殺菌、あるいは加工処理されているからこそ今や安全に飲むことができるのだ。低温殺菌していない牛乳には病原菌が入っている可能性があり、われわれに病気をもたらすかもしれない。)

(Edward Spargo, *Timed Readings*. Book 3.)

このパラグラフのトピック文は5番目の文である。このパラグラフでは、まずさまざまな形態の食品について、栄養の観点で問題提起をしている (Which foods have the nutrients?)。そして、その解答を示す形で「The fact is they all do.」という文が続き、トピック文である「All foods have their place and almost all food in its place is good food.」という命題が示されている。このように、パラグラフの初めにまず導入部が置かれ、その後に本題を示すトピック文が配置されることも多い。

【結尾に置く】

> There was a time when "might made right." There was a time when pioneers could blaze through an endless wilderness to conquer new territories without giving thought to the

> non-human populations. There once was a time when war could accomplish something other than death. <u>We no longer live in those times.</u>
> (「力は正義なり」の時代があった。開拓者たちが，新しい領土を征服するために，人間以外の生物には何の配慮もなく，果てしない原野を猛然と切り開いていくことのできた時代があった。かつて，戦争によって，不毛な死以外の何かが達成された時代があった。いまやわれわれは，そのような時代には生きていないのである。)

(Mark Joyous, Spaceship Earth.)

　四つの文から成るこのパラグラフのトピック文は，最後の文である。筆者は，過去と現代を対比させて考えているのだが，まず，過去の時代の野蛮な側面について述べた後で，現代の人類が生きている時代の状況を簡潔な言葉で述べている。そして，筆者がこのパラグラフで最も打ち出したい観点は，この最後の文―We no longer live in those times.―で表現されているのである。したがって，パラグラフの構成は，要点を支える内容がまず述べられたうえで，最後に要点が示される，という形をとっている。

12　トピック文を支える内容を示す

　すでに明らかな通り，パラグラフはトピック文とそれを支える部分で成り立っている。提示されたトピックを「骨」にたとえれば，トピック文を支える部分は「肉付け」をする部分である。この「肉付け」の部分は具体的には，トピック文で示された話題や主張を受けて，その中身を定義したり，詳述したり，論理的な裏付けをするために書かれる部分である。
　この部分は，トピック文とともにパラグラフを形作っている必須の要素であり，一定の構成を持っている。また，読者に対して表現内容を納得させるために，一定の内容の展開を成すことが多い。ここでは，トピック文を支えるとはどのようなことかを簡単に説明しよう。

次のパラグラフでは,「猫は夜獲物を捕るのがうまい」という事実に着目し,その理由が目の機能にあることを述べようとしている。パラグラフの初めに「Cats are excellent hunters at night, and that depends very much on the way their eyes function.」というトピック文が示されており,筆者が述べようとしている主旨はここで明らかである。そこで,パラグラフの後の部分を読むと,トピック文を具体的に説明する内容が書かれている。

これ(下線部)がトピック文。

<u>Cats are excellent hunters at night, and that depends very much on the way their eyes function.</u> In the first place, they have a wide range of vision because their eyes are set wide apart. Secondly, they can see clearly in the dark. That is made possible because of a layer of cells inside the eye which reflects the light. It is also because their pupils open as wide as possible at night to let the maximum amount of light into the eye.
(猫は夜間獲物を捕るのがすばらしくうまいのだが,それは,眼の機能に寄るところが大きい。まず,両眼が横に離れているので視野が広い。次に,暗闇でものがはっきり見える。それは,猫の眼の中に光を反射する細胞の層があるためであり,また,瞳孔が夜になるといっぱいに開き最大限の量の光を眼の中に取り込むことが可能だからである。)

この部分はトピック文の内容を支えている。

このパラグラフの組み立てをみると,冒頭のトピック文とそれを内容的に支える部分の二つの要素でできあがっていることがわかる。つまり,「猫が夜間でも獲物を上手に捕ることができるのはその眼の働きのおかげ」という要点と,それは具体的にどのような目の仕組みによるのかを詳述している部分である。

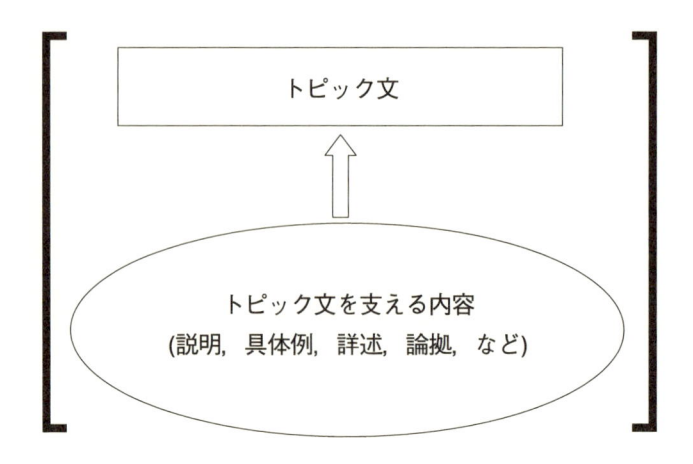

```
┌─────────────────────────────────┐
│          トピック文              │
└─────────────────────────────────┘
              ↑
    ╱‾‾‾‾‾‾‾‾‾‾‾‾‾‾‾‾‾‾‾╲
   (   トピック文を支える内容    )
    (说明, 具体例, 詳述, 論拠, など)
    ╲_____╱
```

☞ 「第7章　書いてみよう」課題8

13　内容を整理しパラグラフへ振り分ける

　一定の内容を持つ英文を書くには，いくつものパラグラフをつないでいくことが必要になる。しかしその大前提として，それぞれのパラグラフにうまく内容の振り分けができていなければならない。

　振り分けの際に大切なことは，まず，一定の指針によって内容を整理する，ということであり，さらに，切り分けた内容をパラグラフへ配分する，ということである。その際，パラグラフ相互の関係をよく考えることが大切である。

　すでに学んだ通り，一つのパラグラフには一つのトピックを振り分けることが基本である。パラグラフを箱にたとえ，一つの箱には一つのトピックだけを入れる，というイメージをもう一度思い起こしてみよう。

13. 内容を整理しパラグラフへ振り分ける

○一つのトピックにかかわる内容は一つのかたまりにまとめる

○二つのトピックにかかわる二つの別々の内容は二つのかたまりに振り分ける

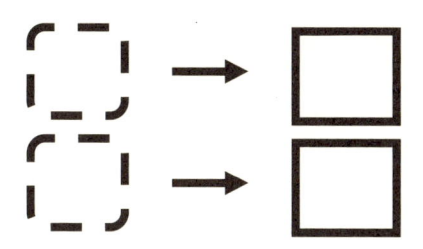

○内容を整理する過程で，いくつかの小さな内容を一つのかたまりにまとめることもある

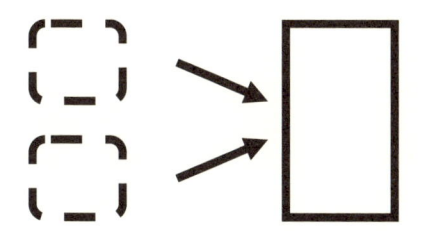

○また逆に，一つの大きな内容を二つのトピックに分け，二つの別々のかたまりに振り分けることもある

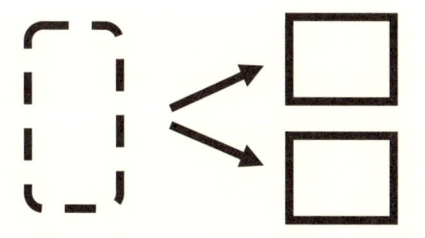

　このような基本をふまえた上で，内容を整理し，トピックごとに一定の部分を切り分け，パラグラフに配分する。

なお，論文やエッセイでは，大きな題目，論点，主張があり，全体として一定の展開を成している。このようなタイプのライティングでは，単に内容のかたまりをパラグラフに振り分けるだけでは不十分である。一つ一つのパラグラフが生きてこないのである。それぞれのパラグラフを展開させることが大切である。（☞　「第4章　展開する」）

☞　「第7章　書いてみよう」課題10

14　統一性を考えて書く

パラグラフは，単なる形式的な区分ではない。大切なことは一つ一つのパラグラフに内容のまとまりをつけながら書くことである。特に心がけたいことは，統一性を持たせることである。

パラグラフで取り扱う話題を決めたとしよう。大切なことは，そのパラグラフではその話題に関連する内容だけを取り扱うということである。すでに学んだ通り，パラグラフの内容は，トピック文によって規定される。

> パラグラフの中のすべての文がトピック文に関連づけられ，統一性をもってトピック文を支えている。

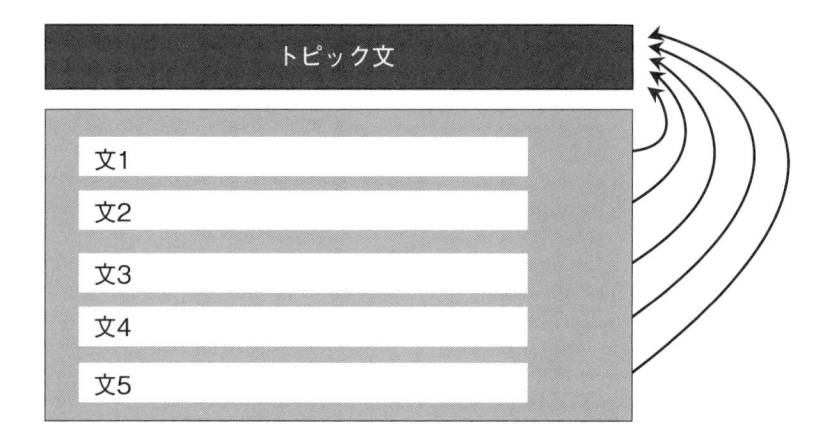

トピック文
文1
文2
文3
文4
文5

しかも，パラグラフの各部分が相互に関連し合い，全体として一つの要点を支えていなければならない。このようにトピック文を中心として生み出されたまとまりを「パラグラフの統一性」という。パラグラフの途中で唐突に新しい話題を持ち出したり，パラグラフ全体のまとまりを損なうような内容を含めたりしないように心がけよう。

　次の例では，トピック文（下線部）で，エネルギーが形態を変化させることを述べている。パラグラフ全体を通じ，この要点を支える内容だけが取り扱われている。パラグラフの統一性が保たれているのである。

> <u>Energy can change from one form to another.</u> Think about the energy changes which occur before and after you eat an apple. The apple tree has absorbed energy radiated from the Sun. As the apple grew, some of this was stored as chemical energy. When you eat the apple, its chemical energy is stored in your body. You release this energy by a chemical reaction called respiration. As a result, you can move your muscles. So some of the chemical energy is changed into kinetic energy.

トピック文（下線部）で一般的真理を提示している――「エネルギーは形態を次々に変えることができる」。

具体的事例をあげてトピック文を説明している――リンゴを食べることをめぐって，エネルギーの形態の変化を述べている。太陽エネルギーから化学エネルギーへ，さらに運動エネルギーへ。

パラグラフ全体として統一がとれている

（エネルギーは形態を次々に変えることができる。1個のリンゴを食べる前と食べた後に起きるエネルギーの変化について考えてみよう。リンゴの木は太陽か

ら放出されたエネルギーを吸収する。リンゴが成長する過程で，このエネルギーの一部は化学エネルギーとして保存されたのである。あなたがリンゴを食べるとその化学エネルギーはあなたの体内に保存される。あなたはこのエネルギーを，呼吸作用と呼ばれる化学反応によって放出する。その結果，あなたは筋肉を動かすことができる。したがって，化学エネルギーの一部は運動エネルギーに変えられるのである。)

(Charles Taylor, and Stephen Pople, *Oxford Children's Book of Science*.)

15 脈絡を考えて書く

1. 一貫した線を成すようにセンテンスをつなげる

　英語のライティングで特に心がけたいことは，話題や論理の点で一筋の線的な流れに沿ってセンテンスをつなぎ，パラグラフを組み立てることである。一つのパラグラフを 10 のセンテンスで構成するとする。基本的にはこの 10 のセンテンスの流れが一貫した線を成し，有機的にパラグラフ全体の主題へと収束していくことが大切である。

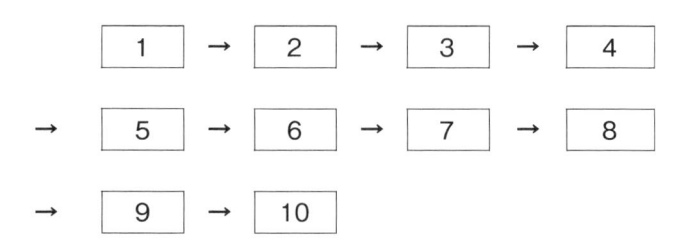

$$\boxed{1} \to \boxed{2} \to \boxed{3} \to \boxed{4}$$
$$\to \boxed{5} \to \boxed{6} \to \boxed{7} \to \boxed{8}$$
$$\to \boxed{9} \to \boxed{10}$$

　たとえば次に示す文の連なりは，猫について書かれたものである。しかし，どの文も「猫」という話題を述べている半面，前後の脈絡がついていない。一つのセンテンスから次のセンテンスへのつながりが唐突であり，連続性も関連性も無いまま断片的な内容が続いているだけである。したがって，パラグラフ全体として何が言いたいのかがつかめない。

15. 脈絡を考えて書く

> I keep a cat. Cats belong to the same family of mammals as lions and tigers. I read *I Am a Cat* by Soseki when I was a university student. One of my friends likes dogs but not cats.
> (私は猫を飼っています。猫は，哺乳動物の中で，ライオンやトラと同じ種目に属します。私は大学生の時に漱石の『我輩は猫である』を読みました。私の友人に，犬は好きだが猫は嫌いだという人がいます。)

それに対して，下記のパラグラフはどうであろうか。一つのセンテンスから次のセンテンスへのつながりがスムーズであり，一つの脈絡にそって，まとまった内容が表現されている。

> I keep a cat. He is cute! I found him about a year ago in a parking lot in my neighborhood. He was newly-born and someone seemed to have left him there so I took him home. He looked somewhat philosophical, so I named him Soseki after the author of *I Am a Cat.*
> (私は猫を飼っています。かわいいです！一年ほど前，駐車場で見つけました。生まれたばかりで，誰かがそこに捨てて行ったらしい。だから家に連れて帰ったのです。考え深そうに見えたので，『我輩は猫である』の作者の名前をとって「漱石」と名付けました。)

このパラグラフは，話題が一貫しており，自分が猫を飼っていること，その猫を飼うようになったきっかけ，呼び名の由来，という三つの内容が一つのスムーズな流れを成している。このように，トピックから紡ぎ出された一本の糸のように，一つの話題にそったセンテンスをつなげていくことが大切である。

2. 視点を一つのものに保つ

　一つのパラグラフでは，視点を一貫させることが大切である。パラグラフを書くとき，どこに視点を置くかを決め，パラグラフのはじめからおわりまで，その視点のもとに話題の脈絡をとるのである。

　次のパラグラフ例は，ニューヨークのグレニッチ・ヴィレッジを話題にしたものである。第1文（トピック文）で「グレニッチ・ヴィレッジは多くの観光客を引き付ける場所である」という話題提示がなされており，その後は，パラグラフの最後まで，一貫して観光客がどのような楽しみを得るのかが書かれている。視点は，グレニッチ・ヴィレッジを楽しむ観光客に置かれている。

　　Greenwich Village is one of those Manhattan neighborhoods that attract a lot of tourists. People go there to eat at the many fine restaurants, to listen to jazz at places like the Village Gate and Village Vanguard, to hear the best rock musicians play, and to buy rare books at some of the neighborhood's many interesting bookstores. They walk around Washington Square Park and watch the amateur performers. They visit the art galleries and attend poetry readings.
（グレニッチ・ヴィレッジはマンハッタン地区で多くの観光客を集める場所である。人々は，洒落たレストランで食事をしたり，ヴィレッジゲイトやヴィレッジヴァンガードといった場所でジャスを聞いたり，一流のロックミュージシャンたちの演奏を聞いたり，この辺りにたくさんある興味深い書店で珍しい本を買ったりする。彼ら（人々）はワシントンスクエア公園のあたりを歩いたり，素人芸人の芸を見たりする。彼ら（人々）は美術館をたずねたり，詩の朗読会に足を運んだりする。）

（Willaim F. O'Connor, *Cultural Snapshots.*）

3. 言葉の脈絡を保つ

　視点の一貫性は，センテンスの組み立てに反映される。グレニッチ・ヴィレッジについて書かれたパラグラフでは，視点はグレニッチ・ヴィレッジを訪れる「人々」（あるいは「観光客」）に置かれている。このことは，二つ目から四つ目のセンテンスの主語が同じものを指している，という点に表れている。つまり第1文のtouristsという言葉を受けて，第2文ではpeopleが主語となり，その後，センテンスの主語はPeople → They → They と，しっかりつながっているのである。視点が，述べられている主体に固定されているので，パラグラフの脈絡が保たれている。このように主語を一定に保つなど，言葉の上での一貫性を保つことは，パラグラフの内容の脈絡を保つ助けとなる。

Greenwich Village is one of those Manhattan neighborhoods that attract a lot of tourists.

People go there to eat at the many fine restaurants, to listen to jazz at places like the Village Gate and Village Vanguard, to hear the best rock musicians play, and to buy rare books at some of the neighborhood's many interesting bookstores.

They walk around Washington Square Park and watch the amateur performers.

They visit the art galleries and attend poetry readings.

4. 論理の脈絡を保つ

　論文やレポートなど，理知的な思考に基づいて書かれる英文には論理的展開が求められるのはもちろんであるが，一般的に，ビジネスレターでも，エッセイでも，一つのセンテンスから次のセンテンスへと，論理的脈絡をつけながらパラグラフを組み立てることが大切である。
　下記のパラグラフでは，学校のカリキュラムにおいて中国語の授業数を増やすべきだ，という主張がトピック文で最初に明確に示されており，その主張を支える内容が続いている。一定の論理的脈絡にそった形で，パラグラフが展開されていることがわかる。

　<u>I agree with the idea of providing more Chinese classes at the school.</u> In the first place, China is growing so rapidly that sooner or later it could become an important driver of the world economy. It is crucial that Japan finds a way to cooperate with China economically. Furthermore, the political role that China may take in stabilizing this part of Asia amid increasing friction will become much greater in the coming decades than during the Cold War period. How Japan can develop its relationship with China depends very much on its efficient communication with Chinese people. For this reason I think we should put more emphasis on the Chinese language in our language curriculum.
（私はこの学校において中国語の授業を増やすという考えに賛成である。まず第1に，中国はとても急速に発展しているので遅かれ早かれ世界経済の重要な担い手になりうるのである。日本が中国と経済的に協調してやっていく道を見つけることは重要である。さらに，摩擦が強まる中で，アジアのこの地域を安定化させるために中国が演じる政治的な役割は，冷戦期よりも今後数十年において非常に大きくなるであろう。日本が中国との関係をいかに展開できるかは，中国の人々とのコミュニケーションがうまくいくかどうかにかかっている。この理由により，私は，言語教育のカリキュラムにおいて中国語をもっと重視すべきだと考えるのである。）

センテンスを 1→2→3 というように続ける場合，脈絡を保つための一つの方法は，原因・理由，結果・結論，反対・対照など論理的な流れをふまえて書くことである。一つのコツは，次のようなつなぎ語を用いることである。そうすることで論理的な前後関係が明確になる。

■つなぎ語の例：

so / then / because / for this reason / but / however / therefore / so ... that / as a result / consequently

16 しめくくる

　通常，パラグラフは，最初にトピック文が示され，一定の展開を経て終わる。はっきりとしめくくるか，それとも余韻を残しながら次のパラグラフへつなげるかは，ライティングの形式や目的によるが，特に論理的な展開を主眼とするライティングの場合には，パラグラフを漫然と終わらせるのではなく，しめくくりの文を置くことが望ましい。特に論文やレポートのように学術的なライティングでは，トピック文が一定の展開を経たことを示すために，要約文，帰結文，あるいは結論文を最後に置くことが大切である。

1. 冒頭のトピック文を結尾でも示しパラグラフ全体を締めくくる

　トピック文は最初に一回示され，展開を経てパラグラフの結末の部分でもう一度登場することがある。必ずしも論理的な結論づけをする必要はない。パラグラフ全体を要約したり，パラグラフの内容を発展的に言い換えるために，再びトピック文を提示するのである。このようにすることで，パラグラフの統一性や一貫性が確実なものとなる。とりわけこのようなしめくくりが役に立つのは，パラグラフの中で複雑な内容を論述したり，た

くさんの項目を列挙している場合である。

　下の例を見てみよう。筆者はここで，ある日の出来事を述べている。その内容を一言で言えば「今日はついていなかった」という感慨に要約される。パラグラフの冒頭であらかじめそれを示し（"Today was an unlucky day."），結末でもう一度，言葉を換えて繰り返していることに着目しよう（"I have never had such an unlucky day."）二つの文は，額縁のようにパラグラフをくっきりと輪郭づけしている。

　Today was an unlucky day. This morning, I received a letter telling me of the result of my application for a job. It said I was unsuccessful. This is the twentieth time I failed. Very much disappointed, I went to a pachinko parlor to forget all about my poor luck. Luck was not on my side at pachinko, either—I lost eight thousand yen! I decided to go home, inevitably on foot because I had no money left to take a bus. After walking for a quarter of an hour, it started to rain. I thought the rain would stop soon. It became heavy, however, and I was soaked to the skin. I have never had such an unlucky day.
（今日は運が悪かった。今朝，応募していた求人の結果が郵便で届いた。不採用だった。20回目の不採用通知だ。がっかりしたので，憂さ晴らしにパチンコ店に行った。パチンコでも運は回ってこなかった。8千円すってしまった。家に帰ることにしたが，バス代も残っていなかったのでやむを得ず歩いて帰ることにした。15分ほど歩いた頃，雨が降り始めた。すぐにやむだろうと思ったが大雨になり，私はびしょぬれになった。これまでで最悪の日だった。）

---

2. トピック文の主旨を簡潔に言い換えてパラグラフ全体をしめくくる

　パラグラフ全体をしめくくるにあたって，冒頭のトピック文を単純に繰り返すのではなく，トピック文を言い換えて何らかの鮮かな帰結を示すことがある。これは，高度なライティングの技法である。

16. しめくくる

次のパラグラフは，イギリスの劇作家シェイクスピアについて書かれたものである。シェイクスピアは大文豪であるにもかかわらず，その生涯についてはあまり明らかではないという主旨が，冒頭のトピック文で明確に示されている。中間部（つまり展開部）に，その主旨を支える内容が示されたのち，最後にしめくくりの文が置かれている。このしめくくり文は，冒頭のトピック文の主旨を簡潔かつ印象的に言い換えたものである。

<u>It is paradoxical that we should know comparatively little about the life of the greatest English author.</u> We know that Shakespeare was born in 1564 in Stratford-on-Avon, and that he died there in 1616. He almost certainly attended the Grammar School in the town, but of this we cannot be sure. We know he was married there in 1582 to Anne Hathaway and that he had three children, a boy and two girls. We know that he spent much of his life in London writing his masterpieces. <u>But this is almost all that we do know.</u>

（イギリスで最も偉大な作家の生涯についてあまりわかっていない，ということは逆説的である。シェイクスピアが1564年ストラトフォード・アポン・エイヴォンで生まれたということ，そして1616年にそこで死んだということはわかっている。この町のグラマースクールに学んだということはまず間違いないが，それだって確実だというわけではない。1582年にこの町でアン・ハサウェイと結婚し，3人の子どもをもうけ，その一人は男子で二人は女子であったことはわかっている。傑作を書きながらその生涯の大半をロンドンで暮らしたということはわかっている。しかし，以上がわれわれの知っているほとんどすべてなのである。）

(M. D. Mackenzie, and L. J. Westwood, *Background to Britain.*)

第3章　整理する

　センテンスとパラグラフを書くという基本的な技術をふまえて，今度は，センテンスやパラグラフという部品をうまく組み合わせたり組み替えたりしながら，読み応えのあるしっかりとした内容を組み立てていくことを学ぶ。

　一定の内容を英文の中に盛り込もうとしたら，まず，内容を整理しなければならない。整理の仕方は，何を基準にするかによって変わってくる。時間を軸にするか，空間を軸にするか，といった基準である。また同時に，どのような順番や構成で配列するか，という判断も必要になる。ここでは，内容を整理するために，どのように並べ，どのようにつなぐかという課題を学ぶ。

17　時間的に並べてつなぐ

1. 時間の流れで内容を並べる

　一連の内容を述べるにあたり，時間の流れにそった並べ方をするとスッキリ読みやすい英文になることがある。たとえば，一日の出来事を日記形式で叙述する場合，一番ふさわしいのは，一日に起きたことを時間の流れをふまえながら配列することである。日時，時点，期間，前後関係などに配慮しながら内容を組み立てることが大切である。

```
時間の順序で配列する
    まず … (First …)
        ↓
    次に … (Then …)
        ↓
    それからさらに … (Further …)
        ↓
    終わりに … (Finally …)
```

　このように時間の観点から内容を整理することが重要になるのは，「日誌的な記述」，「歴史的な出来事」，「伝記的事実」，「物語」，「行程や日程」，「作業手順」などを書く場合である。
　次に典型的な例を示す。これは，"What happened today." という題目で書かれた英文である。下線部の時間表現に注目しながら読んでみよう。

It is April 27th today. Fine in the morning. A shower in late afternoon.

I got up <u>at 6:30</u>. <u>After</u> having a breakfast, I had a <u>quick</u> look at the front page in today's paper, and left home <u>at 7:30</u>. I normally cycle to the campus but I had a pain in my leg, so I took the bus today. I arrived at the campus <u>before 8:30, much earlier than usual</u>. I attended the French class <u>from 8:50 to 10:20, and then</u> went to the library in order to do some work for my assignments. <u>Going out</u> of the library, I came across Aki, a friend of mine. <u>Then</u> we had lunch together.

I had two classes <u>in the afternoon</u>. It was not easy for me to concentrate on the classes because the pain in my leg <u>had been gradually increasing since</u> I left home. <u>As soon as</u> the classes were over, I decided to go straight home, but on my way to the bus stop, it <u>started to</u> rain. As I didn't have an umbrella, I took shelter in a book store, where I stayed <u>for about forty minutes until</u> the rain <u>stopped</u>. <u>As a result</u>, I missed the bus and came home quite <u>late</u>.

<u>When</u> I came home, all my family <u>had been waiting</u> for me to dine: it slipped my mind! It was my sister's birthday! <u>After</u> enjoying our delicious yakiniku dishes, we <u>spent about an hour</u> playing cards. It was a lot of fun. To my surprise the pain in my leg <u>has gone</u>. It is <u>11:00 now</u>. I feel sleepy and <u>I'm going</u> to bed.

at 6:30　時刻
After ...　時間的前後関係
quick　速度
at 7:30　時刻
before 8:30　時間的前後関係
much earlier than usual　相対的前後関係
from 8:50 to 10:20　時間の範囲
and then　時間的順序
Going out　分詞構文＝時間
Then　時間的順序
in the afternoon　時間帯
had been gradually ～ing　漸次進行
since　時間的起点
As soon as　時間的前後関係（直後）
started to　開始
for about forty minutes　時間の長さ
until　時間範囲の終点
stopped　終了
As a result　結果
late　時間（遅い）
When　時点
had been ～ing　持続
After　時間的前後関係
spent about an hour　費やした時間
has gone　完了（消滅）
11:00 now　時刻
be＋～ing　近い未来

（今日は4月27日だ。午前中晴れ。午後遅く夕立。

　6時30分に起床した。朝食をとり，今日の新聞の第一面にさっと目を通した後，7時30分に家を出た。普通は大学のキャンパスまで自転車で通学しているが，足に痛みがあったので今日はバスに乗った。8時30分より前に，いつもよりずっと早くキャンパスに到着した。8時50分から10時20分まで，フランス語のクラスに出席し，それから，与えられた課題の勉強をするために図書館へ行った。図書館から出てくると，友達の亜紀にばったり出会った。昼ご飯を一緒に食べた。

　午後は2つ授業があった。家を出てから足の痛みがだんだん強くなっていたので，授業に集中するのは容易ではなかった。授業が終わったらすぐに，家へまっすぐ帰ろうと決めたが，バス停に行く途中で，雨が降り始めた。傘を持っていなかったので，雨宿りのために本屋に立ち寄った。雨がやむまで40分ほどそこにいた。その結果，バスに乗り遅れ，帰宅が非常におそくなった。

　帰宅すると，家族は皆，私が帰るまで夕食を待ってくれていた。すっかり忘れていた。今日は妹の誕生日だったのだ。おいしい焼き肉料理を堪能した後，1時間ほどトランプをして過ごした。とても楽しかった。驚いたことに，足の痛みは消えていた。いま，11時だ。眠いので，休むことにしよう。）

　上の例では，1日のいろいろな出来事が，朝から夜までの一連の時間の流れにそった形で語られている。つまり，あることが起き，次に別のことが起き，その後でさらにあることが起きたという時間軸にそって内容が配列されている。時間的な流れがわかるように要所要所に時刻（at 6:30）や，前後関係（after … / as soon as …）を明確に示す語句が使われていることに注目しよう。

2．時間の流れで内容をつなぐ

　時間の順序にそって述べていく場合，時間の区切りとともに内容を区切っていくことが大切である。時間的な境界や転換点でパラグラフを改めるのである。その際，適切な時間表現を用いてつなぐことが大切である。たとえば Then …（それから）や，After …（…のあとで）などである。

　次の例では，「galaxy（銀河）」という言葉の語源から説き起こして語義の変遷を述べているが，2番目のパラグラフが，1番目のパラグラフに時

間的観点でつながれていることがわかるだろう。

> "Galaxy" came into English from Old French about 600 years ago, but it goes way back to the ancient Greek word *galaxias*. This word was the Greek people's name for the Milky Way. At first, galaxy meant the Milky Way in English too.
>
> <u>Later, when</u> scientists found out that the solar system was part of a huge group of stars that included the Milky Way, they began to use the word galaxy to talk about that whole group of stars. Then they found out that there were also other huge groups of stars, so they call them galaxies too.
>
> (「galaxy(銀河)」という言葉は600年ほど前に古フランス語から英語にもたらされたのだが，さらに古代ギリシア語の「galaxias」という言葉にまでさかのぼることができる。この言葉はギリシア人たちが「天の川」を表す時に使った名前であった。英語でも，最初は「galaxy」とは「天の川」の意味だったのである。
>
> 後の時代に，太陽系は天の川を含む星の巨大な集まりの中の一部であるということを科学者たちが発見してからは，彼らは星の巨大な集まり全体について「galaxy」という言葉を用いるようになった。その後，科学者たちは，他にも星の巨大な集まりがあることを発見したのだが，それも「galaxy」という名前で呼んだのである。)

(*Merriam-Webster's Primary Dictionary.*)

ここで注目したいことは，"Later, when ..."という時間表現が，二つのパラグラフを区切ると同時につなぐための「かなめ表現」になっていることである。これにより，銀河に関する新事実が発見される前と後で「galaxy」という言葉の取り扱いが大きく変わったという重要なポイントが明確になる。

☞ 「第7章 書いてみよう」課題11，16
☞ 「ライティングに使える英語表現集」3．時間を示す英語表現

18 空間的に並べてつなぐ

　話題によっては，一定の内容を空間的観点にもとづいて描くことがふさわしい。例えば，情景や地形，地図・図形，建物の内部構造，物体や人物の外見，複数の物体や人物の相互の位置関係などについて書く場合である。統一した空間的視点を設定して視覚的に順序よく述べていくことが大切である。いくつかの空間的対象を一定の視点にもとづいて取り上げていけば，そこには空間上の位置や配置の点で一貫性が生まれる。特に次の二つのポイントをふまえて書くことが大切である。

【ポイント1】
　次のような視点にもとづいて空間的描写をする。
　・人や物の所在（…がある，…が立っている，など）
　・距離（…の近くに，…から2メートル離れて，など）
　・形態（広がっている，伸びている，など）
　・相対的な位置関係（…の上に，…の右側に，…の下の方，など）
　・方位・方向（…の北に，…にそって，…に面して，など）

【ポイント2】
　描写の順序を考える。左から右へ順に述べていくとか，広い視野からだんだん焦点をしぼっていくなど，視点をどのように動かすかが重要である。

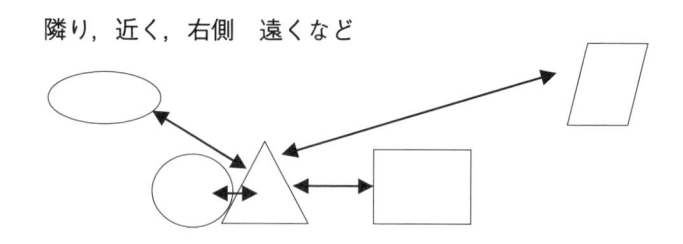

　　　隣り，近く，右側　遠くなど

　次の例では，空間的な観点で対象がどのようにとらえられ，視点がどの

ように移されているだろうか。

> Let me describe what we can see in the picture. It is the picture of a family seated <u>around a table</u> <u>in a cozy Japanese-style room</u>. <u>In the center of the picture at the table</u> is a middle-aged man with a beard. A lady, who must be his wife, is <u>on his left</u> and is offering him a glass of wine. He is <u>reaching out with his right hand toward</u> the glass, with a smile <u>on his face</u>. <u>At the other end of the table</u>, two children are playing a game of karuta, looking at the cards <u>arranged on the tatami mats</u>. Late afternoon sunlight <u>is streaming in</u> <u>through a window</u> <u>behind the children</u>. The clock <u>high up above</u> the window shows it is five to six.
> （写真に何が写っているか説明いたしましょう。これは家族の写真で，居心地のよさそうな和室でちゃぶ台の周りに座っている情景です。写真の真ん中に座っているのは，ひげをはやした中年の男性です。その左側にいる婦人は，奥さんなのでしょう，主人にワインのグラスを差し出しています。彼は，右手を伸ばしてそのグラスを受け取ろうとしており，顔に笑みを浮かべています。ちゃぶ台のもう一方の側では二人の子どもたちがカルタあそびをしており，畳の上に並べられた札を見ています。遅い午後の陽光が，子どもたちの後ろの窓から差し込んでいます。窓の上の方に時計があり，6時5分前を指しています。）

この英文は一枚の写真に何が写っているかを英語で描写したものである。和室でくつろぐ家族の様子が空間的な観点でとらえられている。まず，写っている人たちの位置を示す表現に注目しよう。

- ちゃぶ台を囲んで座っている様子（around）
- 中年の男性（父親）の位置（in the center of the picture）
- 妻の位置（on his left）
- 二人の子どもたちの位置（at the other end of the table）

第二に，物体の位置が前置詞や副詞，分詞によって示されている。

- カルタが畳の上に並べられている様子（arranged on ...）
- 窓の位置（behind ...）
- 時計の位置（high up above ...）

第三に，「動き」のある描写にも注目したい。
- ワインのグラスに手を伸ばしている様子（reaching out with his right hand toward ...）
- 光が差し込む様子（streaming in through ...）
- 子どもたちの視線の向き（looking at ...）

☞ 「第 7 章　書いてみよう」課題 12
☞ 「ライティングに使える英語表現集」5．空間を示す英語表現

19　順序を付けて並べてつなぐ

1．一定の順序で並べる

　いくつかの項目を，規模の大きいものから小さいものへ（あるいはその逆），質的に高いものから低いものへ（あるいはその逆），などの順に配列するのも内容を整理する方法の一つである。一定の基準を設定し，漸次的に配列することが大切である。ここでは，大小・多少の順，新旧の順，重要度の順など程度の順について学んでおこう。

大きいものから小さいものへ

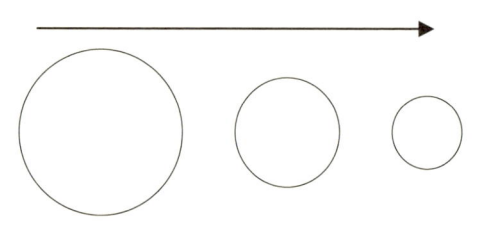

19. 順序を付けて並べてつなぐ

小さいものから大きいものへ →

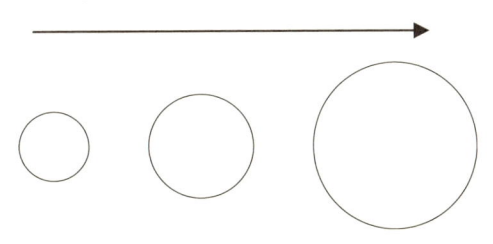

下記の例では，ある外国人が初めて日本に来た時に経験した四つのことについて語られている。時間の順序（つまり起きた順序）にしたがって語られているのだが，時間の進行とともに内容が強烈になっていることがわかる。なお，強烈さの度合いがだんだん強くなることを示す語句（下線部）に注目しよう。

> I have had many surprises, even shocks since coming to Japan in 1979. <u>It all started with</u> my inaugural three and a half hour taxi ride from Narita Airport to my Tokyo hotel. I had never imagined that traffic could be so congested. My <u>next</u> surprise was my first glimpse at a sea of black hair converging near Shibuya Station during rush hour; <u>then</u> I broke my thumb in a train door because I was shoved into the train like a sardine in a can. <u>Even more astonishing</u> was being asked to dye my hair from brown to blond to play the role of a typical American girl on a Japanese television show.

各項目を導入する語句（下線部）が効果的に使われていることに注目しよう。

（私が1979年に日本に来て以来，驚いたことがたくさんある。なかには衝撃的なこともあった。日本に到着すると成田空港からタクシーに乗って東京のホテルへ向かったのだが，その三時間半の道中が初めての経験だった。私は交通がそんなに混雑しているとは想像もしていなかったのだ。次に驚いたのは，ラッシュアワーに渋谷駅の近くで初めてかいま見たおびただしい黒髪の群集であった。それから，電車に乗った時に，サーディンの缶詰のように押し込まれたため，車両のドアに親指を挟まれて骨をくじいたことである。それよりはるかにショックを受けたのは，日本のテレビ番組に出演するにあたり，アメリカの典型的な女の子の役にふさわしくなるように，私の茶色の地髪を金髪に染めるように言われたことであった。）

(Micki Howard, "What Happened?" *Surprises and Discoveries about Japan*.)

2. 重要度の観点から並べる

いくつかの項目について述べる時，重要度の観点から配列する方法がある。一番重要なものから先に述べることが一般的である。逆に，重要性の少ないものから先に述べ，最後に最も重要なものを述べる形もある。いずれにしても「The most important ...」のように，重要性を表す言葉を軸として，比較級や最上級で重要度の大小を示しながら配列する。

次の例では，大学選びのポイントを順に述べているが，いくつかのポイントを配列するにあたって，重要度という観点が持ち込まれていることがわかる。重要度を表す語句が，それぞれの項目の印（マーカー）になっていることに注目しよう（the most important / equally important / also necessary / also be of some importance など）。

In choosing a university, you must have four things in mind all of which require careful consideration. <u>The most important is</u> the academic reputation of the university in the subject you want to pursue. Even the most prestigious universities have some weaker subjects. <u>Equally important is</u> the quality of the teaching staff who are normally provided by professors doing research in their individual fields. <u>It is also necessary to</u> look at the facilities including libraries, classroom teaching equipments, and so on. For many students, access to the campus <u>will also be of some importance</u>: one thing to consider is accommodation if you have to leave your hometown to move closer to the campus, and transportation is another practical consideration if you are planning to commute from your home.

重要度の高い順に四つの項目を挙げている（第1と第2の項目は同等の扱いをしている）。

（大学を選ぶ時，四つのことを頭に置いて慎重に検討しなければならない。最も重要なことは，自分が勉強したいと思う分野において，学術的に評判の高い大学かどうかということである。一流と言われている大学でも不得意な分野があるものだ。同様に重要なことは，教育の質の問題である。通常，大学で教育を行うのは，各自の専門分野で研究に従事している教授たちであるが，その教育の質の問題である。図書館や教室の教育機材など設備を見ることもまた必要である。多くの学生にとっては，キャンパスへの交通の便もある程度重要であろう。一つ検討しなければならないのは，故郷を離れてキャンパスの近くへ引っ越して来る場合の宿舎の問題である。自宅から通学する場合は交通機関も実際問題として検討しなければならない。）

次の例のように重要性の高いものを最後に強調的に配置することもある。

> <u>It is important to</u> consult the dictionary to get the meaning of every unknown word you come across. <u>More importantly</u>, you should try to find out information about the usage of the word rather than its dictionary definition. But <u>what is most important</u> is to think what is meant by the use of the word in the given context.
> （未知の単語に出会うたびに意味を調べようと辞書を引くのは大切である。もっと大切なことは，言葉の辞書的な定義よりもむしろその用法について調べることである。しかし最も大切なことは，文脈で言葉がどんなふうに使われてどのような意味が生じているかを考えることである。）

3. 順番を付けてつないでいく

　一定の基準で順序良く並べた場合，それぞれの項目の頭に順番を示すための印を示してつないでいくと，相互の関係や相対的価値の大小が明らかになる。
　単純に順番を付けるだけであれば，「First」「Secondly」「Thirdly」「Lastly」のような語が用いられる。すでに解説した通り，一般にいくつかの項目を列挙する場合，重要度の高い順に配列することが多いので，そのような意味合いを示すには，「First of all」や「Above all」から始め，「Then」や「Next」のように序列を示す語句を使うとよいだろう。

19. 順序を付けて並べてつなぐ

　下記の文例では，まず"I have three hobbies."という文で，話題（hobbies）と項目の数（three）を示している。その後に句読点のコロン（:）を用い，それに続けて，三つの項目を立てている。「playing the piano」，「traveling」，「aerobics」という三つの項目である。その後に，それぞれの項目についてパラグラフを割り振り，順番を付けて具体的な内容を述べている（... comes first ... My second hobby ... The last one of my three hobbies）。

　<u>I have three hobbies</u>: playing the piano, traveling, and aerobics. <u>Playing the piano comes first</u> because it is almost an essential part of my life. I started taking piano lessons when I was five, and I have spent most of my spare time playing the piano. <u>My second hobby</u>, traveling, is something which I cannot do without. I travel five or six times a year, but most of the trips are abroad and with my friends. Each time I travel, I spend about four days, mostly visiting such places as Hawaii, Hong Kong, and Taipei. <u>The last of my three hobbies</u>, aerobics, is something new. It started about a year ago when one of my colleagues asked me if I was interested in going to the fitness club with her.
（私には趣味が三つある。ピアノを弾くこと，旅行をすること，そしてエアロビクスである。ピアノの演奏は一番に来る。それはほとんど私の生活の一部だからである。私は5歳の時にピアノのレッスンを受け始めた。私は余暇の大部分をピアノを弾くことに費やした。第2の趣味である旅行は，私にとって無くてはならないものである。1年のうち5，6回は旅行するが，その多くは友人と連れだっての海外旅行である。毎回，4日ほど使って，ハワイ，香港，台北などの場所を旅するのである。最後の趣味はエアロビクスであるが，最近身についた趣味だ。1年ほど前に同僚に，一緒にフィットネスクラブに行かないかと誘われたのがきっかけだ。）

☞　「ライティングに使える英語表現集」2. 順番を付けるための英語表現

第3章 整理する

20 並列で並べる

1. 同等の内容を並べる

　いくつかの項目を並列で取り扱うことがある。並列の関係は，対等の関係であるために，配列の順序に特に意味はない。つまり時間的前後関係や重要度の順位は暗示されない。このような形で内容を整理する場合，各項目が対等の関係であることが明らかにわかるような書き方をすることが大切である。

　We are surrounded by information that needs to be stored and maintained. At work, you might have customer lists, product lists, or order slips filling up file cabinets. At home, you are likely to have an address book, and maybe a list of CDs in your CD collection.
（私達の周りには，保存し保守する必要のある情報がたくさんある。職場では，顧客リストや製品リストや注文伝票が書類キャビネットに一杯につまっているかもしれない。自宅では住所録や収集したCDのリストがあるだろう。）

(Nat Gertler, *Computers Illustrated*.)

　最初の文で「私達の周りには，保存し保守する必要のある情報がたくさんある。」という一般的な事実が述べられている。これがトピック文であるが，これだけでは漠然としている。そこで，その内容を裏付ける現実の場面を，At work ... と At home ... という二つの文で示しているのである。注意したいことは，この二つの文が，並列の関係で配列されていることである。つまり二つの文の間に論理的な因果関係もなく，序列もない。先に述べられている文と後に述べられている文は，対等の関係で冒頭のト

ピック文に繋がっているのである。

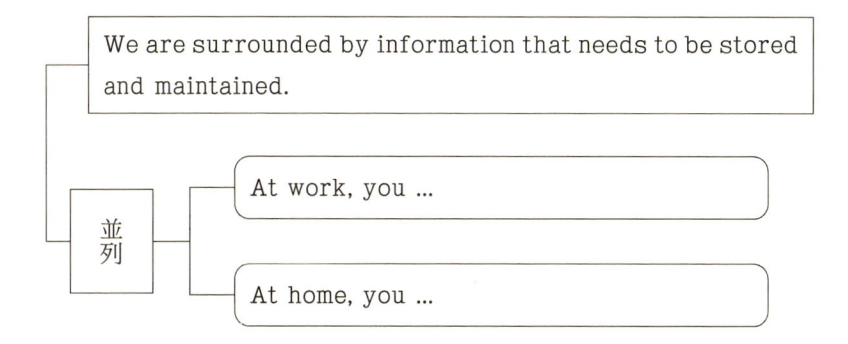

```
         ┌─ We are surrounded by information that needs to be stored
         │  and maintained.
         │
  並列 ──┤      ┌─ At work, you ...
         │      │
         └──────┤
                │
                └─ At home, you ...
```

　並列されている二つの文は，構文の面でも，内容の面でも同種のものであることは明確である。（ともに At ..., you ...の構文が用いられている。また，ともに同様の内容を述べている。）このように，「並列の配置」では各項目の間で，構文と内容を整えるということが大切である。

　また，次のように，順序を示す語を利用して各項目の頭に印を付けてもよい。

```
  並列 ──┬─ One ...
         │
         └─ Another ...

  並列 ──┬─ First, ...
         │
         └─ Secondly, ...
```

2. 列挙する

　並列の配置の延長で，「列挙」という配置法もありうる。「列挙」とは，多くの項目を，同様のくくりのもとで，単純にあげていくことである。列挙されるものとしては，単語，語句，節，文がある。次のパラグラフでは，"Energy is what makes things move." という文に続けて，その内容を具体的に示す三つの項目（三つの文）が列挙されている。

第3章　整理する

> Energy is what makes things move. <u>Food has energy because</u> your body can use it to make your muscles move. <u>Fuels have energy because</u> engines can use them to produce motion. <u>Batteries have energy because</u> they can make electric motors spin round.

(1) Food has energy because ...

(2) Fuels have energy because ...

(3) Batteries have energy because ...

3つの項目が列挙されている。

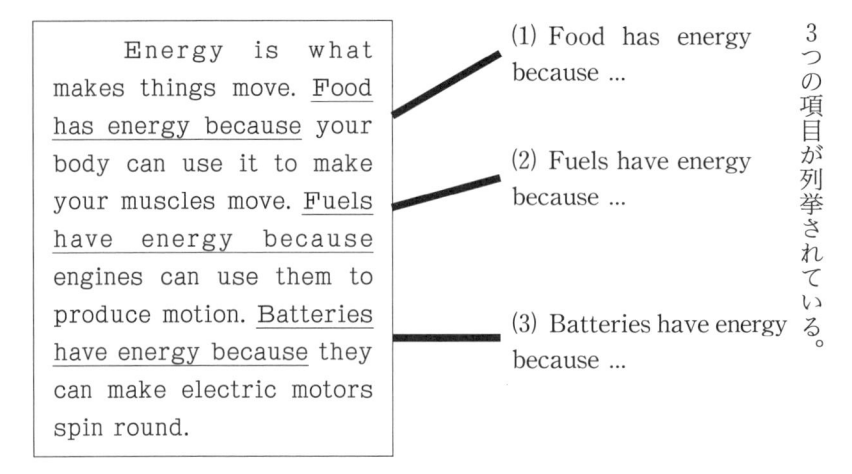

(エネルギーは物を動かすものである。食物にはエネルギーがある。体はそれを使って筋肉を動かすことができるからである。燃料にはエネルギーがある。エンジンはそれを使って運動を生み出すことができるからである。バッテリーにはエネルギーがある。モーターを回転させることができるからである。)
(Charles Taylor and Stephen Pople, *Oxford Children's Book of Science*.)

　なお,「列挙」は必ずしも一般的なものではなく,一定の目的や効果を狙った叙述に用いられることに注意しておこう。詳細に事物を述べていく場合や,おびただしさを強調したい時に最も効果的な表現法である。

☞　「ライティングに使える英語表現集」
　　6．文を対等につなぐための英語表現

21　追加的につなぐ

　複数の項目を扱うにあたって,一度に取り扱うのではなく,後から一つずつ追加する形をとる場合がある。A, B, Cについて述べる場合,「第一にA,第二にB,第三にC」と序数を使って整然と順序よく述べるのではなく,「A,さらにB,もう一つC」のように一つずつあとから付け加

る形をとるのである。このようなつなぎ方は，新しい話題をフレッシュに導入する効果がある。

ライティングの流れ　→

あとから付け加える

語句，節，文の単位で追加していく形は，センテンスの基本的な書き方にかかわる。次のような例を見てみよう。

　　I admire my friend Yoshiko. She is a sportswoman, in the first place. She is a good swimmer and an excellent tennis player. Not only is she good at sports, but she also does well at many academic subjects at school including mathematics and English. Furthermore, She paints in oils extremely well. Besides that, she plays the piano, playing some of the difficult pieces of Chopin. Moreover, she can cook well; in fact she helps her mother make dinner for her family.
(友人のヨシコはすばらしい。まずもって彼女はスポーツができる子です。水泳が得意でまた優れたテニス選手です。スポーツができるだけでなく，学校では数学と英語をはじめとする学科の勉強がよくできます。さらに油絵をとても上手に描くことができます。それに加えて，ピアノができ，ショパンの難しい曲をいくつか弾くことができます。そのうえ，彼女は料理ができます。実際，母親が家族の晩ご飯を料理するのをいつも手伝っています。)

　この例では，「私」がYoshikoに感心している理由として「She is a sportswoman.」という事実をまずあげた後に，次々に他の理由を追加している。後ろからの追加を表示する副詞・副詞句(下線部)が効果的に使わ

れていることがわかる。

　次の文例(1)のように，単純にandで情報を追加する形もある。文例(2)のようにwho以下で修飾的に情報を追加する形と比べてみよう。

(1) Mr. Jones is a doctor and he works in the City Hospital.
　　（ジョーンズ氏は医者であり市立病院に勤務している。）
(2) Mr. Jones is a doctor who works in the City Hospital.
　　（ジョーンズ氏は市立病院に勤務している医者である。）

　次の文例(3)もandを用いており，前半の事実に対する判断を後半で付け加えている。文例(4)では，二つの内容が前後で入れ替わっている。センテンスの構成を変えるだけで視点の置き方が変わり，正面きった表現か追加的な表現かの違いが生じることに気づくだろう。

(3) Peter failed the exam and it is not surprising.
　　（ピーターは試験に落ちたが，それは驚くべきことではない。）
(4) It is not surprising that Peter failed the exam.
　　（ピーターが試験に落ちたのは驚くべきことではない。）

　下記の英文はパラグラフ単位の追加の例である。第1の内容（ハードウェア）のあとに第2の内容（ソフトウェア）が追加される形をとっている。追加を明示するつなぎの言葉「also」が用いられている。

　In order to run a computer, you need hardware. It is a set of devices which sit on your desk. Hardware can be broken down into three groups: (1) a central processing unit; (2) memory and storage (RAM, a hard disk drive, etc.); (3) input and output devices (a keyboard, a mouse, a monitor and a printer, etc.).

　You also need software to run the computer. It is a set of

programs that gives instructions to tell the hardware what to do. An operating system is the set of basic programs that manages a computer system and makes it run. It is the essential part of a computer. In order to perform different jobs, you need to install applications software.
(コンピュータを動かすには，ハードウェアが必要である。それはデスクの上におかれる一式の装置である。三つのグループに分けることができる。(1)中央演算装置，(2)メモリと保存装置(RAM，ハードディスクなど)，(3)出入力装置(キーボード，マウス，モニター，プリンターなど)である。
　また，コンピュータを動かすにはソフトウェアも必要である。ソフトウェアはプログラムの集まりで，ハードウェアに何をするか指示を出す。オペレーティング・システムは，コンピュータを管理し，動作させる一組の基本プログラムである。コンピュータには欠かすことのできない部分である。さまざまな働きをさせるためにはアプリケーションをインストールする必要がある。)

☞　「ライティングに使える英語表現集」1. 付け加えるための英語表現

22　階層化する

　直線的に書き進めるという発想にとらわれず，「階層化」という発想で内容を整理してみよう。英文は，見た目には直線的なセンテンスが集まり，一つのかたまりを成したものである。しかし，内容的には，上下の段差が生じることがある。パラグラフの内容を階層化することを学ぶ前に，まず，階層化とはどのようなことかを理解しておこう。
　和食一般について書いているとしよう。突然，脈絡なく名古屋の「きしめん」の話をつなげたら読者はとまどってしまうだろう。

```
            和食                    きしめん
    ―――――――――→       ―――――――――→
```

　それは「和食」という大きな話題の同一線上で「きしめん」という狭い話題を取り扱おうとしたからである。「和食」と「きしめん」という二つの話題は，上位と下位という二つの階層にあることに着目しよう。二つの話題は別々の取り扱いが必要なのである。また，よく考えると「きしめん」は麺類に属することがわかるので，次のような階層構造を組み立てて取り扱う必要がある。

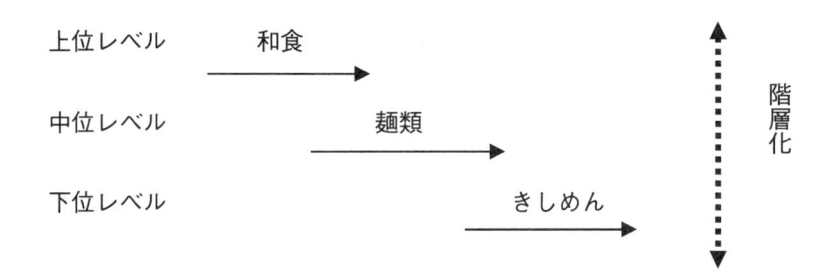

```
上位レベル    和食
           ―――――→                          ↑
                                           ¦
中位レベル           麺類                    ¦ 階
                 ―――――→                   ¦ 層
                                           ¦ 化
下位レベル                  きしめん          ¦
                        ―――――→           ↓
```

　上位レベルの話題は，その下に多くの小さな話題を取り込むことができる広範囲の話題のことである。中位，下位レベルの話題は，上位レベルの話題の中に含まれ，他の話題とともに一定のくくりのもとに分類されるべき限定された話題のことである。そこで，次のようなポイントをふまえて，内容を整理してみよう。

1　全般的・概括的な内容と個別的・具体的な内容を区分し全体を整理する。
2　上位と下位という観点に照らし，全体を階層化する。
3　それぞれの階層で取り扱う内容を整理する。
4　階層化した内容を英文に仕上げる。

22. 階層化する

Japanese cuisines

> ──many types of Japanese cuisines
> ──agemono, nimono, yakimono, and menrui

menrui (Japanese noodles)

> ──udon and soba
> ──found in almost all towns and cities in Japan

kishimen

> ──a specialty in Aichi
> ──flat and wider in shape
> ──served in a miso or soy sauce broth

There are many types of Japanese cuisine including agemono (deep-fried foods), nimono (simmered dishes), yakimono (grilled food), and menrui (noodles). The last one is certainly one of the most popular types of Japanese cuisine. Udon and soba are the most common types of Japanese noodles, along with ramen which is originally a type of Chinese noodle. Udon and soba are served in udonya and sobaya that can be found in any towns and cities in Japan, but some types of noodles are far more popular in certain regions than elsewhere. One example is kishimen. It is a specialty which people in Aichi take pride in. Kishimen noodles look like udon but are flat and wider in shape. They are served in a similar fashion to other types, that is, in a miso or soy sauce broth.

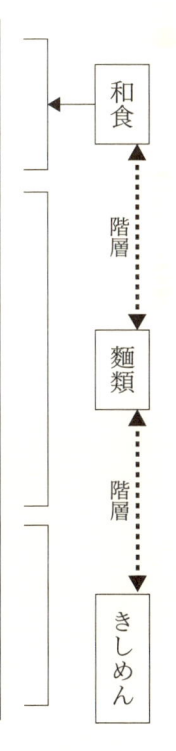

和食 ─ 階層 ─ 麺類 ─ 階層 ─ きしめん

(揚げ物，煮物，焼き物，麺類をはじめとして和食にはさまざまな種類がある。この最後のもの（麺類）については，確かに，和食で最も人気のあるものの一つである。もともとは中国の麺類であるラーメンと並んで，うどんとそばは，日本の麺類の中では最もよく食されるものである。うどんとそばが出されるのはうどん屋やそば屋であるが，これは日本のあらゆる町や都市で見かけることができる。しかし，ある特定の地域で他の地域よりも好んで食される麺類がある。その一つの例はきしめんである。きしめんは愛知の人々が誇りを持つ名物である。きしめんはうどんに似ているが，平たく幅が広くなっている。他の麺類と同じように味噌や醤油のつゆとともに出される。）

23 前後を指し示してつなぐ

　後ろの文から前の文の内容（またはその一部）を指し示したり，逆に前の文から後ろの文の内容（またはその一部）を指し示すことによって前後の連結を明らかにすることがある。大切なことは，代名詞や副詞・副詞句などの指示語や置き換え語を活用することである。

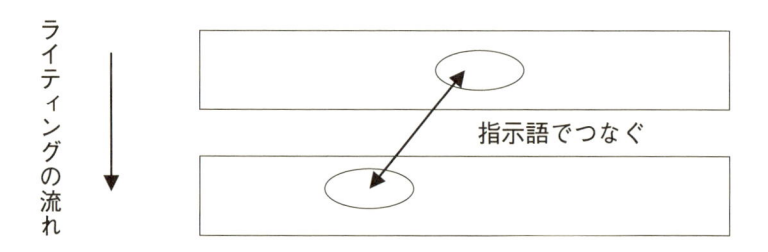

1. 先立つ言葉や内容を指し示す

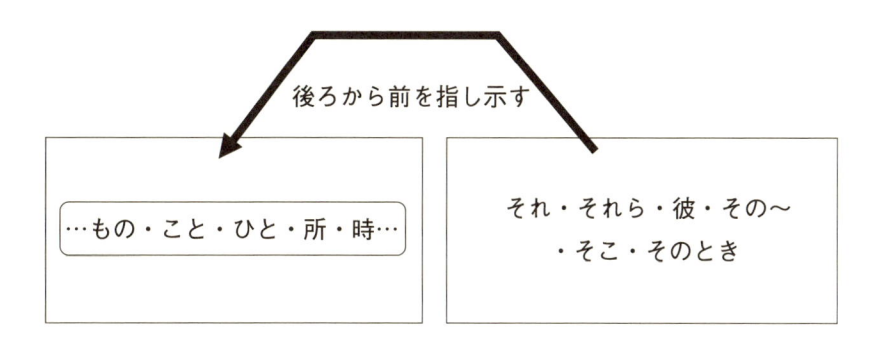

後ろから前を指し示す

```
…もの・こと・ひと・所・時…        それ・それら・彼・その〜
                              ・そこ・そのとき
```

- it (its), he (his, him), she (her, hers), they (their, them), that, this, these, those
- here, there, later, soon, afterward, then, next など
- the 〜 / that 〜 / this 〜 / these 〜 / the same 〜 / each (of) 〜 / some (of) 〜 / other 〜 / another 〜 / both 〜 / so / such 〜など
- above* / what …**
    *… mentioned above（上でふれた …）
    **what has been stated earlier（前に述べたこと）

- I have <u>five uncles</u>. <u>They</u> are all rich. <u>Two of them</u> are doctors, and <u>three of them</u> are lawyers.
（私には5人のおじがいる。皆金持ちだ。2人は医者で，3人は弁護士だ。）

- There is <u>a house</u> on the top of the hill. <u>It</u> is a small house. <u>An old man</u> lives <u>there</u> alone. <u>He</u> is seventy-four. <u>That</u> is all I know about him.
（丘の上に一軒の家がある。小さな家だ。老人がそこに一人で住んでいる。彼は74歳だ。私が彼について知っているのはそのことだけだ。）

- <u>Three months ago</u>, a middle-aged man moved to my neighborhood. He came up to me to introduce himself, but did not talk much

about himself then. First, I thought he was a programmer or something. Later I found out that he was a famous painter.
(3か月前，中年の男性が近所に引っ越して来た。その中年の男性は，私のところへ挨拶に来たが，その時は，あまり自分自身のことを語らなかった。最初，私は，プログラマーかなにかだと思った。後でわかったことだが，彼は，有名な画家だったのだ。)

→ three months ago を起点とし，次々に起きたことを時間的な前後の関連を付けながら示している。

- Many people believe that it was Columbus who first discovered the American Continents. The belief is widespread.
(多くの人々が，アメリカ大陸を最初に発見したのはコロンブスだと信じている。この信念は広く行きわたっている。)

→ 「believe that ...」の内容を，第2文が「the belief」で受けている。

- The critic says the movie is a great work of art. Many people seem to think so, but I doubt if it deserves such a positive appraisal.
(その批評家は，その映画が偉大な芸術作品だと言っている。多くの人々がそう考えているようだ。しかし，私はそんな賞賛に値するものか疑わしいと思う。)

2. 前の文から後の文（またはその一部）を指し示す

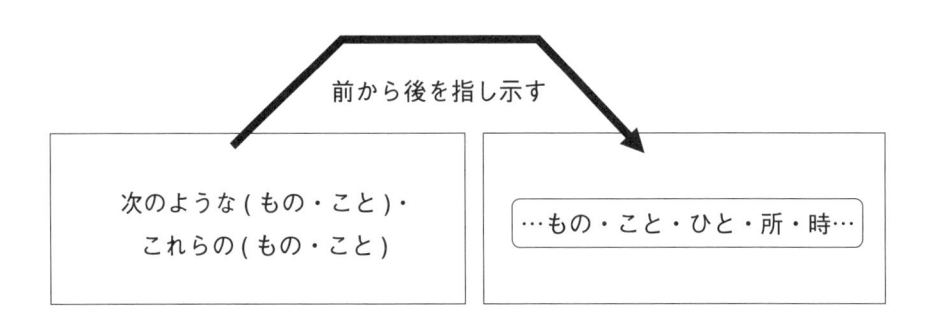

前から後を指し示す

次のような(もの・こと)・
これらの(もの・こと)

…もの・こと・ひと・所・時…

> - the following ［the following 〜］（次のこと［次の〜］）/ what follows（次のこと）/ as follows（次の通り）
> - this ［this 〜］（これ［この〜］） / these ［these 〜］ （これら［これらの〜］）*
> - here（今ここに） / below（下記に）**
>   *this, these は，先立つ言葉や内容を指すだけでなく，文脈に応じて，後に述べる言葉や内容を指す場合がある。
>   **below は，下の少し離れたところを指す場合に用いられる。

- You can use the software for free under <u>the following conditions</u>: (1) you use the software for evaluation purposes; or (2) you use the software for private purposes; or (3) you are a student or a university or college staff member.
  (このソフトは次の条件により無料で使用することができます。(1)試しに使ってみる場合，または，(2)個人的に使う場合，または，(3)学生か大学職員である場合。)

- <u>These</u> are the items you should include in your travel first aid kit: Sterile bandages, scissors, tweezers, antiseptic, soap, sunscreen, a thermometer, safety pins, gauze pads, a needle.
  (次のものを旅行用の救急箱に入れておくべきです。滅菌包帯，はさみ，毛抜き，消毒剤，石鹸，日焼け止め，体温計，安全ピン，ガーゼ，針。)

3．前後の内容を関連付ける

> - ... (…)――but in fact ...(しかし実際は…)
> - at first ... (最初は…)――but ... (しかし［後には］…)
> - indeed ... (確かに…)――but ...(しかし…)
> - it is true that ... (…は正しい)――but ...(しかしながら…)
> - ... (…)――so that ...(そのため…)

- At first I thought he was Chinese, but soon I found out that he was Singaporean.（最初私は彼のことを中国人だと思ったが、まもなくシンガポール人であることがわかった。）
  → at first ——but は前後の内容を結び付けている。

4. 前出の語句をそのまま切り出してくる

前の内容を指し示して取り上げる場合に，具体的な語句をそのまま切り出してくることがある。

> When I was a student in Sendai about thirty years ago, I lived in a dormitory where I shared a room with three other roommates. We cooked together, ate dinner together, and went to bed around the same time. On weekends, we would go hiking, and occasionally we went downtown to drink. We were not just roommates but close friends tied by the relationship that we called "ryouyuu." Sometimes, however, I wanted to be alone to spend time for myself. I used to spend most of my spare time reading foreign books.
>
> At that time, reading foreign books had a special meaning for university students. There was no television or internet. Books from abroad were almost the only means of acquiring knowledge of the world. They gave young people access to the great intellectual heritage of the world.
>
> （30年ほど前，私が仙台の大学生だった時，私は寮で生活しており，3人のルームメイトと部屋を共有していた。私達はいっしょに料理したり，夕食をいっしょに食べ，大体同じ時間に就寝した。週末には遠出したり，時には繁華街へお酒を飲みに行ったりした。私達は単なるルームメイトにとどまらず「寮友」という関係でかたく結ばれた友人だったのである。しかしながら，ときには，自分自身のために時間を使いたいと思うこともあった。私は余暇のほとんどを洋書を読むことに費やした。
> 　当時，洋書を読むことは，大学生にとって特別な意味を持っていた。テレ

ビもインターネットもなかった。洋書は世界の知識を得るためのほぼ唯一の手段であった。洋書は世界の知的遺産にふれる機会を与えてくれたのである。）

　ここでは，第1パラグラフの最後で述べられている「洋書を読むこと」という話題が第2パラグラフのトピックとして取り上げられている。「reading foreign books」という語句が，ほぼそのまま第2パラグラフで用いられ，二つのパラグラフを結ぶ働きをしていることに注目しよう。

24　つなぎ語（接続詞・副詞など）を用いる

1. 文と文を対等につなぐ

　「and」「but」「or」を用いて二つの文をつなぐ。これらの接続詞はあくまで対等の内容をつなぐ場合に用いられる。

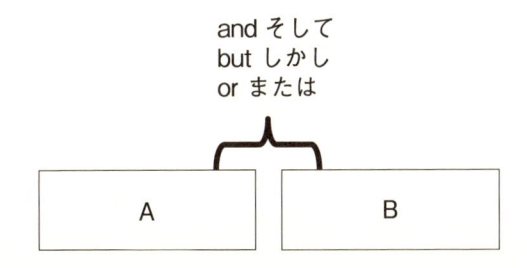

```
and そして
but しかし
or  または
```

A ─ B

- My father is an English teacher <u>and</u> my mother is a nurse.
  （私の父は英語教師で，母は看護師です。）

- The Prime Minister said he would dissolve the Diet in a few months, <u>but</u> he soon changed his mind. （総理大臣は二，三か月したら国会を解散すると言ったが，すぐに気が変わった。）

2. 文と文を主従の関係でつなぐ

つなぎの語句には，一つの文（従属節）をもう一つの文（主節）につなぐ働きをするものがある。従属節は，主節の前に置くことも，後に置くこともできる。どちらにするかは，内容の重点をどちらに置くかによって決まる。いずれにしても，この種の語句は，理由，原因，結果，条件，時間などにかかわる内容を導く働きをする。

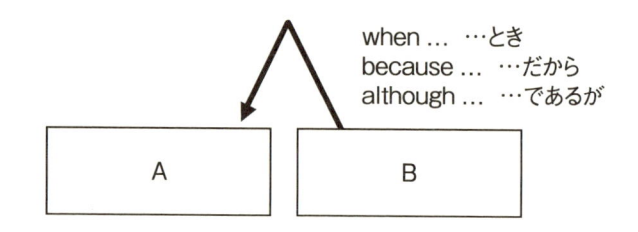

```
when ...     ...とき
because ...  ...だから
although ... ...であるが
```

A B

- I met John <u>when</u> I was living in New York.
  （私は，ニューヨークに住んでいた時にジョンに会った。）

- I could not arrive on time <u>because</u> I missed the train.
  （私は列車に乗り遅れたので，時刻通り到着できなかった。）

- <u>Although</u> a dolphin looks like a fish, it is a mammal.
  （イルカは魚の形をしているが，哺乳動物である。）

3. 副詞でつなぐ

副詞（副詞句）には，前の文の内容を受けて，帰結や結果，反対，追加などを表す働きをするものがある。文と文の関連を示すつなぎ語として大いに活用したい。

☞ 「ライティングに使える英語表現集」6. 文を対等につなぐための英語表現，7. 文を主従でつなぐための英語表現

- At university, I studied Japanese diplomacy in the Meiji era. I also studied French law. (大学で私は，明治時代の外交を勉強しました。また，フランス法も勉強しました。)
  → also は追加の関係で第2の文をつないでいる。

- He kept saying he would surely vote against the bill. He changed his mind, however, just before the voting.
  (彼はかならず法案に反対票を投ずると言い続けていた。しかしながら，投票の直前に心変わりをした。)
  → however は反対の関係で第2の文をつないでいる。

- He has always broken his promise. I have good reason, therefore, to believe that he will do so again.
  (彼は今までいつも約束を破ってきました。したがってまた破るだろうと信じる十分な理由があるのです。)
  → therefore は論理的帰結を示している。

☞　「第7章　書いてみよう」課題11，22，23，25，27
☞　「ライティングに使える英語表現集」6．文を対等につなぐための英語表現，7．文を主従でつなぐための英語表現

25　つなぎ語を用いずに文の流れを整える

1. センテンスを続ける

　つなぎの語句も前後を指し示す言葉も用いずに，センテンスを単純に続けていく形がある。

> Different students choose different countries for studying English. The United States is not the only option. Kenji went to England. Miwa went to Australia. Hideo went to Canada.
> (英語を学習するのにどの国を選ぶかは学生によって異なる。アメリカ合衆国だけが唯一の選択肢ではないのだ。健司はイギリスに行った。美和はオーストラリアへ行った。秀夫はカナダに行った。)

　この文例は，五つのセンテンスで成り立っているが，形の上では，単にピリオドで完結した文が連続しているだけである。つなぎ語もなければ相互を指し示す代名詞もない。これはひとまとまりの内容が，それぞれのセンテンスに適切に配置されていて，読み手の心の中に，一つの流れが生み出されているからである。特に必要でなければ，このようにセンテンスを単純に並べるだけでもよい。つなぎ語が頻繁に登場するとかえって，ゴタゴタした道を歩くようで，読みにくくなる場合もある。

2. 句読法を活用する（セミコロン；）

　つなぎの言葉を使わず，セミコロンを用いるだけで対照を示すことがある。その際，後半部分には省略がおこなわれる。

・A sea horse is a fish; a sea turtle is not.*
　（タツノオトシゴは魚類である。ウミガメは魚類ではない。）

---

* a sea turtle is not (a fish).

第4章　展開する

　ここでは，これまでに学んだことをふまえ，英文を展開する方法を学ぶことにしよう。展開とは，トピックの主旨を明らかにするために，具体例をあげたり，論拠を示したり，言葉を定義しながら，内容を深めることを言う。英文の中に一定の展開があれば，認識，洞察，発見などを含んだ深い内容を表現することができる。

==
　特に英文を展開することが重要になるのは次のような場合である。
　　×単なる事実の羅列になってしまった。
　　×おおざっぱな趣旨を漠然と述べただけの内容になってしまった。
　　×同じ趣旨の内容を繰り返すばかりで，英文の流れが単調になってしまった。
　　×他者の見解のつぎはぎだけの内容になってしまった。
==

26 具体的に述べる

　一般的な言い方だけでは，読み手はなかなか納得しない。具体例をあげてはじめて読み手は耳を傾けてくれる。自分の見解や主張を述べるにあたり，漠然とした言い方や一般論を繰り返すだけではなく，事実の裏付けをすると説得力が出てくるのである。また，複雑な内容や抽象的な理論も，具体例をあげて説明するとわかりやすくなる。トピック文で示された内容に具体的な裏付けを加えていくことは，パラグラフを発展させるための基本的パターンである。

■書くためのポイント

> 1. 次のような表現をうまく用いて具体例をあげる*。
>   ・for example / for instance （たとえば）
>   ・One example is ... （一つの例は…）
>   ・... such ... as ... （…のような…）
> 2. 複数の例を列挙する。（一つの例だけでは不十分なことがある）

　次の英文では，冒頭の文において「明治時代，欧米への留学生たちは，目的に応じて留学先を選んだ」という事実を指摘している。しかし，これだけでは具体性に欠けるので，森鷗外，夏目漱石，西園寺公望という三人の具体的な事例が示されている。

---

* 具体例であることが前後関係から明白である場合には，for example のような語句を使わなくてもよい。

26. 具体的に述べる

In the Meiji period, a number of brilliant men were sent to the West to study advanced technology and ideas, and they chose different countries according to their target research fields. Mori Ogai, <u>for example</u>, went to Germany to study hygiene; Natsume Soseki went to England to study English literature; and Saionji Kinmochi went to France to study law.	事実の大まかな提示 (明治時代の留学先は目的に応じてさまざまであったこと) ↓ 具体例 ○森鷗外はドイツへ ○夏目漱石はイギリスへ ○西園寺公望はフランスへ

(明治時代，多くの優秀な人たちが，進んだ技術や思想を学ぶために欧米に派遣されたが，彼らは，狙いとする研究分野に応じて異なる国を選んだ。たとえば，森鷗外は衛生学を学ぶためにドイツへ行ったし，夏目漱石は英文学を学ぶためにイギリスへ行き，西園寺公望は法律を学ぶためにフランスへ行った。)

　下記の英文では，冒頭の文において「われわれはいろいろな電気の使い方をする」という一般的な内容が述べられている。続く部分はすべて電気の使い方についての具体的な例である。このような形でパラグラフを展開することによって，トピック文に示された一般論は具体的に理解される。

<u>We use electricity in many ways</u>. We use electricity to light our homes. Many people cook their food with electricity. Some people use it to warm their homes. We also use electricity to keep our food cool and fresh.	一般的な事実の提示 (電気の用途はたくさんある) ↓ 具体例 ○家の中を明るくする ○料理をする ○暖房する ○食品を冷却して新鮮さを保つ

(私たちは電気をさまざまな用途で使っている。家の中を明るくするために電気を使う。多くの人たちは電気を使って料理をする。電気を暖房のために使う人たちもいる。食品を冷却して新鮮さを保つために電気を使うこともある。)

(Terry Jennings, *Science Success: Starter Book.*)

27 詳しく述べる

　一般的または概括的な言い方だけでは，読者の心に具体的なイメージがわかず，理解もおおざっぱなものにとどまってしまう。細部を埋めていくことで，読者の理解は緻密かつ正確になる。トピックを提示した後，その内容を詳しく述べていく展開を試みよう。

■書くためのポイント

---
1. 一般論，理論，個人的見解などを裏付けるために客観的な事実や数値などのデータを示す。
2. 特に論文やレポートを書く場合には，主張や理論を十分に支える事実やデータを示すことが求められる。
3. あくまでトピック文の趣旨にそった詳述を行う（関連の強い事実のみ取り扱う）。
4. 冗長にならない程度に細部を事実で埋めていく。
5. 文献から事実や数値を引いてくる場合は，情報の出所を明らかにすることが重要である。「According to ...」(…によれば) や「A recent study shows that ...」(最近の研究では…) などの語句を用いる。

　次の例は，茶の三つの品種がトピックになっている。それぞれの特徴が数値（成長する高さや寿命）とともに詳しく述べられている。

> Three main varieties of tea—Chinese, Assamese, and Cambodian—have distinct characteristics. The Chinese variety, a strong plant that can grow to be 2.75 meters high, can live to be 100 years old and survives cold winters. The Assamese variety, the source of orange pekoe teas, can grow 18 meters high and can live about 40 years. The Cambodian tea tree grows almost five meters tall.

事実の提示
(茶の三つの品種にはそれぞれ明確な特徴がある)

詳述 ↓

○チャイニーズ
　特徴：‥‥‥
○アッサム
　特徴：‥‥‥
○カンボジアン
　特徴：‥‥‥

(チャイニーズ，アッサム，カンボジアンという三つの主要な茶の品種にははっきりした特徴がある。チャイニーズは2.75メートルも伸びる強靭な植物で，100年も生きることができ，寒い冬も生き抜く。アッサム種は，オレンジペコー茶のもとになる品種であるが，18メートルの高さにまで成長し40年ほど生きることができる。カンボジアン茶は5メートル近く伸びる。)

(Jean Zokowski/Faust, and Susan S. Johnston, *Steps to Academic Reading 5.*)

28　分類・分割する

　書こうとする内容を一つのものとして取り扱うよりも，いくつかのものに分ける方が，全体の構造や特徴が明らかになることがある。
　明快な英文を書くにあたって，内容を適切に整理することが大切であるが，そのための基本的な方法として「分類・分割」がある。とりわけ，多数のものや大掛かりなものについて述べる場合，いくつかのグループに分類したり，いくつかの部分に分割すれば，全体の仕組みがとらえやすくな

る。また，一旦，一定のくくりにしたがって分類や分割を行っておけば，全体と部分の関係を見失うことなく，細部について詳しく述べることができる。分類・分割しながらパラグラフの内容を展開するパターンを学んでおこう。

■書くためのポイント

> 1. 一定の観点に基づいた分類を行う。種類，特徴，内容などに基づき，統一性と一貫性のある分類を心がける。
> 2. いくつの項目に分割されるのかをあらかじめ示した上で一つ一つの項目について詳述するとわかりやすい。

　次の例では，ミツバチの種類を述べるにあたって，最初に三つの分類を示し，その後で各項目について述べている。

トピック： ミツバチ

本文	解説
There are three kinds of bees in a hive: the workers, the queen, and the drones. The workers gather all the honey and rear the young bees. The queen lays the eggs. The drones are incapable of gathering honey, and they exist only to fertilize the young queens.	種類の数を示す （ミツバチには3種類ある） 三つの項目を示す （働き蜂，女王蜂，雄蜂） それぞれの項目について述べる 働き蜂—— 女王蜂—— 雄蜂——

（箱飼いのミツバチには三つの種類がある。働き蜂，女王蜂，雄蜂である。働き蜂は蜜を集め，幼虫を育てる。女王蜂は卵を生む。雄蜂は蜜を集める能力はなく，ただ若い女王蜂を受精させるために存在する。）

【書くためのステップ1　いくつかの項目に分類できることを言う】
- There are two [three, etc.] ...
  二［三］つの…がある。
- ... can be classified [divided] into two [three, etc] ...
  …は二［三］つの…に分類［分割］できる。

【書くためのステップ2　それぞれの項目について述べる】
- One is ... The other ...
  一つは，…。もう一つは…。
- First, ... Second, ... Third, ...
  第一は…。第二は…。第三は…。

　上記のような表現を各項目の頭につける。前頁の文例にあるように，項目名（the workers / the queen / the drones）を主語にとるだけでよい場合もある。また，Some ... Others ...という形もある。

29　個別のものへ内容をしぼる

　視野を広い範囲から狭めていき，個別のものに焦点を当てる。一般的な内容から，ある個別のものへ内容をしぼり込む。そうすることによって，漠然とした抽象論や表面的な一般論に終わらず，具体性のある内容を書くことができるだろう。
　次のパラグラフは「平安文学」という広い視野から始まっている。そして内容がだんだんしぼられていき，紫式部という個別の作家に焦点がしぼられている。パラグラフの内容が個別化の方向にそって展開されていることがわかる。

> One of the striking aspects of Heian literature is the predominance of women writers, particularly in the "golden age" of the late tenth and the early eleventh centuries. This was during the time of Emperor Ichijo, who had two empresses around whom developed rival salons. In one was Sei Shonagon, author of *The Pillow Book.* In the other was Murasaki Shikibu, author of *The Tale of Genji*, as well as the poet Izumi Shikibu.

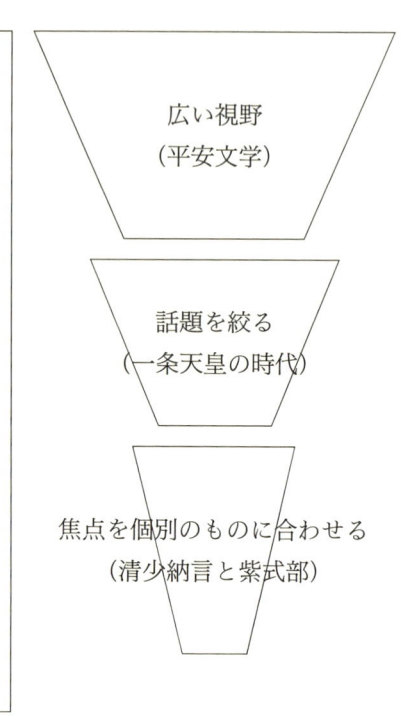

広い視野
（平安文学）

話題を絞る
（一条天皇の時代）

焦点を個別のものに合わせる
（清少納言と紫式部）

（平安文学の一つの著しい特徴は，特に10世紀の終わりから11世紀初めにかけての黄金時代に女性作家が際立った活躍をしたことである。この時期は一条天皇の時代であり，二人の后の周辺にそれぞれ作家の集まりが形成され，腕を競い合っていた。その一つに属していたのが『枕草子』の作者清少納言である。もう一つに属していた作家に，歌人和泉式部と並んで『源氏物語』の作者紫式部がいた。）

(John Dougill, *Kyoto: A Cultural History.*)

30 一般的なものへ内容を広げる

　個々の部分から目を移して，大筋を述べたり，一般的・全般的な内容を述べることも展開の一つのパターンである。視野をたっぷりと広げ，大筋や全体を述べてみよう。小さなものから大きなものへ，狭い場所から広い

30. 一般的なものへ内容を広げる

場所へ，単一から多様へと内容を展開するのである。話題を狭い範囲から広い範囲へ単純に広げていく場合もあれば，帰納法などにより個別から一般へ論理的に推論する場合もある。

　下記の例では，「昨日停電が起きた」という特定の出来事から，「この町では停電がよく起きる」という内容に話が移っている。個別から一般へパラグラフが展開する端的な例である。

> We lost our electricity late yesterday afternoon and didn't get it back until almost midnight. The lights often go out in the little town where we live in the summer. I don't know if it's our weather or our power company that's so bad, but when we have a storm, we invariably lose our electricity.

昨日の出来事（停電があったこと。）

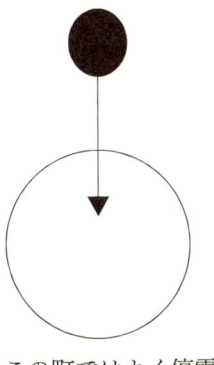

この町ではよく停電が起きる。暴風雨の時に決まって停電が起きる。

個別の内容から一般的な内容へと話題を広げる。

（昨日の午後おそい時間に停電があり，深夜近くまで復旧しなかった。私たちが夏季に滞在するこの小さな町ではよく停電が起きる。こんなことになるのは，天候が悪いせいなのか電気会社が悪いせいなのかわからないが，暴風雨の時に決まって停電が起きるのだ。）

(Andrew A. Rooney, *Word for Word*.)

☞　「ライティングに使える英語表現集」11．一般論を述べるための英語表現

31 比較・対照させる

　ライティングを生き生きと展開するための方法として，二つの項目を比較・対照させながら論述する方法がある。たとえば，飛行機と鉄道，洋食と和食，保守と革新などについて，その類似点や相違点をくっきりと浮かび上がらせる方法である。その主な目的は次の3点にまとめられる。
・複数のものを比べて，最もよいものを決める。
・あるものの長所と欠点をあげて秤にかける。
・相互に比較することで，それぞれに固有の特徴を浮かび上がらせる。
　比較・対照される二つの項目は，同じ基盤で論じられるものでなければならない。例えば，「日本料理」と「そば」では対比できない。料理の区分である「日本料理」と「フランス料理」という組み合わせ，あるいは麺類の区分である「そば」と「うどん」のように同じ区分での比較・対照が妥当である。

1. センテンスの単位で二つの内容を比較・対照させる

　二つの文は，基本的に構造が同じである必要がある。また，つなぎの言葉を用いず単純に並置させる場合と，while / whereas のような接続詞を用いて対照を際立たせる場合がある。

【対照的な内容を単純に並置する】
・My father wants me to go to college. My mother wants me to get a job. （父は私に，大学へ進学して欲しいと思っている。母は仕事について欲しいと思っている。）

【対照的な内容を but でつなげる】
・The academic year in the United States begins in autumn, but, in Japan, it starts in spring.

(アメリカ合衆国では学年は秋に始まるが，日本では春に始まる。)

【対照的な二つの内容を，Some ... Others ... で振り分ける】
・<u>Some</u> scientists believe that smoking increases the risk of stomach cancer. <u>Others</u> think that there is no correlation between smoking and stomach cancer. (喫煙が胃癌のリスクを高めると信じる科学者がいる。喫煙と胃癌には相関関係はないと考える科学者もいる。)

【対照的な内容を while で結ぶ】
・Many herbs grow wild, <u>while</u> others are grown in gardens.
(多くの薬草は野生で育つが，菜園で栽培されるものもある。)

2. 比較・対照でパラグラフを組み立てる

センテンスの範囲を越え，一つのパラグラフ，あるいは複数のパラグラフで比較・対照の内容を組み立ててみよう。二つの項目を単純に並列で考察する場合と，ある事項を説明するために他の事項を引き合いに出す場合がある。

下記の例では，取材調査にあたって人の話を録音する場合の利点と難点が対比されている。advantage と disadvantage という言葉が用いられており，対比されている内容の相互の特徴がくっきりと示されている。

Before the interview begins, you need to establish how you will record the information you are given. You may wish to use an audio recorder. This has the <u>advantage</u> that you capture everything that is said including the tone of voice that is used. Its <u>disadvantages</u> are that it can be inhibiting for some people and that the resulting tapes take a long time to work through.

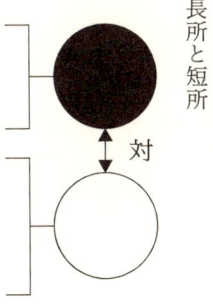

取材時に録音機を使うことの長所と短所　対

(得られた情報を記録する方法について，取材が始まる前にはっきりさせておく必要がある。音声レコーダーを使用することもできよう。その利点は，発する言葉の口調をふくめて話されたすべての内容をとらえることができる，ということである。その欠点は，人によっては自由な発話が妨げられることがあることと，録音テープを起こすのに時間がかかるということである。)

(John Seely, *Writing Reports*.)

　下記の作文例では，ビーチバレーボールの特徴を浮かび上がらせるために，一般によく知られている通常のバレーボールとの相違が述べられている。Aについて書くために，Bと対照させるという手法を用いているのである。

　　Do you know what beach volleyball is? You may know much about the popular sport volleyball. Beach volleyball is one version of volleyball, but it is different in two ways from the indoor volleyball. First of all, it is played outdoors on sand courts instead of hard courts, so you do not worry about diving. It is fun diving in the sand. Secondly, a team in beach volleyball consists of two players. This means that you only need four players to play the game, much smaller in number than the volleyball for which you need twelve players.
(ビーチバレーボールのことを知っていますか。一般によく知られているスポーツであるバレーボールのことは皆さんよく知っていらっしゃることでしょう。ビーチバレーボールはバレーボールの一種です。しかし屋内競技であるバレーボールとは二つの点で異なります。まず第一に，固い屋内のコートのかわりに，砂のコートの上で行われます。そのため，思い切って頭から飛び込むことができます。砂に飛び込むのは楽しいですよ。第二に，1チームは2人から成ります。そのため，試合は，4人集まれば可能です。12人必要であるバレーボールよりはるかに少ない人数ですみます。)

31. 比較・対照させる

次の例では，ミクロ経済学とマクロ経済学という対照的な二つの内容が二つのパラグラフに割り振られている。二つの内容の対照性を表示するために by contrast という語句が用いられていることに注目しよう。

> Microeconomics focuses on individual economic units. It is the study of the economic behavior of individual consumers, firms, and industries and the distribution of total production and income among them. It considers individuals both as the suppliers of labor and as consumers of final products, and it analyzes firms both as suppliers of products and as consumers of labor and capital.
>
> Macroeconomics, <u>by contrast</u>, is the study of the whole economy in all of its interrelationships: the total amount of goods and services produced, total income earned, the level of use of productive resources, and the general behavior of prices. This area of economics owes its development to the work of John Maynard Keynes, who tried to point out ways that governments could use fiscal policy and the control of the money supply to achieve prosperity and full employment.
>
> (ミクロ経済学は個々の経済単位に焦点をしぼる。個々の消費者，企業，産業の経済行為，および総ての生産と収入の配分がどう行われているかを取り扱う学問である。個人を，労働の供給者および最終生産物の消費者として考察する。また企業を，生産物の供給者および労働と資本の消費者としてとらえ分析する。
>
> 　これと対照的に，マクロ経済学は，経済全体を，生産された製品とサービスの総量，総所得，生産資源の利用水準，物価の全体的な動向の間の相互関係において研究する学問である。この経済学の領域が発展したのは，ジョン・メイナード・ケインズの業績に負うところが大きい。彼は経済的発展ならびに完全雇用を達成するための，財政政策の運用方法と，金融統制の方法を明らかにしようとしたのである。)

("Economics." *Compton's Concise Encyclopedia*.)

☞ 「ライティングに使える英語表現集」8. 論理を示す英語表現

32 定義する

　使用する用語や概念を明確にすることも，英文を展開する一つの方法である。辞書に載っている語義を示すことが単純な定義の仕方である。「～とは何か」とたずねられた時に，「～とは…のことである」という言い方で答える時の説明である。しかし辞書的な意味だけでは説明できないような緻密な意味合いについて述べたり，厳格な定義をしたい場合もある。そのためにパラグラフを一つ大きくとって存分に考察してみよう。
　パラグラフは，トピックをめぐって展開されることはすでに十分説明したが，トピックには，書こうとする内容を特徴づける重要な概念が盛り込まれており，それはキーワードで表されることが多い。したがって，キーワードを定義することが，ライティングを展開するための重要な方策になる。とりわけ，読み手にとって耳慣れない言葉を用いる場合には，あらかじめ語義を示したり，それが表している内容を説明しておくことが大切である。
　また論述文においては，用語（専門用語など）の語義が不明瞭だったり，筆者と読者の間で理解が不一致であったりすると，論述の基盤そのものが揺らいでしまう。そこで，用語の定義をすることが必要になる。
　ライティングにおいて定義が必要になるのは次のような場合である。
　(1)　読者にとって聞き慣れない言葉や専門用語を用いる場合
　(2)　一般に用いられている意味とは別の意味合いで言葉を用いる場合

1.「～は…である」の形で定義する

　次の例では，書き手は一般にあまり知られていないビーチバレーボールについて書こうとしているが，まず，ビーチバレーボールとはどのようなものか，という説明から入っていることに注目したい。

32. 定義する

> Do you know what beach volleyball is? Let me explain what it is. It is a kind of ball games and, as you can see from the name, it evolved from the popular sport volleyball. It is played on sand courts instead of indoor hard courts, so you do not get hurt when you dive. In order to play the game, you only need four players because a team consists of two players instead of six.
> (ビーチバレーボールとはどんなものか知っていますか。説明しましょう。球技の一種で，名前からわかるとおり，一般に人気のあるスポーツであるバレーボールから発達したものです。固い屋内のコートのかわりに，砂のコートの上でおこなわれます。そのため，頭から飛び込んでも怪我をしません。1チームは6人ではなく2人なので，試合は，4人集まれば，可能です。)

2.「〜は…の意味である」の形で定義する

次の例では，「sharing success」という語句の意味を「It means …」という形で明確に示している。

> The idea of sharing success is used by many companies today. It means that, as a company succeeds, all the people it touches succeed, too. Employees, customers, suppliers, stockholders, the local, national, as well as international communities are all part of its success.
> (成功を共有するという発想は，今日，多くの会社で用いられている。その意味は，会社が成功するにしたがって，それに関わる人たちもすべて成功するということである。従業員，顧客，納入業者，株主，地域社会，国家そして国際社会のすべてが一つの成功の部分を成している，ということである。)

(*The Contemporary Reader.* Vol. 1, No. 6.)

☞ 「ライティングに使える英語表現集」9．定義するための英語表現

33 論理的に述べる

　レポートや学術論文は読み手の理知に働きかける文章である。したがって，英文を書く場合，論理を拠り所にすることが大切である。ビジネス文書やエッセイでも，パラグラフを論理的に述べることは，読み手を納得させるための大きな助けとなる。

■書くためのポイント

1. センテンスからセンテンスへの推移に論理性をもたせる。
2. 理由・原因，結果・帰結，推論，反対・対立などの観点に照らして内容を展開させる。
3. 原因・理由や結果・帰結などを表すつなぎ語を用いて前後の関係を示し，論理的な流れにそった英文を書く。
4. 論理的展開の最終的な目的は一定の結論を得ることである。たとえば，困難な問題に対して解決策を提案したり，ある考えに対してその間違いを指摘する，という目的をはっきりさせて論理構築をすることが大切である。
5. パラグラフ全体の論理的統一性を考える。

1. センテンスを書くにあたって論理を考える

　英語で論理的な内容を述べる場合，まずは論理的な明快さを心がけて一つ一つのセンテンスを書くことが大切である。さらに，センテンスからセンテンスへのつなぎを考えよう。「第1章　センテンスを書く」でセンテンスのつなぎ方を解説しているので，それを十分参考にして，英文を組み立ててみよう。

まず単純な例から見ていこう。次の例では，英国において海が身近なものであることが述べられているのだが，この英文の組み立ては，「such ... that ...」（とても…なので…である）と，「because of this」（このために）という語句で表される因果関係の観点に基づいている。なお「such ... that ...」は文（センテンス）の中の節（クローズ）をつなぐ語句であり，「Because of this」は，前後の文（センテンス）をつなぐ語句である。

> Britain is an island and <u>such</u> a small country <u>that</u> very few places are more than a hundred miles from the sea. <u>Because of this</u>, it is very common for families to go for a day trip to the seaside.
> （英国は島国であり，小さな国なので，海から100マイル以上離れた土地はほとんどない。このため，家族で海岸へ日帰り旅行をすることはよくあることである。）

(Ken Methold, and M. Iwagaki, *Talking in English.* Book Two.)

2. 論理的な流れにそってパラグラフを組み立てる

論理性をふまえてセンテンスを組み立てることができたら，今度は，広くパラグラフ全体に渡って論理展開することを学ぼう。次の例を参考にしよう。これはパラグラフが論理的に展開されている一例である。まず，地球の温室効果現象を正確に把握することの難しさが説かれているのだが，この部分は，however ... / because ... / so ... のような言葉で示される論理の流れに裏付けられている。次に，温室効果の実態把握が出来た時には手遅れだ，という内容が，if ..., ... will ...という条件を表す表現によって示されている。最後に，炭素の排出量削減に関する現実的な対応の必要性が，thus ...の帰結表現によって示されている。

> It is possible that the recent floods in Europe and the USA and the drought in Africa are early manifestations of the greenhouse effect. It is, however, very difficult to be sure that this is due to the greenhouse effect, because the weather fluctuates widely from one year to another. The earth's eco-system is to some extent self-correcting, so it is also possible that the effects are being masked by other changes. It is likely to be some years before we know whether the greenhouse effect is real or not, but if it turns out to be real, it will be too late to do anything about it. There is thus strong international pressure on all countries to reduce their carbon emissions by pledging a percentage reduction each year.

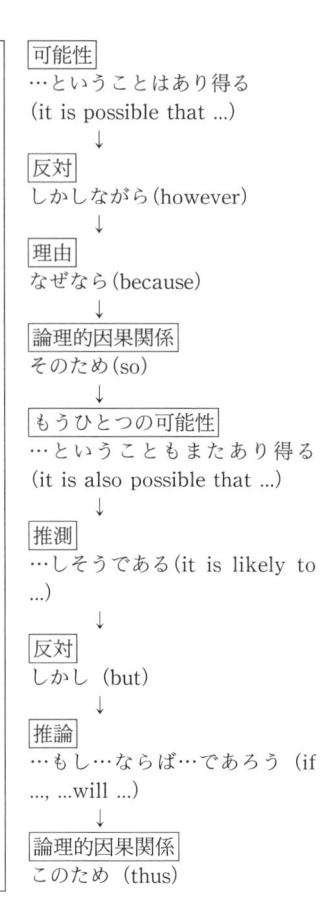

可能性
…ということはあり得る (it is possible that …)

↓

反対
しかしながら (however)

↓

理由
なぜなら (because)

↓

論理的因果関係
そのため (so)

↓

もうひとつの可能性
…ということもまたあり得る (it is also possible that …)

↓

推測
…しそうである (it is likely to …)

↓

反対
しかし (but)

↓

推論
…もし…ならば…であろう (if …, …will …)

↓

論理的因果関係
このため (thus)

（ヨーロッパとアメリカ合衆国で起きた最近の洪水とアフリカで起きた干ばつは地球の温室効果が早期に現れたものかもしれない。しかしながら，これが温室効果によるものだと断じることは非常に難しい。なぜならば気候は毎年大幅に変動するものだからである。地球の生態系にはある程度の自動調整機能がある。そのため温室効果が他の変化要因によって隠されてしまうということもまたあり得るのである。温室効果が本当のものかどうかがわかるのに何年かかかりそうであるが，しかし，本物であるということがわかった時には，対応は手遅れとなっているであろう。このようなわけで，各国に対し，毎年の削減率を誓約させることによって炭素の排出量を削減すべく強い国際的な圧力がかけられるのである。）

(Peter E. Hodgson, *Energy and Environment*.)

センテンス同士の論理的関係が，文の流れから明らかな場合は，つなぎ語を使わなくてもよい。たとえば，次の文例を見てみよう。

> On long ocean trips, Vikings brought ravens with them. These birds are known for their skill at finding land. When Vikings did not know where land lay, they set a raven loose. Then they sailed in the same direction as the bird flew.
> (ヴァイキングたちは，長い船旅にワタリガラスを連れて行った。この種の鳥は陸地を見つける能力があることで知られている。ヴァイキングたちは陸地の位置がわからない時，ワタリガラスを放ったのだ。そして鳥が飛んでいった方向に航行したのだった。)

(*The Contemporary Reader.* Vol. 2, No. 1.)

上記の英文では第1の文で，ヴァイキングたちが長い船旅にワタリガラスを連れて行ったことが書かれている。その理由は何だろうか。それは，続く3つの文で理知的に説明されている。しかし，because … / the reason is … / therefore といった論理を示すつなぎの語句は用いられていない。内容の配列が論理的な構成を生み出しているからである。

☞ 「第7章 書いてみよう」課題26, 27
☞ 「ライティングに使える英語表現集」8. 論理を示す英語表現

34 問いを投げかける

人が文章を読む一つの理由は，何かを知りたいと思うからである。しかし知識を得るという目的だけでは，先へ先へと文章を読み進もうという強い気持ちを保ちにくい。評論であろうが物語であろうが，「なぜだろう」「この後どうなるのだろう」という疑問が生じるから深く先へ読み進むという知的活動が成り立つのだ。

第4章 展開する

そこでライティング展開の一つの手法として浮かび上がってくるのは、この読者心理に働きかけ、それに応じるような展開を行うことである。疑問文を自ら提示し、それに答える形で文を展開してみよう。

> Many dogs serve only as pets. But some dogs have real jobs to do. They work as police dogs and as guide dogs for the blind. Some breeds of dog do these jobs better than others. Very often, people choose German shepherds for this type of work. <u>What makes these dogs so good at it?</u> For one thing, German shepherds are the right size. They are quite large, and they are strong. With big chests, they can get enough wind for long runs.
> （犬の多くはペットとして役立つだけである。しかし、犬の中には本当に仕事ができるものがある。警察犬や盲導犬として働くのである。このような仕事を他の犬よりもうまくこなす犬種がある。このような仕事のためによく選ばれるのはジャーマン・シェパードである。どうしてこの犬種は、優れているのだろうか。一つには体格が適当だということである。かなり大きくて強い。胸部が大きいので長距離を走るだけの肺活量があるのである。）

(*The Contemporary Reader.* Vol. 2, No. 2.)

上記の文例の下線部では、筆者みずからが疑問文を読者に投げかけたうえで、続く部分でその答えを示している。また、下記の広告文のように一定の集団へ向けて親しく呼びかけて、注意を引きつけるために質問文が用いられることがある。

- Are you looking for a job with a company which genuinely cares about its employees and customers? Then, here is an opportunity for you!
  （従業員や顧客のことを本当に気にかけてくれる会社で仕事をしたいですか？それなら、良い働き口がありますよ。）

☞ 「第7章 書いてみよう」課題26, 27

35 問題を考察する

　前項では問いを投げかける形を見たが，ここでは，単に形の上で疑問を示すだけでなく，問題提起とそれに対する考察というダイナミックな展開パターンを紹介する。
　次の例では，「What is an American?（アメリカ人とは何か？）」という問題提起がパラグラフの最初に打ち出されている。この問題を考察し，解答を模索することがこのパラグラフの趣旨である。

> <u>What is an American?</u> This is a difficult question to answer. An American may have an English, Spanish or Polish surname. He may be black, white, Chinese or Arabic in appearance. Researching into his family history may show that he is related to the earliest settlers in Virginia, but it is much more likely to reveal that his grandparents were all of different nationalities. The United States has been called a "nation of immigrants" and the reason for this is clear: the entire population of the country today, except for the Indians, consists of immigrants and their descendants.

トピック文（下線部）で問題を打ち出す。

考察のプロセスを経て答えを示す。

(アメリカ人とは何か？ 答えるのが難しい問いだ。アメリカ人であっても，イギリス姓，スペイン姓，あるいはポーランド姓を持つかもしれない。外見で見れば黒人かもしれないし，白人，中国系あるいはアラブ系かもしれない。家系を調査してみると，ヴァージニアに移住した初期の移民と血縁関係にあることが判明するかもしれないが，一番あり得るのは祖父母の国籍が全部ちがっていることである。アメリカ合衆国は「移民の国」と呼ばれるが，その理由ははっき

りしている。今日のこの国の人口の内訳は，先住インディアンを除いて，移民とその子孫だということである。)

(Nancy Stanley, Lindsay Brown, and Krystina Kasprowicz, *Think in English 1*.)

　この例は，「問題→考察」の一つのひな形を成している。提起されている問題に対し，すぐに解答を出してはいないという点に特に注目したい。まず具体例をあげながらアメリカ人の多様性に着目している。そして，その多様性を考察するというプロセスへ移り，アメリカ合衆国の「nation of immigrants（移民の国）」という側面を浮かび上がらせている。

　問題提起がなされると，英文の中に思考の動きが生じる。問題に対する解答が模索され，考察の結果として，一定の認識や発見が得られる。これこそが思考を伴った「展開」なのである。このように，投げかけられた疑問が思考のプロセスを経て結末で解明されるという形は，特に学術的な展開法の一つの典型的なパターンとなっている。

☞　「第7章　書いてみよう」課題 26, 27

36　新たな視点を導入する

　パラグラフの構成について解説した時に，パラグラフの最初でトピック文を示し，自分の主張や見解を明確にすることの大切さを強調した。確かにそれは，冷静な客観的視点を主眼とした報告文や，実務的な合理性を重んじるビジネスライティングでは大切である。

　しかし，比較的長いエッセイにおいて，読者の興味を引きつけ，主張したいポイントを納得させたいのであれば，あえて重要な内容を後に回したほうがよいかもしれない。そのための一つの形としては，読者が抱いている通念について述べた上で，新しい観点を導入し，平凡な観点をくつがえすという手法がある。

次の例では，不眠について一般の人たちがいだいている通念を示し，次に，それを覆すような視点が導入されている。

> When people are having trouble falling asleep, they often focus too hard on falling asleep. Some people become worried or scared because they cannot sleep. The truth is that a night or two without sleep can be frustrating, but it is not harmful. Remembering this can help one to unwind and let the mind rest.

一般の見方を示す
(不眠症にかかっている人たちは，眠れないことを深刻に考える傾向がある)

↓

新しい観点を導入する
(一日や二日眠れないことは害にはならない)

↓

新しい展望

(不眠症にかかっている人たちは，眠ることにあまりに意識を集中しすぎている場合が多い。眠れないというそのことで悩んだりおびえたりしている人がいるのだ。一日二日眠れないことはいやなことではあるが，害はないのだ。このことを心に留めておくことで，緊張はほぐれ心が安まるものなのだ。)

(*Timed Reading Plus in Science*. Book 3.)

37 視点を深める

ダイナミックなライティング展開のもう一つのパターンは，トピック文に含まれている視点を深めていくパターンである。「ニュージーランド」を話題にした次の例を見てみよう。

第4章 展開する

> Isolation has always been one of the most important aspects of life in New Zealand. It is 19,000 km from Europe and 1,900 km from Australia, its nearest neighbor. Because of this distance and isolation, New Zealand has a very small population for its size. You can find plant and animal life that are not found anywhere else on earth, including the kiwi bird —the national symbol. New Zealand's isolation has protected it from becoming too populated and too developed like the rest of the world.
> (ニュージーランドの生活の最も重要な側面の一つとして，いつも言われるのは，地理的に孤立していることである。ヨーロッパから1万9000キロ離れており，一番近いオーストラリアからでも1900キロ離れている。他国から遠く，孤立しているために，ニュージーランドは，その国土の広さに比べて人口がきわめて少ない。国の象徴である鳥キウィを初めとして，地球上の他の場所では見られない植物や動物が生息している。ニュージーランドは地理的に孤立しているために，世界の他の地域のように人口過密ともならず，開発が過剰になるということもなかった。)

(John S. Lander, *World Explorer*.)

　この英文の内容の基礎となっているのは「ニュージーランドは地理的に孤立している」という事実である。しかし，トピック文は次のように書かれている。

- Isolation has always been one of the most important aspects of life in New Zealand. (ニュージーランドの生活の最も重要な側面の一つとして，いつも言われるのは，地理的に孤立していることである。)

　単に「地理的に孤立している」という事実を示すのではなく，ニュージーランドの生活の最も重要な側面としての孤立が指摘されているのである。ここにパラグラフが発展する種が含まれている。それでは次頁の図を手がかりにしてどのようにトピック文が展開し，視点が深められているか見てみよう。

37. 視点を深める

トピック文

Isolation has always been one of the most important aspects of life in New Zealand.

【トピック文】
ニュージーランドが地理的に孤立していることに視点を置く。

↓
展開

It is 19,000 km from Europe and 1,900 km from Australia, its nearest neighbor.

【トピック文の内容を支える ①】
他国からの距離の遠さをキロ数で示している。

Because of this distance and isolation, New Zealand has a very small population for its size. You can find plant and animal life that are not found anywhere else on earth, including the kiwi bird—the national symbol.

【トピック文の内容を支える ②】
上記の事実から生じる側面
1.「他国から遠く離れているために人口が少ない」
2.「他では見られない動植物が生息している」

New Zealand's isolation has protected it from becoming too populated and too developed like the rest of the world.

【帰結】
地理的孤立を積極的な視点で見る。

第4章　展開する

　展開部は第2の文から始まるのであるが，ここでは，具体的な数字をあげてトピック文の内容を支えている。「ヨーロッパから1万9000キロ，オーストラリアからでも1900キロ離れている」という端的な事実をあげているのである。そしてさらに，その事実から生じる二つの発展的な事実が示されている。「国土の広さに比べて人口がきわめて少ない」という点と「地球上の他の場所では見られない植物や動物が生息する」という点である。以上を受けて，パラグラフの最後では，「ニュージーランドの地理的孤立」という冒頭で示されたトピックを再度取り上げたうえで，人口過密や過剰開発から免れ得たという積極的評価へと読者を導いている。つまり，トピック文に含まれた視点について，まずその裏付けとなる事実を示し，それを考察することによって，最初の視点を深める形をとっているのである。

38　興味を段々高めていく

　エッセイや物語では，読者の興味を引きつけ，しかも一旦引きつけた興味を最後まで持続させることが重要な課題となる。できれば，興味が次第に高められていき，最後のクライマックスで頂点に達するのが理想的である。この点においてエッセイや物語は，理知的な論述を主眼とし客観的な事実を淡々と取り扱う学術論文や報告文とは趣が異なる。

　ここでは，短い英文を取り上げよう。次の文例において，筆者は，ある日偶然手にした一冊の本について何気なく語り始めたあと，その本の内容に対して少しずつ興味をかきたてられていく様子を述べる。緊張感は，「however（ところが）」という展開によって，一気に高まり，最後の大きな驚き，すなわち発見へと収束する。

38. 興味を段々高めていく

About fifteen years ago, when I was living in a house in Kanagawa Prefecture, I happened to pick up a book that the owner had left behind. It was entitled "Japanese Festivals" by Dr. Tokutaro Sakurai and had been translated into English. "This will be very interesting," I thought. "Maybe it will help me better understand this land in which I live."

The book started at the beginning of the calendar year, and month by month explained each festival that was practiced in Japan. It did not surprise me that most of the festivals with their colorful dances and processions were based on either Buddhist or Shinto traditions. As I turned each page, I discovered new information accompanied by standard explanations. However, all this changed when I came to the very last festival listed in the book. Christmas was listed as a significant festival in Japan!

《話のきっかけ》About fifteen years ago,…I happened to …

《話が展開し始める》"This will be very interesting," I thought. "Maybe it will help me better understand this land in which I live."

《焦点が絞られる》パラグラフが The book で始まっており，読者の関心は，the book へ向けられる。

《後で驚くべき事が起きることを暗示している》It did not surprise me that … という否定表現が，間接的に，後の驚きの予兆となる。

《経過が示され，結末の発見が引き伸ばされる》As I turned each page, I discovered …

《急激な展開》However, all this changed … (However は話の流れを切り替えたり，話を急に展開するために用いられる)

《緊張感が高まった末，意外な事実が提示される》Christmas was listed as a significant festival in Japan!

(十五年ほど前，神奈川県の家に住んでいたころ，所有者が置き残して行った本を偶然手にしたことがあった。それは「日本の祭り」と題された桜井徳太郎博士の著書であり，英語に翻訳されたものであった。「これは面白そうだ」と私は思った。「自分が住んでいる国についてもっと理解する手がかりになるかもしれない。」

その本は1年の暦の最初から始まっており，月ごとに，日本で行われている祭を一つ一つ説明していた。多彩な舞踏や行進をともなう祭りの多くが仏教や神道に基づいていることについて私は驚きはしなかった。ページをめくるたびに，基本的な説明とともに新しい情報の発見があった。しかしながら，本の最後にあげられていた祭のところに来ると，そこにはまったく意外なことが書かれていた。クリスマスが日本の重要な祭の一つにあげられていたのだ。)

(Carlton Kenney,
　"A Christmas Surprise." *Surprises and Discoveries about Japan*.)

第5章　効果的に表現する

　文を書くための基本が身に付いたからといってすぐ英語がスラスラと紙の上に書けるわけではなかろう。荒削りな英語に磨きをかけ，効果的に表現するためには，辞書を丹念に引いて語義のニュアンスや用法を吟味し，適切な言葉を選び出すという作業が必要となる。また，言い回しに精彩や技巧を盛り込んで印象深い英文が書けるようになることも大切である。

39 | 言葉の選択に迷ったときには…

ライティングは，スピーキングに比べ，言葉を吟味する時間がたっぷり与えられている。スピーキングにおいては，聞き手が目の前におり，音楽演奏のように時間の流れにそって言葉をはじき出さなければならない。いちいち立ち止まって言葉を吟味する余裕が少ないのである。他方，ライティングは，完成原稿にいたるまで，データ収集，メモ書き，アウトライン作成，草稿執筆，編集，推敲のそれぞれの段階で，時間が許す限りじっくりと言葉を練ることができる。

ただ，英語という外国語で文章を綴るという観点から見れば，私たちは語彙の蓄積や用法の習熟において不自由な面が多く，むしろそのような意味で言葉の吟味に多大の時間と労力が求められるという事情がある。とりわけ初級・中級レベルにある学習者にとっては，ひとつひとつの言葉をひねり出し，組み合わせ，つなぎ合わせていくプロセスは大変な作業となる。

そこで，そのような作業にあたって，心強い助けになる「ツール」を以下 40 と 41 の項で紹介しよう。

40 | 辞書を活用する

1. 類語辞典（Thesaurus）を参照する

英語を書くときに手元に置いておきたい辞書の一つに「類語辞典」がある。類語辞典で opinion を引いてみると・・・

> **opinion**　BELIEF, judgement, thought(s), (way of) thinking, mind, (point of) view, viewpoint, attitude, stance, position, standpoint

(*Concise Oxford Thesaurus.*)

opinion という単語の類義語が一目でわかるようになっている。この中から，適切な言葉を選んで使えばよい。

　類語辞典は，たくさんの衣装を入れたクローゼットのようなものである。出かける時，折々の目的に合わせて，色彩や模様やスタイルを考慮に入れ，これにしようかあれにしようか迷いながら，最終的には，好ましい服装を決める。それと同じように，ライティングにおいても，目的にあった言葉を探すプロセスが求められるが，衣装のクローゼットのように，選択肢を提供してくれるのが類語辞典である。

　類語辞典を使いこなすためにはそもそも，収載されている類義語の相互の違いがわかっていなければならない。その前提があって初めて「言葉を選ぶ」ということもできるわけである。したがって，類語辞典の一般的な使い方は，すでに知ってはいるもののすぐに頭に浮かんでこない単語を思い出す手がかりとすることである。

　また，同じ単語ばかり使っていると英文が単調になってしまうので，別の言葉で表せないか考えてみよう。同語反復によって修辞的効果をねらう場合は別として，英語には同一語の繰り返しを嫌う傾向がある。単調さを避け，英文を適度に彩ることを心がけよう。たとえば下記の例のように，「電話をかける」ということを何度も述べたい場合，同じ言葉（たとえば telephone）を何度も繰り返して使わず，同義の語句で言い換えて変化を持たせよう。

The other day I gave him a call. I had to talk to him about the money he owes me. When I called him up, it was early in the morning. His voice sounded sleepy, so I said to him, "I'll phone you again in the afternoon."

　（先日わたしは彼に電話をかけた。彼に貸しているお金のことで話しがあったのだ。電話をしたのは早朝だった。彼の声は眠そうだったので，私は「午後にまた電話するよ」と言った。）

2. 和英辞典を「読む」

　和英辞典を引く場合，単に日本語の単語に相当する英語の単語を探すのではなく，複数の言葉の使い方の違いについて学ぼうとすることが大切で

> **よい**[良い, 好い, 善い]
> ①[優れている]『優秀な, 良好な, 上等な, すばらしい, うまい, じょうずな』
> **:good** 形 (質・量・程度などの点で)よい, 上等な, すぐれた(↔ bad) ‖ a good example of Greek architecture ギリシア建築のよい見本 / This wine is good to the taste. このワインは味がよい.
> **:better** 形 [goodの比較級] 形 よりよい, よりすぐれた ‖ a better position いっそうよい地位 / That's better. その方がよい / Show me some better shirts, please. もっとよいシャツを見せてください.
> **:best** 形 [goodの最上級] 形 最もよい, 最善の ‖ the best way 最もよい方法 / The view is best in spring. そこの眺めは春が一番よい / I think it best to go back. 引き返すのが一番よいと思う.
> **:nice** 形 形 よい, 立派な ‖ nice weather 良い天気.
> ②[望ましい]『ぴったりの, 適した, 適切な, ふさわしい』
> **:right** 形 [人・物・事に／…するのに] (最も)適切な [for, to/to do] ‖ You've come just at [at just] the right time. 本当によい時に来てくれた.
> ***suitable** 形 形 […に／…するのに]適した, ふさわしい [for, to/to do] ‖ a suitable playground for the children = a playground suitable for the children 子供たちのよい遊び場 / He is a suitable person [a person suitable] for her to marry. 彼は彼女が結婚するのによい相手です.
> ***proper** 形 […に]適した, ふさわしい [for, to] ‹◆ fit より一般的› ‖ choose the proper time 良い時を選ぶ.
> ***fit** 形 [ある目的に]ぴったりの [for] ‖ a fit place for whiling away one's time 時間つぶしによい場所.
> **:good** 形 望ましい, […に]適した [for] (↔ bad) ‖ good news よい知らせ / This knife is just good for slicing a loaf. このナイフはパンを薄切りにするのにちょうどよい.
> **:better** 形 [goodの比較級] 形 もっと望ましい ‖ It is better than nothing. 無いよりはよい / It is better to suffer than quarrel. けんかをするより我慢するほうがよい / The sooner [more], the better. 《略式》早ければ早いほど[多ければ多いほど]よい.
> **:best** 形 [goodの最上級] 形 一番望ましい ‖ It is best for him to do his duty. 彼は義務を果たすのが一番よい.
> **:wish** 形 **1** S [SV (that)節] [仮定法過去] (現在の事実に反することや現在実現不可能なことへの願望を表して) ‹…であればよいのに› ‹◆ (1) that節中の(助)動詞は仮定法過去[進行形]. (2) that は通例省略› ‖ I wish I were a bird. 鳥であったらよかったのに〈鳥でなくて残念だ〉/ How I wish I could live my life again. 人生をもう一度やり直せたらよいだろう. **2** S [SV (that)節] [仮定法過去完了] (過去の事実に反することや過去に実現しなかったことへの願望を表して) ‹…していればよかったのに› ‹◆ (1) that節中の(助)動詞は仮定法過去完了[進行形]. (2) that は通例省略› ‖ I wish I had bought the concert ticket. そのコンサートのチケットを買っておけばよかった / She wishes she had married another man. 別の男と結婚すればよかったと彼女は思っている. **3** S [SV (that)節 + would] [仮定法過去; 現在の不満や遺憾の気持ちが含まれ, 通例期待感の薄い願望を表してしばしば would を用いる. (2) that は通例省略] ‖ I wish it would stop raining. 雨がやんでくれるとよいのだが / I wish you would stop smoking. 君が煙草
>
> くれるとよいのだが.
> ¶もしかったら if you like ‖ I will be over tomorrow if you like. もしよかったら明日うかがいます.
> ③[正しい]『善良な, 素直な』
> **:good** 形 [限定] [人・行為が](道徳的に)正しい (↔ bad) ‖ do a good deed よい行いをする.
> **:right** 形 S 〈人・行為が〉正しい, 正当な (↔ wrong) ‖ It is right that one should speak well of the absent. いない人をほめるのはよいことだ / It's not right to tell a lie. うそをつくのはよくない.
> ④[効果がある]『ためになる, きく』
> **:good** 形 S [健康に]よい, [病気などに]効く [for] (↔ bad) ‖ drugs good for the flu 流感によい薬 / Cheese is good for [*to] his health [him]. チーズは彼の健康によい.
> ***effective** 形 […に]効果的である [in] (↔ ineffective) ‖ White clothes are effective in keeping cool in summer. 白い服は夏を涼しく過すのによい.
> ⑤[うれしい]『望ましい, 幸運な』
> **:glad** 形 [叙述] うれしく思う ‖ I am glad (that) her son passed the examination. 彼女の息子が試験に受かってよかった / I'd be glad if you would be quiet! 静かにしてもらえるとよいのですが ‹◆ Be quiet! の遠回し表現›.
> ***relieve** 動 [be ～d] […に／…して／…ということに]安心する [at/to do/that節] ‖ I was relieved to hear) that there had not been a fight. 争いがなくてよかった.
> ⑥[十分]
> **:ready** 形 D S [叙述] […の／…する]用意ができている [to do/for] ‖ Are you ready to go? 行く準備はよいですか.
> **:enough** /ɪnʌ́f, ə-/ 形 (数量的に)十分な ‖ That's enough talking. おしゃべりはもうよい.
> ⑦[許可]『かまわない, さしつかえない』
> **:may** 助 …してよい ‖ You may go now. もう行ってもよい ‹◆目上の者が許可を与える言い方. 尊大・横柄な印象を避けるためにしばしば You can go now. のように can で代用される› / May I smoke in here? ここでタバコを吸ってもよいですか ‹◆「はい, いけません」は Yes, you may. では尊大に響くので, 目上の人が言う場合を除いて, Of course you can. / Yes, certainly. / Why not? などを用いるのが普通›.
> **:can** 助 《略式》…してもよい ‖ Can I borrow your car? 君の車を借りてもよいですか.
> ⑧[助言]
> **:should** 助 …したらよい ‖ "Hadn't we better begin now?" "Yes, (maybe) you should." 「もう始めた方がよいでしょうか」「ええ, そうしたらよいでしょう」‹◆語調をやわらげるために maybe と共に用いることが多い› / Tom should have gone to the dentist yesterday. トムはきのう歯医者へ行ったらよかったのに〈行くべきだった〉.
> **had better do** (今あるいはこれから)…するのがよい ‖ We'd better hurry. 急いだ方がよい / There had better be a break between the two lectures. 講義と講演のあいだに一休みある方がよい / You had better not do it. 君はそれをしない方がよい.

『ジーニアス和英辞典』
「よい」の項目

ある。そのためには，日本語の一つの意味に対して単純に一つの英語を対応させている辞書ではなく，予想される文脈に応じて用例とともに複数の単語や語句，および解説を記載しているものを参照したい。和英辞典の記載がどのように参考になるのかを示すために前ページに「よい」の項目の例をあげた。

3. 英語として自然な表現かどうかをチェックするには…

　自分が書いた英語が，奇妙な言葉の組み合わせになっていないかどうかをチェックすることも大切である。言い換えれば，語と語の結びつきが自然かどうかをチェックすることである。自分としては，意味の通じる英語を書いたつもりでも英語を母語とする人にチェックを受けると，「英語ではそのような言い方はしない」という理由で訂正されることがある。
　意味は通っているはずなのにどうして英語では受け入れられないのか理由を聞いても「理屈では説明できない。とにかく，そのような言い方はしないのだ」という答えが返ってくる。要するに慣用表現なのである。つまり，英語圏での言葉遣いの申し合わせのようなものである。
　丁寧なネイティヴチェックを受けることができればそれに越したことはない。しかし，いつも適切な助言をしてくれる人がいるとは限らない。自分一人で英語を書いている段階で，何らかのチェック作業を行うことができないだろうか。答えは，かなりのチェック作業を自分で行うことができるということだ。大きな手がかりは以下に続く項目で示す。

4. 和製英語に注意する

　われわれの周りには，カタカナ英語が満ちあふれており，その中にはそもそも英語の中には存在しない言葉や，本来の英語とは異なる意味で用いられているものがある。英語のライティングにおいて，これらのいわゆる和製英語に惑わされないように注意しよう。
　和英辞典の中には，本来の英語と和製英語の間の隔たりに配慮し，まちがいやすい語について記載したものがある。カタカナであってもそのまま

英語として通用すると思いこまず，辞書で確認したい。

■『ライトハウス和英辞典』の「コンセント」の項目

(米) outlet C, plug receptacle C, (英) socket C 参考 「コンセント」という呼び方は concentric plug からの和製英語。彼はプラグをコンセントに差し込んだ。He put the plug in(to) the outlet [socket]. // 彼女はアイロンのコードをコンセントに差し込んだ。She plugged in the iron.

■『ジーニアス和英辞典』の「ボーナス」の項目

bonus C 特別手当《◆英米では日本の「ボーナス」のように社員全員に定期的に支給されるのではなく，腕ききのセールスマンとか会社役員に規定以外に支給される》Management tried to appease labor by offering them a bonus.経営者側は労働者側にボーナスを出すといって譲歩しようとした；**premium**（複〜s，〜mia）C報奨金．

下記に間違えやすいカタカナ語の代表例をあげる。

アクセル	car accelerator
アットホーム	comfortable
アニメ	cartoons
アパート	apartment, apartment house / flat, block of flats
ガソリンスタンド	gas station（米）/ petrol station（英）
カンニング	cheating (in an exam)
クラクション	horn
クラシック	classical music
クレーム	complaint
ゴム	rubber
コンセント	outlet（米）/ socket（英）
サイン	autograph（有名人などの署名）/ signature（手紙などの署名）
スタイル	figure
センス	good taste

タバコ	a cigarette（紙巻きたばこ）
タレント	TV personality（テレビタレント）
テキスト	textbook
デパート	department store
テーマ	topic（話題）／ subject of research（研究テーマ）
トランプ	cards
ナイター	night game
ノート	notebook
バイキング	buffet
バイク	motorbike
ハプニング	unexpected incident
ハンドル	steering wheel
ピアス	earrings for pierced ears
ヒアリング（聞き取り）	listening comprehension（★ hearing は聴覚）
ピッチ	pace
ヒップ	buttocks（「お尻」の意味で用いる場合）
ピンセット	tweezers
ファスナー	zipper（米）zip（英）
プリン	caramel custard
プリント	handout（授業・講演などの配布物）／ printed material（印刷物）
フロント	front desk（米）reception desk（英）
ホッチキス	stapler
ホーム	railway platform
マスコミ	mass media
マニア	enthusiast
マンション	condominium
メリット	advantage
モーニング（喫茶店などの）	breakfast / set breakfast
モーニング（衣服）	morning coat
リフォーム	repair
レポート	essay（小論文）／ written homework assignment ／ term paper（期末レポート）

5. 言葉の使い方を辞書で調べる

辞書の定義と文例を見るだけでは，言葉の独自の用法がわからないことがある。英和辞典や英英辞典の中には，この点で特別な配慮をしているものがある。つまり，言葉の使い方の注意書きを記したものがある。たとえば，右の解説は，*Oxford Advanced Learner's Dictionary of Current English* の「college」の項に示された記事である。college と university の語義の違い，とりわけイギリス英語とアメリカ英語の用法の違いを，文例とともに丁寧に説明している。

> In both *BrE* and *AmE* a **college** is a place where you can go to study after you leave secondary school. In Britain you can go to a **college** to study or to receive training in a particular skill. In the USA you can study for your first degree at a **college**. A **university** offers more advanced degrees in addition to first degrees.
>
> In *AmE* **college** is often used to mean a **university**, especially when talking about people who are studying for their first degree. **The** is not used when you are talking about someone studying there: *My son has gone away to college.* ◊ *'Where did you go to college?' 'Ohio State University.'*
>
> In *BrE* you can say: *My daughter is at college* ◊ *My daughter is at university*. In *AmE* you cannot use **university** in this way. You use it with **a** or **the** to mean a particular university. *My daughter is at college.* ◊ *I didn't want to go to a large university.*

また語義や語法だけでなく，文化的な観点から使い方の解説を施したものもある。次の例は，「colored」(「有色の」の意味) の注意書きの記載である。

> 黒人を表す語として，【米】では昔は Negro の婉曲語であったが，今では Negro より軽蔑的で，black の方が好まれる。
>
> 　　　　　　　　　　　　　　　(『新グローバル英和辞典』)

6. 語と語の結びつきを辞書で調べる

「これを述べたい」というねらいにぴったりあった単語が見つかったとしても，単語を継ぎはぎして文が出来上がるわけではない。語と語の間には，結びつきやすさの関係がある。したがって，英語にふさわしい組み合わせの関係をふまえることが大切である。「英語を書く」という課題に取り組むにあたって最も注意を払わなければならないことが，この「結びつきの関係」である。（語と語の間の結びつきやすさの関係を「連語関係」や「統語関係」と呼ぶことがある。）手紙であろうが論文であろうが英語を書くときに，「連語辞典」とよばれるものは，心強い手助けとなってくれる。お勧めしたいのは次の辞典である。

- 『新編英和活用大辞典』（研究社）
- Oxford Collocations Dictionary for Students of English （Oxford UP）

特に『新編英和活用大辞典』は，語と語の結びつきを主眼に編集されたもので，38万の用例を収載している。どのような点で参考になるか，いくつかの項目をのぞいてみよう。

【名詞の前にどのような形容詞をとるか】
support の項目を引いてみると・・・

> ardent support（熱心な支持），broad support（広範囲にわたる支持），emotional support（心の支え），financial support（財政的援助），full support（全面的な支持），public support（一般の人々の支持），solid support（結束した支持），tacit support（暗黙の支持）

support という名詞がどのような形容詞をとるのかが一目でわかる。

【名詞の前にどのような動詞をとるか】
table の項目を引いてみると・・・

> book a table テーブルを予約する / clear the table テーブルをかたづける / decorate the table (with 〜) 〜でテーブルを飾る / get a table (レストランなどで)テーブルを確保する / leave the table 食卓を離れる / reserve a table テーブルを予約する / set a table for 〜 (〜人分の食卓を用意する/ share a table (with 〜) 〜と同席する / spread a table (with 〜) テーブルに〜を並べる / wait table (給仕する)

動詞を使った「table を…する」という言い回しが整理されている。

【動詞がどのような主語をとるか】
melt の項目を引いてみると・・・

> The snow melted away.（雪が溶けて消えた。）
> The sun melted the snow away.（太陽は雪をすっかり溶かした。）
> The man melted back into the darkness.（その男はふたたび闇に消えた。）
> Her heart gradually melted at the sight.
> 　（その光景に彼女の心も徐々にやわらいだ。）
> Pity instantly melted her anger.
> 　（哀れみの情でたちまち彼女の怒りがやわらいだ。）
> She seemed to melt into his arms.
> 　（彼の腕に抱かれて彼女は身も心も溶けるような心地がした。）
> These infringements melt into insignificance when compared with what he did next.
> 　（これらの違反行為は彼が次にやったことに比べると取るに足らないことに思われてくる。）

このように，melt という動詞はさまざまな言葉を主語にとり，さまざまな意味で用いられることがわかる。（上記は収載されている文例の一部である。）

40. 辞書を活用する

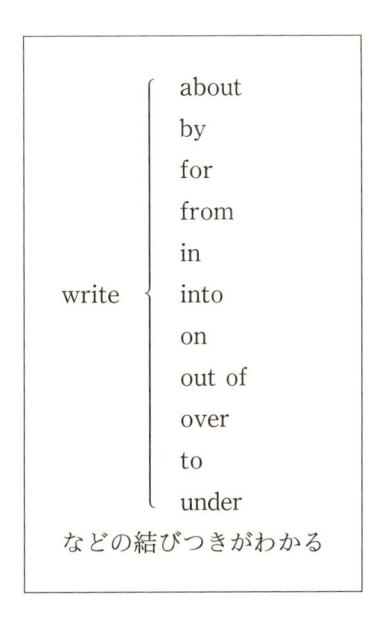

【動詞の後にどのような前置詞をとるか】 write の例
『新編英和活用大辞典』(研究社) より

(+前置詞) I am not the best person to *write* **about** it. 私はそのことを書く適任者ではない | I will *write* **to** you [(主に米) *write* you] about the details later on. 詳細はあとから手紙で申しあげます | There are always plenty of topics to *write* **about**. 取りあげて書くべき問題がいつでもたくさんある | Most of the candidates were nothing to *write* home **about**. 《口語》志願者の大部分がたいしたことない人々だった | He wrote diagonally **across** the page. ページに斜め書きした | *write* **against** sb [a book] 人[本]を非難して書く | the event **around** which these chapters were written 本書の主題として取り扱った事件 | *write* sb [an attempt] off **as** a failure 人を失敗者と見なす[試みを失敗だと片づける] | *write* the sum off **as** a bad debt その金額を返済不能の負債と見なす | *write* **at** full length 詳細に書く | It is unusual for him to *write* a letter **by** hand. 彼が手紙を手書きするのはついにないことである | Butane is *written* **by** the chemist **as** C₄H₁₀. ブタンを化学者は C₄H₁₀ と書く | a selection of books *written* **by** major 20th century authors 20世紀の主要作家選集 | Chinese may be *written* vertically **down** the page. 中国語はページを上から下に縦書きすることができる | *write* **for** the general public 一般大衆のために[向けに]執筆する | *write* **for** profit [money] 報酬[金]目当てに書く | This memo was not *written* **for** publication. このメモは公表するために書かれたものではなかった | *write* regular articles **for** a newspaper [magazine] 新聞[雑誌]に定期寄稿する | *write* **for** film and television 映画とテレビの台本を書く | a dissertation *written* **for** a master's degree 修士号請求の論文 | *write* **for** a prospectus (学校などの)案内書を取り寄せる | *write* **from** ... ...から手紙を出す | *write* horizontally **from** left **to** right 左から右へ横書きする | *write* vertically **from** top **to** bottom 上から下へ縦書きする | (*write*) (straight) **from** the shoulder 率直に書く | *write* **from** dictation 口述を書き取る | *write* **in** pen [pencil, chalk] ペン[など]で書く | a note *written* **in** faded ink 薄れたインクで書かれたメモ | *write* one's name **in** capital letters 自分の名前を大文字で書く | *write* **in** shorthand [longhand] 速記で[普通の手書きで]書く | *write* **in** an elegant hand 《文語》上品な筆跡で書く | *write* **in** copperplate (銅版彫刻のように)きれいな手書き体で書く | The report was *written* **in** a terse style. その報告は簡潔な文体で書かれていた | The book is *written* **in** a rather old-fashioned style. その本はちょっと古めかしい文体で書かれている | It is *written* **in** Chinese characters. 漢字で書かれている | *write* **in** reply 返事として書く | As you *wrote* **in** your last letter, ... あなたがこの前の手紙に書いたように... | as she *wrote* **in** her diary 日記に書いたように | a letter *written* **in** French フランス語で書かれた手紙 | Refinement is *written* **in** every line of his face. その教養の深さは顔に如実に見えている | *write* **in** haste 急いで書く | be *written* **into** law 法文化され(ている) | *write* a clause **into** a treaty 条約に1条項を書き入れる | Virgil *wrote* **of** the founding of Rome. ウェルギリウスはローマの創建について書いた | He once *wrote* **of** a young poet, "...." かつて1人の若い詩人について「....」と書いた | *write* (...) **on** the blackboard **with** chalk チョークで黒板に(...を)書く | *write* sth **on** a piece of paper あることを1枚の紙に書く | I want something to *write* **on**. 何か書く紙がほしい | He *wrote* home **on** a postcard **from** a town in Kansas. カンザスの町から家への葉書を書いて出した | *write* **on** Provence プロヴァンスに関して書く | *write* **on** mathematics 数学書を著わす | I was asked to *write* an article **on** a topic about which I really know very little. 自分がほとんど知らない話題について文を書くことを求められた | It is *written* **on** my heart. それは私の心に銘記されている | *write* a character **out of** a script 脚本からある登場人物を削除する | *write* sb **out of** one's will 人が遺産を相続できないように遺言を書きかえる | *write* (...) **over** the existing words 書かれてある言葉の上に(...を)重ね書きする | Guilt was *written* all **over** your face. あなたの顔一面に有罪と書かれてあった、あなたの顔つきがあなたの有罪を雄弁に物語っていた | This prank has Johny's name *written* all **over** it. 《口語》このいたずらがジョニーの仕業であることは一目瞭然だ | I'll *write* **to** you soon. じきにお便りします | He *wrote* **to** us saying that ..... と彼から便りが来た | *write* **to** sb **about** a matter ある件について手紙を出す | Write **to** the address below. 下記の宛先に書くこと | *write* **to** a deadline 締め切り時間[期限]つきで書く | Who *wrote* the words **to** this song? この歌に歌詞をつけたのはだれですか | He doesn't *write* **under** his own name. 本名でものを書かない | *write* **under** a pen name ペンネームで書く | There was pleasure *written* **upon** his face. その顔に喜びの色がまざまざと浮かんでいた | *write* **with** a pen [pencil, ball-point pen] ペン[など]で書く | *write* (...) **with** pen and ink ペンとインクで(...を)書く | *write* **with** the left [right] hand 左[右]手で書く | Which hand do you *write* **with**? どちらの手で文字を書きますか | *write* (...) **with** a typewriter タイプライターで(...を)書く | I want something to *write* **with**. 何か書く道具がほしい《ペンなど》| You *write* the word **with** a capital. その単語は大文字で書きはじめること | an inscription *written* **with** Chinese characters 漢字で書かれた碑文 | Though phonetically alike, they are *written* **with** different ideographs. 音は同じであるが字が違う | *write* **with** ease すらすら書く | *write* **with** artistic skill 技巧的に書く.

```
        ⎧ about
        ⎪ by
        ⎪ for
        ⎪ from
        ⎪ in
write  ⎨ into
        ⎪ on
        ⎪ out of
        ⎪ over
        ⎪ to
        ⎩ under
```
などの結びつきがわかる

第 5 章　効果的に表現する

【名詞の前や後にどのような前置詞をとるか】 feeling の例
『新編英和活用大辞典』（研究社）より

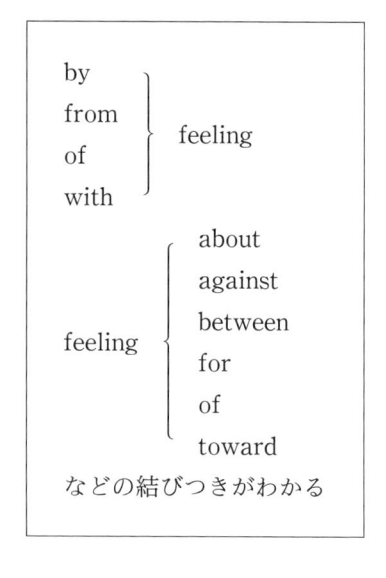

《前置詞+》 **according to** the *feelings* of the moment その時の一時的な感情で / I was carried away **by** my *feelings* at the time. あのときは感情に走った | swayed **by** *feelings* of jealousy 嫉妬(と)の念に駆られて | unbiased **by** personal *feeling* 私情にとらわれないで / He has no regard **for** her *feelings*. 彼女の気持ちを無視している / **from** the *feeling* that ... ...という感じから | **from** a *feeling* of affection [duty, gratitude] 愛情[義務感, 感謝の気持ち]から | I live happily **in** the *feeling* that I have done my duty. 義務を果たしたという思いで幸せに生きている | There was a change **in** her *feelings* for him. 彼に対する彼女の気持ちに変化があった / enter **into** sb's *feelings* 人の感情をくみ取る / a person **of** *feeling* 《文語》感情的な人 | acquire control **of** one's *feelings* and desires 感情と欲望を抑制できるようになる / He gave way **to** his *feelings*. 感情に負けた[走った] | Giving way **to** her *feelings*, she burst into tears. 感情のおもむくままにわっと泣きだした | He is lost **to** all *feelings* of humanity. 《文語》彼には人間的な感情が全然ない / speak **with** *feeling* 感情をこめて[興奮して]語る | It is monstrous — and I say this **with** *feeling*, because of my personal experience — that this law has not been changed. 実にけしからん — 私自身が体験したことからして熱をこめてこの点を強調しておくが — この法律がいまだ改められていないのは不当だ | I cannot help regarding it **with** a *feeling* [*feelings*] of satisfaction [pride, uncertainty]. それを見るとき満足感[誇らしい気持ち, 不安感]を禁じえない | I no longer love her, but I continue to regard her **with** *feelings* of affection [《文語》**with** every *feeling* of respect]. もう彼女を愛してはいないが(今でも)親愛の情をこめて[あらゆる尊敬の念をこめて]彼女を見守りつづけている / a man **without** any *feeling*(s) 人情のない人 | talk with sb **without** any *feeling* of timidity 臆することなく人と会話する | I walked into the examination hall, not **without** a *feeling* that I might never come out again alive. 試験場に入っていくときは決まって二度とふたたび生きて出られないかもしれないという気持ちを抱いていた | I'm still **without** *feeling* in my left hand. まだ左手がしびれていて感覚がない.
　《+前置詞》 I have no *feeling*(s) **about** his attack on me. 私に対する彼の攻撃についてなんとも思っていない | I don't have any *feelings* **about** her. 彼女のことはなんとも思っていない | *Feeling* **against** it was running very high. それに反対する気分が大いに高まっていた. 【類】There is a strong *feeling* throughout the country **against** .... / It aroused an uneasy *feeling* **among** the Japanese. それが日本人の間に不安の念を呼び覚ました | promote good *feeling* **between** ... and ... ...の間の親善を促進する | The *feeling* **between** their families was one of animosity. 両家の間の感情は敵意であった / He has little *feeling* **for** others. 彼には他人に対する思いやりがほとんどない | He doesn't have any *feelings* **for** his wife. 妻に少しも思いやり[同情]がない | It is impossible to expect a nonnative speaker to have an absolutely correct *feeling* **for** such subtle differences of meaning. それを母国語としない人にこのような微妙な意味の違いに対しての絶対的に適正な感受性[センス]をもつように期待するのは無理だ | They have little *feeling* **for** language [idiom]. 言葉[慣用表現]に対する感覚[センス]がほとんどない / The general *feeling* in business circles is that .... 実業界の一般的な意見は...といったものだ / a *feeling* **of** national pride 国民的な自尊心 | I had a slight *feeling* **of** envy. 羨望の念がいくらかあった | a *feeling* **of** pleasure [discomfort, warmth, pain] 快[不快, 温, 痛]感 | a *feeling* **of** hope [gratitude, joy, fear] 希望[感謝, 歓喜, 恐怖]の気持ち | a *feeling* **of** inferiority 劣等感 | They are alive to the *feelings* **of** honor. 《文語》名誉ということを気にしている[に敏感だ] | the *feeling* **of** national honor 国家の名誉という感情 | a *feeling* **of** duty 義務感 | a *feeling* **of** security 安心感 | a *feeling* **of** tension 緊張感 | persons whose deepest *feelings* **of** love and friendship go out only to persons of their own sex そのもっとも深い愛と友情の念の対象が自分と同性の人に限られている人々 | This building has the *feeling* **of** a church. この建物にはどこか教会のような感じがある | Every child needs to have a *feeling* **of** being loved and worthy. どの子もそれぞれ人に愛されていて自分には(存在)価値があるという気持ちをもつことが必要だ | What are the *feelings* **of** such people **toward** foreigners? そのような人たちの外国人に対する感情はどういうものだろうか | He had definite *feelings* **on** the subject of capital punishment. 死刑問題に関して明確な考えをもっていた / *Feeling* [*Feelings*] **toward** Russia is [are] changing. ロシアに対する感じ方[感情]は変わりつつある | My *feelings* **toward** him were ambivalent at that time. そのころ私の彼に対する感情は相反する矛盾したものだった | entertain good *feelings* **toward** ... ...に対してよい感情を抱く.

by
from
of   } feeling
with

feeling {
about
against
between
for
of
toward

などの結びつきがわかる

【動詞の後にどのような副詞をとるか】
kick の項目を引いてみると・・・

> kick away ～（～をけって追い払う）／ kick away the ladder（はしごをけってはずす，出世の手がかりとなったものや人を捨てる）／ kick back（けり返す）／ kick ～ downstairs（～を階下にけり落とす，～を格下げする）／ kick ～ upstairs（～を官職に祭り上げる）／ kick around（こき使う）／ kick ～ in（～をけり入れる）／ kick off（ラグビーなどでキックオフして試合を始める）／ kick ～ out（～をけって追い出す）

kick という動詞に，「どのように」という副詞の意味を加えることでどのような言い回しができるかがよくわかる。

7. 英英辞典を活用する──文例を参考にする

辞書は，語義や発音を調べるためだけのものではない。英英辞典には，見出し語の使い方がよくわかるように具体的な文例を収載しているものがあるので，それを使い方の手本とすることが，辞書の賢い使い方である。

【change の項目で「おつり」の語義と文例を調べてみると・・・】

> Your **change** is the money that you receive when you pay for something with more money than it costs because you do not have exactly the right amount of money.
>   'There's your change.'—'Thanks very much.'...
>   They told the shopkeeper to keep the change.

（*Collins COBUILD English Dictionary for Advanced Learners*.）

「おつり」の意味が平明な英語で説明されており，典型的な用法がわかるような文例が挙がっている。「はいおつりです」と差し出す時の表現（There's your ...）や，「おつりを取っておく」という意味の表現（keep the change）も学ぶことができる。

第 5 章 効果的に表現する

【push の項目で「押す」の語義と文例を調べてみると・・・】

to use physical pressure or force, especially with your hands, in order to move something into a different position, usually one that is further away from you:

Can you help me move this table? You push and I'll pull.
The window sticks—you have to push hard to open it.
He helped me push my car off the road.
He pushed his plate away from him, refusing to eat any more.
She pushed her hair out of her eyes.
I tried to push the door open but it was stuck.
It isn't clear whether he fell off the balcony, or was pushed.
To turn the television on, you just push (=press) this button.
He pushed the money into my hand (=forcefully gave me the money).
　"Please take it," he said.
We pushed the boat off from (=moved the boat forward by using pressure against) the river bank.

(*Cambridge Advanced Learner's Dictionary*.)

　「押す」とはどのようなことか平明な英語で説明されており，実際の場面がわかるように文例が作られている。たとえば最初の文例では，テーブルを移動させる場面が想定されており，「あなたは押して。わたしは引くから。」のような典型的な会話があがっている。「push」とともに「pull」という動詞が対で示されており，"You ... I'll ..." のような指示表現および意思表示表現をも学ぶことができる。また，「It isn't clear whether he fell off the balcony, or was pushed.」の文例のように，「バルコニーから突き落とされた」という意味の「be pushed」に対して「fall off」つまり「自分で落ちる」という反対語もわかるようになっている。

　英英辞典のどこが良いかについてもう一つ述べておこう。
　次の例は，head という言葉の使い方を，さまざまな動詞との組み合わせで解説している。実際にどのように使うのかがわかるように文の形で示

されており，それぞれの用法でどのような意味合いが出てくるかについても「to ...」の形で示されている。すべて英語で書かれているので，紛らわしい日本語のニュアンスが介入してこない。

---

turn your head to look at something
shake your head (＝move it from side to side) to disagree or say "no."
nod your head (＝move it up and down) to agree or say "yes."
raise/lift your head to look up.
bend/lower your head to look down.
bow your head (＝move it down) to show respect for someone.
hang your head (＝lower it and keep it lowered) if you are ashamed.
scratch your head (＝rub it with your fingers) if you are thinking hard.

(*Longman Dictionary of American English*.)

文例を多数収載している代表的な英英辞典を下記にあげる。

- *Collins COBUILD English Dictionary for Advanced Learners.* (HarperCollins)（『コウビルド英英辞典』）
- *Longman Dictionary of Contemporary English.* (Pearson Education)（『ロングマン現代英英辞典』）
- *Oxford Advanced Learner's Dictionary of Current English.* (Oxford University Press)（『オックスフォード現代英英辞典』）
- *Cambridge Advanced Learner's Dictionary.* (Cambridge University Press)

8. 言葉の間違った使い方を辞書で調べる

　辞書には，「この言葉はこのような使い方をする」という解説だけでなく，「この言葉はこのような使い方はしない」という注意書きを示したものもある。ライティングにあたってこのような情報は大いに役に立つ。
　Longman Dictionary of American English の「luck」の項の「USAGE（用法）」の説明を読んでみよう。

> USAGE You can use "have" with **luck** only when luck has something before it such as "bad," "good," "any," or "a little bit of":
> ・I've been trying to reach Jane all morning, but I haven't had any luck.
> Or you can use "be" with lucky:
> ・You're lucky to live by the sea.
> You cannot say you "have luck to do something."

　ここでは，USAGE という欄を設けて，「luck」の使い方を示した後で「You cannot say ...」という形で，間違った使い方を指摘している。
　文例の中に（×）の印を付けて誤用法を示している辞書もある。たとえば『ジーニアス英和辞典』の「understand」の項の文例を見てみよう。

> I (can) understand (×am understanding) your position perfectly. あなたの立場は十分理解しています。

　（×am understanding）は，上記のような意味では「I am understanding your position perfectly.」という言い方はしないということを示している。

　『新和英中辞典』の「forget」の項では，「〈ものを〉置き忘れる」の語義の解説として次のような記載がある。

> 用法　具体的な場所を示す前置詞とともには用いない；従って I forgot my umbrella on the train. は間違いで，その時には I left ... を用いる。

9. 言葉を適切な文脈で用いる——辞書の分類表示について

辞書を引いて言葉の使い方を調べるとき，分類表示に注意しよう。

辞書の分類表示	意味	例
《口》《口語》《SPOKEN》	会話で用いられる言葉や語句，話し言葉，口語	Listen.（ねえ。）pooh-pooh（ばかにする）No comment.（ノーコメント。）gonna（＝going to）
《文》《文章》《文語》《WRITTEN》	文章で用いられる言葉，書き言葉，文語	denote（表示する）famed（著名な）
《略式》《くだけた》《INFORMAL》	くだけた言葉，略式語	grandpa（おじいちゃん）guy（ひと）
《正式》《正式》《堅い》《FORMAL》	堅い言葉，形式張った言葉，正式な言葉	abbreviate（短縮する）herein（この中に）inasmuch as（…の限りは）woes（災難）
《米》《英》《BrE》《AmE》その他《豪》《スコ方》など	アメリカ英語，イギリス英語，オーストラリア・ニュージーランド英語，スコットランド方言など	subway（[アメリカで] 地下鉄），underground（[イギリスで] 地下鉄），counterclockwise（[主にアメリカで] 反時計回り），anticlockwise（[主にイギリスで] 反時計回り），caller（[オーストラリア・ニュージーランドで] レースの解説者）
《雅語》《詩語》《LITERARY》《POETIC》	文学，特に詩で用いられる言葉	alas（悲しや）perish（死ぬ）tempest（あらし）
《古風》《OLD-FASHIONED》	古風な言葉，古めかしい言葉	brethren（同士たち）farewell（さらば）dame（女性）
《古語》《OLD USE》	古い時代の言葉（現代英語では使われない）	thou（なんじ）betwixt（＝between 間に）

《俗》《SLANG》	俗語	pee（おしっこする）two-bit（くだらない）
《卑語》《VULGAR》	下品な言葉	ass（けつ）bullshit（くだらないこと）
《ほめて》《APPROVING》	肯定的評価を与える言葉	childlike（子どものような）original（独創的な）
《けなして》《軽蔑》《DISAPPROVING》《DEROGATORY》	否定的評価を与える言葉	childish（子どもじみた）wordy（くどい）
《非標準》《NONSTANDARD》	標準的ではない語または用法（文法的に誤った語法が広まったものが多い）	ain't（＝am not／is not／are not）（ではない）biyearly（＝biannual）（年に二度の）
《幼児語》《BABY-TALK》	幼児が使う語	bowwow（ワンワン＝犬）puffer（汽車ぽっぽ）

分類表示については，辞書によって表示が異なる場合がある。

　英語を書くときに辞書を参照することは誰もが行っていることであるが，通常，見出し語の語義のみに目をやることが多い。つまり「英語←→日本語」という相互の語義の対照だけを見るのである。しかし，辞書は語義を調べるためだけにあるのではない。

　ある言葉が，通常，どんな文脈のなかで，どのような人たちによって，どのような特別な意味合いで用いられるのかなどについて表示したものが，分類表示である。英和辞典で，たとえば，「doc」という見出しを調べて「医者」という語義が出ていても《口語》という表示があるので，これは話し言葉で用いられることがわかる。つまり，意味は「doctor」と同じであるが，使われる状況が会話に特定される言葉なのである。他方「famed」（有名な）のように書き言葉で用いられる言葉には《文語》という表示がある。「underground」の項を見ると，《英》として「地下鉄」の

意味がある。「subway」の項には同じく「地下鉄」で《米》と表示されている。これらはそれぞれ意味は同じだがイギリス英語とアメリカ英語だということがわかり，異なる国で慣習的にちがう言葉が用いられているということがわかる。

　このように，語義とあわせて，使用される場面を考えることが必要であり，そのことは特に，英語を書くという作業において大切である。書くということは，最もふさわしい言葉をたえずじっくりと選択していくという作業であり，その有力な手がかりになるのが，「どのような場合に使われるか」という判断だからである。英語を書くときは，特に次のような観点で文をチェックしてみよう。

(1) アメリカ英語とイギリス英語（その他）が同一の英文の中に混在していないか。
(2) 話し言葉が書き言葉の文体のなかに無意味に混じっていないか。
(3) 同一の英文において正式な文体または略式の文体の統一がなされているか。
(4) 俗語を使う場合は，はっきりそれを意図して使っているか。
(5) 古風または時代がかった英語，あるいはもはや現代英語では全く使われていない言葉（死語）を意図せず使っていないか。
(6) 同一の言葉でも，文脈によって意味合いが略式になったり卑俗な意味が生じたりすることがあるが，そのようなことがないか。

41　パソコンで用例を検索する

　英語を書くための手助けとなる手段として，現代においてはパソコンという有力なツールがある。パソコンは昔は不可能だったことを容易にしてくれる。文書作成のためのワープロ機能は別にして，自然な英語に仕上げるという意味合いでは，次のような二つの使い方がある。

(1) 自分のパソコンに保存した文書ファイルにマルチファイル検索をかけて用例を調べる。マルチファイル検索とは，複数のファイルの中に存在する語句（いわゆる文字列）を一括して検索し，検索結果をリストにしてくれる機能であり，おびただしい英語のデータを瞬時に検索するために便利な機能である。このためには，まず，たくさんの英文の文書データをテキストファイル形式でパソコンに保存しておく。そして，ある単語や成句をキーワード・キーフレーズにして，たくさんのファイルに含まれている英文を横断的に検索するのである。高度な検索機能を用いれば，たとえば，「at a(an) ... speed（…の速さで）」という語句の「...」の部分にどのような形容詞が用いられるかを実例に照らして調べることができる。

(2) インターネット上で公開されているオンラインデータベースのサイトで検索機能を利用する方法もある。具体的には，学術誌の電子版（いわゆる電子ジャーナルなど）や新聞社のサイトにアクセスし，現在・過去の記事の全文を検索し，単語・成句の使い方や語と語の結びつきを調べるのである。たとえば自然科学の分野であれば，手始めに世界的な科学誌 *Nature* のサイト（www.nature.com）をのぞいてみるとよい。

42 日本語の発想に引きずられない

1. 語と語の結びつきを組み替える

語と語の結びつきは基本的に日本語と英語で異なる。そのことに思いいたらなければ，日本語の発想に基づいて英単語を組み合わせた，いわば端切れを継ぎ合わせたような英文ができあがってしまう。英語には英語なりの語の組み合わせがある。一つ一つの単語はそれなりに意味を成していても，単語の組み合わせによって別の意味が生じるのである。次の例が参考になるだろう。

{ 日本語――雨は「激しく」降る
{ 英語――雨は「重く」降る（It rains heavily.）

{ 日本語――「重い」傷
{ 英語――「深刻な」傷（serious injury）

{ 日本語――未熟な人間は「青い」（「青二才」）
{ 英語―― 未熟な人間は「緑である」（I am not so green as to believe that. それを信じるほど世間知らずではない。）

{ 日本語――「青く（青白く）なる」のは恐れを感じたとき。
{ 英語――「青い気分になる」のは憂鬱を感じるとき。（I've been feeling blue lately. 最近憂鬱だ。）

2．対象を明確に示す

　行為・動作の対象を表す日本語の助詞（て，に，を，は，から，へ）に込められた意味合いは，他動詞の意味や，句動詞における前置詞，またはto 不定詞の意味の中に移される。

- I asked the bellboy to call a taxi for me.
（私は，ベルボーイにタクシーを私のために呼んでくれるように頼んだ。）

- I washed the mud off the car.（私は泥を車から洗い落とした。）

- The coat did not suit him.
（そのコートは彼に似合っていなかった。）

- The police searched for the missing child.
（警察は失踪中の子どもを捜索した。）

- The secretary searched the filing cabinet for necessary information.（秘書は必要書類を求めて書類整理棚の中を探した。）

- I am surprised to hear the news.

   (私はその知らせを聞いて驚いた。)

3. 言い回しを切り換える

●日本語の慣習的な言い回しはそのまま英語に移し替えられない
- …に下駄をあずける
    - ⇒ leave the matter with …
    - →「下駄」は日本独特の履き物である。英語では「その件は…に任せる」という表現に置き換える。

- 袖の下
    - ⇒ bribery
    - →「袖の下」は日本語の発想に基づく。

　日本の文化・風物に基づく表現は英語では通用しない。無理に直訳で英語に移し替えない方がよい。とりあえずは意味している内容のみ単純化して英語で言い直すことにしよう。(例はおびただしく存在する。詳細は「40. 辞書を活用する」で紹介している方策を参考にしよう。)

●英語独特の慣習的な言い回しに切り換える
- 彼はその冗談のおもしろさがわからなかった。
    - ⇒ He missed the point of the joke.
    - →「miss the point of …」は「…のねらいとするところをつかみそこねる」の意味。

- 私が彼女にばったり出くわしたとき、土砂降りの雨が降っていた。
    - ⇒When I bumped into her, it was raining cats and dogs.
    - → bump into と rain cats and dogs はともに英語独特の表現。(ともにくだけた表現)

日本語と同様に，英語にも長い歴史の中で育まれた慣習に基づく言い回しがある。したがって日本語を英語の言い回しに移し替える際に，英語の慣習的発想を軸にして切り換えることも大切である。

●品詞を日本語と英語で切り換える
- 彼らの衣装はおかしい。《形容詞表現》
  ⇒Their costume makes me laugh.《動詞表現》
  →「おかしい」という形容は「人を笑わせる」という能動の意味合いを含んでいる。そのため英語独特の無生物主語をとる動詞表現に容易に切り換えることができる。

- 彼女がいなくて寂しい。《形容詞表現》
  ⇒I miss her.《動詞表現》
  → miss という動詞は，「〜がいなくて寂しい」の意味。

- 寒い冬が終わった。《動詞表現》
  ⇒The cold winter is over.《副詞表現》

- 私は民主主義の価値を固く信ずる。《動詞表現》
  ⇒I am a firm believer in democracy.《名詞表現》

- 彼女は上手に泳ぐ。《動詞表現》
  ⇒She is good at swimming.《形容詞表現》

日本語と英語の間で，動詞表現・名詞表現・形容詞表現・副詞表現を相互に切り換えてみよう。

●日本語の能動を英語では受動に切り換える
- 彼の伯父は戦死した。
  ⇒His uncle was killed in the war.

- 船と乗組員は海で消息を絶った。
  ⇒The ship and its crew were lost at sea.

- 学生のみなさんは事前に指導教員と相談することをお勧めいたします。
  ⇒Students are recommended to consult their tutors in advance.
  →英語で受動態になっているのは「勧めている」話者を前面に出さず押しつけがましさを弱くするため。

● 日本語の受動を英語では能動に切り換える
- 彼は皆に笑われた。
  ⇒They laughed at him.

- 私は睡魔におそわれた。
  ⇒I became very sleepy.

4．主語を切り換える

　センテンスの主語を何にするかは，表そうとする内容の主体をどのようにとらえるか，という問題にかかわる。前項で，日本語の発想に引きずられないように注意すべきことを学んだ。ここではさらに進んで，主語を何にすれば最も効果的に表現できるか，という問題の手がかりを探ろう。

● 「事物」を主体として表現する
　思考や感情の源である人間を主体とせず，「もの」や「こと」を主語としてみよう。事物を主体とした表現は，「人間」を主体とした表現に比べて，ひややかな感じを与えるといった心配は無用である。実際，生物・無生物を問わず，ものの物質的側面を客観的に述べることは，英語が得意とすることである。論理的思考に基づく科学的事実の説明や分析において，「事物」を主体として表現するライティングを心がけてみよう。

- Faulty judgment was the cause of the accident.
  （まちがった判断をしたことが事故につながった。）
  →「まちがった判断」という観念そのものを主体と考え，主語にとる。

- Sleeplessness is a normal reaction to stress.
（眠れなくても，それはストレスに対する正常な反応なのである。）
→人間が持つ心理的現象でも人間を主語に置かず，抽象名詞として「眠れないこと」を主語にする。

- A strange feeling arose in me.（私の中で奇妙な感情がわき上がった。）
→人間が感じる感情でも人間を主語に置かず，「感情」そのものを主語にする。

特に英語のライティングにおいては，いわゆる無生物主語の構文に習熟することが，効果的表現の決め手になる。自然界の物体や現象，また抽象的概念や客観的事物は，それ自体，他のものに意志をもって働きかけることがない。しかし，事物があたかも意志や感情を持っており，行為や動作の主体として人間や他のものに働きかけているかのように表現するのが無生物主語の構文である。無生物を主語にとることによって，センテンスのまとまりが緊密になることも多い。「何がどうするのか」という表現内容が明確になるのである。日常的な表現として慣用化しているものもあるので辞書の用例で学んでおくことが好ましい。

- The tsunami took more than 150,000 lives.
（その津波で15万人をこえる人々が死んだ。）
→「tsunami」を主語にして，津波が人の命を奪った，と考える。

- The noise irritated me.（その騒音に私はイライラした。）
→イライラする主体である「私」の代わりに，その原因である「騒音」を主語にとり，「私をイライラさせた」と表現する。

- The road leads us to the lake.（その道は，湖まで続いている。）
→「道」がただ続いている，と表現するのではなく，「私たちを湖まで導く」という能動的な表現をとる。

- This step completes the process.（この処置で工程が完了します。）
  → 「工程が完了する」ではなく「処置が工程を完了させる」と，他動詞を用いた能動的表現にする。

無生物を主語に置くためには，何かに働きかける意味を持つ動詞を選ぶ必要がある。一般的によく用いられる動詞を下記に示す。

■無生物主語をとる動詞の例

absorb, admit, affect, allow, attract, bother, bring, cause, combine, confirm, connect, create, deprive, destroy, disturb, divide, do, drive, eliminate, enable, encourage, force, frighten, give, have, hit, impress, indicate, inspire, interfere, interrupt, invite, involve, join, keep, kill, lead, leave, let, make, occupy, preserve, prevent, protect, put, raise, react, reduce, reflect, remind, remove, replace, require, respond, restore, reveal, send, settle, shake, show, stir, surround, take, tell, unite

● 「人間」を主体として表現する

はじめに頭に浮かんだものが「事物」であっても，発想を切り替えて「人」を主語にしてはどうだろうか。出来事の主体である人を主語にとるのである。そうすれば，英語らしく読みやすいセンテンスが書けるかもしれない。

- I have a stomachache.（胃が痛い。）
  → 痛んでいる「胃」を主語にするのではなく，痛みを感じている「私」を主体にする。

- He felt cold in the room.（その部屋は寒かった。）
  → 気温の「寒さ」を主語にするのではなく，寒いと感じている「人」を主語にする。

- I can give you further information about that.
  (それについての情報はもっとあります。)
  →私はあなたに，もっと情報を与えることができます，と考える。

- He has some money left in his account.
  (彼の口座にはお金が少し残っています。)
  →「お金」が残っているのではなく，「彼」がお金を残していると考える。

【we を主語にとる（人間一般をさす）】
- In front of JR Kyoto Station, we can see a tall tower.
  (JR 京都駅の前に高いタワーが見えます。)
  →一般に誰もが知覚・観察できることを述べる。

- From what has been discussed, we can conclude that the fossil is a fake.
  (これまでの考察から，その化石が偽物であると結論付けることができる。)
  →客観的な考察の一般的主体（読者を含む）を we で代表させる。特に学術論文に頻出する。

【you を主語にとる（人間一般をさす）】
- If you are interested in our products, please visit our website.
  (我が社の製品に興味をもたれた方は，我が社のウェブサイトをご覧ください。)
  →案内文や広告文・解説文で読み手一般を指す。

- If you subtract 8 from 10, you are left with 2.
  (10 から 8 を引いたら，2 が残る。)
  →推論・予測・一般的事実・法則を述べるにあたり一般的な人を表す。

【they を主語にとる（人間一般をさす）】
- They speak Portuguese in Brazil.（ブラジルではポルトガル語を話す。)

- They had a heavy snow in the Kanto area on Sunday.
  （日曜日，関東地方では大雪が降った。）
  →ある国・地域・領域にかかわる一般的人々を指す。「They ..., in ＋ 国名・地域・領域」の構文をとる。

●事象や観念を動名詞・不定詞・名詞節で表現して主語にとる
　主語として動名詞・不定詞・名詞節をとることができる。特に理知的なライティングにおいて効果的に使いたい。

- Visiting the campus is a good idea if you want to know something about a university. （ある大学について知りたいのであれば，キャンパスを訪問してみることは良いことだ。）
  →「～ing ...」［動名詞あるいは動名詞句］：ひとまとまりの動作・行為・現象を ～ing で名詞化して主語に置く。

- To assassinate someone means to kill an important political figure. （誰かを暗殺する，ということは，政治的に重要な人物を殺すことを意味する。）
  →「to do ...」［不定詞］：ひとかたまりの行為・動作を to do ... の形でまとめ，ひとくくりにして「…すること」という意味の主語として用いる。（不定詞の名詞的用法）

【 ～ that ... 】
- The fact that Mary disagreed with him at the meeting embarrassed him a great deal. （会議の席で，メアリーが彼に異を唱えたという事実は，彼をひどく狼狽させた。）

- The thought that she might refuse me made me nervous. （彼女が私を拒絶するかもしれない，という思いのために，私は不安になった。）
  →一定の内容を，the fact that ... などの形でひとまとめにして，センテンスの主部を成す。

【関係詞節・疑問詞節】

- All I can say is that it is a waste of time studying English in this way. (私に言えることは，このような方法で英語を勉強するのは時間の無駄だ，ということだけです。)

- A man who is polite is not always kind.
  (礼儀正しい人がいつも親切だとはかぎりません。)

- Who killed him remains a mystery.
  (誰が彼を殺したのかは謎のままである。)
  →＝The question of who killed him ...

- What is done cannot be undone. (起きた事はもとに戻せない。)
  → what は先行詞を中に含む関係代名詞

● 否定語を主語にとる

no ～ / no one / nobody / none / nothing などの否定語を主語にすることがある。few / little のように否定の意味合いを含む言葉も同様である。これは英語に特徴的な語法である。

- Nothing is more complicated than the functioning of the human brain. (人間の脳ほど複雑な働きをするものはほかにありません。)

- No one knew the truth. (誰も真実を知らなかった。)

- No evidence has been found to support the theory.
  (その理論を支持する証拠は何も見つかっていない。)

- Few people in the village survived the disaster.
  (その村で，災害を生き延びた人はほとんど誰もいなかった。)

- Little has been done so far to solve the problem. (いまのところその問題を解決するために，ほとんど何の手だてもなされていない。)

● **it を主語にとる**

　it を主語にとると，センテンスの中身が整理されて，すっきりすることがある。（先立つ名詞を指示する代名詞としての働きは別とする。）次のような用法を検討してみよう。

【環境・状況・時間を示す】

- It is not cold in winter in this part of Asia.
  （アジアのこの地方では，冬は寒くない。）

- It depends.（場合による。）

- It is time we stopped quarreling.（喧嘩をやめるべき時だ。）

【形式主語の it】

- It is important to focus on the things we have in common.
  （われわれが共通に持っているものに焦点を当てることが重要である。）

- It is said that poverty causes crime.
  （貧困が犯罪を生む，と言われている。）

- It looks as if she owned a fortune.
  （彼女はあたかも財産を所有しているかのように見えます。）

　it を主語にとり，本来の主部を文の後に送る形は，主語を決める時の一つの選択肢である。「何がどうする」の「何が」の部分に，ひとかたまりの内容を込めようとすると長たらしくなって読みにくくなることがある。そのような場合，文をすっきりまとめるための方策として，It is ... to ... / It is ... that ... のような形を検討してもよいだろう。なお，it を形式主語にとる表現には慣用的なものが多い。

　☞　「ライティングに使える英語表現集」15. It is ... to ... / It is ... that ... の英語表現

【it ... that ... の強調構文】
・It is the president himself who betrayed the party.
（党を裏切ったのは大統領自身だ。）

☞　「46. 強調する」

5. 能動/受動を切り換える

　センテンスの組み立てを決めるにあたって，主体が何かに対して作用する，あるいは主体が何かから作用を受けるという二つの観点を検討しよう。

【「…する」と「…される」で書き換えられるセンテンス】
・The court found him guilty.《する》
（裁判所は彼に有罪の判決を下した。）
⇒He was found guilty.《される》（彼は有罪になった。）
　→「彼」に判決を下した主体である「裁判所」を主語に置くか，それとも「彼」にどのような判決が下されたかに視点をおいて，「彼」を主語にするかがセンテンスの組み立ての決め手になる。

・Someone has left the door open.《する》
（誰かがドアを開けっぱなしにしている。）
⇒The door has been left open.《される》
（ドアが開けっぱなしになっている。）
　→前の例と同様。

【一定の意味において通常「…される」の形で表される動詞】
・The minister was confronted with a difficult situation.
（大臣は困難な状況に直面した。）

　この例のように，通常は受け身で用いられる動詞がある。日本語では「直面する」に対して，英語では「直面させられた」と表すなどのように，日本語と英語では能動と受動が逆になることがあるので注意したい。

■能動と受動が逆になる動詞の例

> be amazed（感嘆する） be bewildered（当惑する） be convinced（確信する） be delayed（遅れる） be discouraged（落胆する） be encouraged（勇気づけられる） be excited（興奮する） be frightened（怖がる） be impressed（感銘を受ける） be induced（する気になる） be moved（感動する） be pleased（喜ぶ） be prompted（駆り立てられる） be puzzled（当惑する） be satisfied（満足する） be surprised（驚く）

【「…する」と「…される」の両方で表される意味】
- Water is made up of hydrogen and oxygen.
- Water consists of hydrogen and oxygen.
 （水は水素と酸素で成り立っている。）

【科学論文における「…される」のセンテンス】
- It has been observed that 86 subjects out of 100 were influenced by leading questions.（100人の被験者のうち86人が誘導尋問の影響を受けた，という観察がなされた。）

　科学論文では受動態が用いられる傾向がある。現象の中に観察される被作用者を主体としておいて，その原因を客観的かつ非人格的に表現するのに受動態は適しているからでる。

【「…する」のセンテンスと引き締まった文体】
- The atmosphere traps heat from the Sun, keeping it from escaping into space. Winds in the atmosphere carry vital rain from place to place. And two of the gases in the air, oxygen and carbon dioxide, are essential for life.
 （大気は太陽から来る熱をとらえ，熱が宇宙に逃げないようにする。大気中を吹く風は，生命に必要な雨をさまざまな場所へと運んでくれる。そして空気中の2つの気体，酸素と二酸化炭素は生命のために必要不可欠である。）

(Oxford Illustrated Science Encyclopedia.)

前頁の指摘は，科学論文で「…される」のセンテンスが好ましいということを意味しているわけではない。「…する」のセンテンスを組み立てた方が引き締まった英文が書けるかもしれないし，むしろその方が「何が何に作用する」という関係が明白になるかもしれない。柔軟に検討してみよう。前頁の英文では，一貫して地球環境に作用するいくつかの主体が主語に置かれている。これを，「…される」のセンテンスで書いた場合，どんなに読みにくくなるか，そして視点が不安定になるかを考えてみよう。

43 主眼点をどこに置くか

1. 主眼点を先に述べる

　主眼点を最初に述べることは，英文を明快に仕上げるための第一の原則である。これは，一つのセンテンスをどう組み立てるかという課題にかかわる。特に，事実を正確に伝達したり，主張や提案を示したり，論理的な内容を的確に表現しようとする時には，思い切って主眼点をセンテンスの前半やパラグラフの頭に置いてみよう。

- It is not true that I hurt him intentionally, although people accuse me of that. （私が彼を故意に傷つけたというのは正しくありません。人はそのことで私を非難していますが。）
  →次の文と比較：People accuse me of hurting him intentionally, but it is not true. （人々は，私が彼を故意に傷つけたといって私を非難していますが，それは正しくありません。）

- The fungi range in size from single-celled yeasts to giant fungi whose underground parts may occupy an area greater than a tennis court.

(キノコの大きさは，単細胞のイースト菌から，地中部分がテニスコートよりも広い場所を占めるほどの巨大キノコまで，さまざまである。)

　この文は，「何がどうする」という骨格の部分がセンテンスのはじめに置かれている。主眼点を先に述べるという点で，典型的な英語のセンテンスである。英語ではまず表現内容の骨格を組み立て，後で修飾語句を補いながら肉付けしていく。次のように表示すれば，一つのセンテンスの中で，前から順々に，重要な要点から詳細な記述へと配置されていることがわかるだろう。

【骨格部分】　キノコにはさまざまなものがある (The fungi range ...)
　　【どの点で】　大きさの点で (in size)
　　　　【どのように】(小さなもの)から (from ~) (大きなもの)まで (to ~)
　　　　　　【小さなものとは】　単細胞のイースト菌 (single-celled yeasts)
　　　　　　【大きなものとは】　巨大なキノコ (giant fungi)
　　　　　　　　【どれほど巨大なのか】　地中部分がテニスコートよりも広い
　　　　　　　　(whose underground parts may occupy an area greater than a tennis court.)

2．主眼点をあとまわしにする

　前項とは逆に，主眼点を文の後半に置くことによって，読者の興味を引き延ばし，ライティングの勢いを先へ先へと持続させる効果を生むことができる。これは一定の修辞的な効果を狙って行われる表現法である。

● 副詞節を主節に先立たせて，主張点を後回しにする
・While some might feel that the translation approach is time consuming and no longer useful for modern purposes, my own feeling is that it is still alive and works well in many classrooms.
（人によっては，訳読は時間がかかりもはや現代的な目的に合わない，と感じる人もいるかもしれないが，私自身は，この方法はまだ生きていて，多くの

教室で成果がある，と感じる。）

　副次的な内容が文の前半に，最も重要な筆者の意見が文の後半に置かれていて，興味が引き延ばされている。

● 主語を動詞の後に置く
- Located about forty kilometers south of Kyoto, surrounded by mountains and rivers, is the ancient capital, Nara. （京都の南，約40キロに位置し，山や川に囲まれたところに，古都奈良がある。）

　「主語＋動詞」の順序を転倒させ，話題の中心となる部分（主語）を先送りにすることで，興味を引き延ばし，緊張感を生み出すことができる。このような形で用いられる動詞は be，stand，lie などである。

● ある事実を容認・提示したうえで別の内容へとつなげる
【indeed ... but ...】
- The presence of Europeans in Japan and the spread of Christianity did indeed add a significant coloration to the hundred years after 1543, but not in a deterministic fashion.
  （［戦国時代の］日本にヨーロッパ人が来ていたこととキリスト教が広まったことは，1543年以降100年間の時代に重要な特色を加えていることは確かではあるが，それは決定的なものではなかった。）
  　　　　　　　　　　　　　　　　　　　　（"Japan," *Encyclopedia Americana*.）

　「indeed ... but ...」の表現は，前半部分を認めながらも，後半部分へ重心を傾ける効果を生む。

【not only ... but also ...】
- Japan is not only one of the world's great producers of wood and wood products, but also it is one of the great importers of them.

(日本は世界でも有数の木材と木材製品の産出国であるだけでなく，その輸入国でもあるのだ。)　　　　　　("Japan," *Encyclopedia Americana*.)

not only ... で一つの事実を示したうえで but also ... でもう一つの事実に目を向ける。

3．まず簡潔に主旨を示したあとに説明を加える

　先に前提や細部を述べ，あとで主旨を示すという順序では，読者は興味を保ちにくい。そこで，前提や細部はあと回しにし，まず主旨をおおまかに一つのセンテンスで示す，という方法を試してみよう。もちろん，一つの文ですべてを言い尽くすことは不可能である。したがって言い足りない内容を後から付け加えて行くという形になる。むしろ，舌足らずなくらい簡素化した文を先に置くことで，かえって読者はその詳しい内容を知りたがるだろう。それに応える形で説明を加えるのである。

- <u>Oxford is both a University and a City</u>. Colleges, departments, and libraries are interspersed with shops, offices, houses, and all the other features of a busy commercial city.
  (オックスフォードは大学でありかつ都市である。コレッジ，学部，そして図書館の間に，店舗やオフィスや住宅など，にぎやかな商業都市のすべての特徴がちりばめられているのである。)
  　　　　　　(*The University of Oxford Undergraduate Prospectus*.)

　この例では，下線部で，オックスフォードの本質が「オックスフォードは大学でありかつ都市である」という象徴的な表現で述べられているが，これだけでは何が言いたいのかわからない。しかし第2の文を読めば，その意味が理解できる。

44 命令形を使う

　英語のライティングでは，読み手に対し心情的にやや踏み込んで訴えかけようとする場合，命令形が用いられることがある。これとは全く逆に感情を入れない学術論文でも，命令形が使われることがある。指示文では普通に命令形が用いられる。下記に代表例を紹介しよう。

1. 読み手に強く働きかける

　命令形は，特に広告文や説得文で人の心情に訴えかけたい時の表現形としてよく用いられる。

- <u>Don't forget</u>. Winter Sales starts Friday 1st December in all JUNK stores in Kansai district. Phone your local JUNK store for detail.
  （お忘れなく。12月1日金曜日に，関西地区のJUNK全店で冬のセールが始まります。詳しいことは最寄りのJUNK店舗へお電話を。）

- <u>Never be afraid of making a mistake</u>. English is not your first language and it is natural that you make mistakes. In the class, always remember that you can improve your spoken skill only by speaking.
  （間違えることをけっしておそれてはいけない。英語はみなさんにとって外国語ですから間違えることは自然なことなのです。話すことによってのみ話す技能は上達するということを，授業ではいつも忘れないように。）

2. 非人格的な慣用表現

　学術論文や報告文では，人格的なニュアンスのない慣用化した命令表現が使われる。案内文やビジネスレターでも，事務的な言い回しの中で命令

形が慣用的に用いられる。

- <u>Assume</u> that there is one planet with intelligent beings somewhere in the Galaxy. Is there any chance we can contact them?
(銀河系のどこかに知的生命体の住む惑星が一つあるとしよう。彼らと交信できる可能性はあるだろうか。)

- There are countries which are small but economically successful. <u>Take</u> Singapore, for example.
(小さくても経済的にうまくいっている国がある。シンガポールはその一例だ。)

- <u>See</u> Figure 3 below.（下記，図3を見よ。）

- <u>Do not hesitate</u> to contact me if you have any questions.
(何か質問がありましたら遠慮なく連絡してください。)

- If you are interested in the position, <u>send</u> your résumé to the following address.
(もしこの求人に応募したいのでしたら，次の住所へ履歴書をお送りください。)

45 省略する

　一定の語句を省略しても意味が明らかな場合は，一定の文法的手続きにしたがって文をスリムにしてみよう。人間の身体と同様に，英文も贅肉はとった方がよい。

- His score was higher than mine.
(彼の得点は私の得点よりも高かった。)
（＝His score was higher than my score.）

- I asked the agent to refund the deposit. He said he would, but he didn't.
  (私は代理人に頭金を返却してくれるように頼んだ。彼はそうすると言ったが、しなかった。)
  (＝He said he would refund the money, but he didn't refund the money.)

- On my way to and from my office, I make it a habit to say "Hello" to the guard at the gate.
  (私は研究室への行き来の際に，門衛に「やあ」と声をかけることにしている。)
  (＝on my way to my office and from my office)

- John and Mike went into different businesses. John made a fortune; Mike, not a penny.
  (ジョンとマイクは別々の事業を始めた。ジョンは財産を築いた。マイクは文無しだ。)
  (＝Mike did not make a penny.)

46 強調する

文中の語句や文全体の意味を強調するには，次のようないくつかの方法がある。

1. It is ... that ... の強調構文

- It is the president who is responsible. (責任があるのは社長だ。)

- It was two weeks ago that I met him.
  (彼に会ったのは二週間前のことだ。)

2. 倒置 （文の中の語句*が強調のために文頭に置かれる）

- <u>Included in the bag</u> were three bars of chocolate.
  （袋の中に入っていたのは板チョコが三枚だった。）

- <u>Little did I know</u> what was going to happen that night.
  （その夜，何が起きるか私には知る由もなかった。）

3. 分離 （文の中の語句を，コンマやダッシュを使って切り分ける）

- He is not rich. He is, actually, a pauper.
  （彼は金持ちではない。彼は実際は貧乏人だ。）

- The repair work will be completed in December—possibly in late November. （修繕工事は12月，ひょっとしたら11月末に完了します。）

句読点は，特別なニュアンスを付けて特定の語句に注意を促す効果を生む。

4.「まさに」の意味 (the very ... / nothing but ... / no other than ...)

- That was <u>the very</u> wallet that I lost the day before.
  （それは私が前日なくしたまさにその札入れだった。）

- She is <u>nothing but</u> a child. （彼女はまだほんの子どもだ。）

- We had <u>no other</u> choice <u>than</u> to wait for the next train.
  （私たちは次の列車を待つしかすべがなかった。）

5. 強調の do

- She <u>did</u> say so. （彼女はほんとうにそう言ったのだ。）

---

*副詞 (little, never, nor, not, only, well など)，副詞句，補語。

- I <u>do</u> promise that I will stand by you.
  (あなたの力になることをはっきり約束します。)

6. 強意の副詞* を用いる (「とても」「たいへん」「まったく」などの意味)

- He is absolutely right. (彼はまったく正しい。)

7. all / every ...

- The guests were <u>all</u> happy with the dinner.
  (客人はみな料理に満足した。)
- I copied <u>every</u> single word of the letter.
  (私はその手紙の一字一句を書き写した。)

8. ～ and ～ and ～ (項目をすべて and でつなぐ)

- You must give a call to John <u>and</u> Mary <u>and</u> Peter.
  (ジョンにもメアリにもピーターにも電話をかけなければならない。)
  →次の文例と比較：You must give a call to John, Mary, and Peter.
    (ジョンとメアリとピーターに電話をかけなければならない。)

9. ～ and ～ (同語を and で反復する)

- He talked on and on. (彼はしゃべりまくった。)
- I watched and watched. (私は凝視した。)

---

* 「ライティングに使える英語表現集」14. 強調を示す英語の副詞

10. in fact / indeed

- He is a brilliant student. <u>In fact</u>, he is a genius.
（彼は優秀な学生だ。はっきり言えば天才だ。）

- Are you aware that you committed a crime? It was a crime <u>indeed</u>.（あなたは犯罪を犯したことに気付いているのですか。それはほんとうに犯罪なのです。）

11. 否定の強調

【否定語 ＋ at all】
- The question is <u>not at all</u> easy to answer.
（その問題を解くのは容易ではない。）

- I said <u>nothing at all</u> like that.
（私はそんなことは一つも言っていない。）

【not a single ... / not in the least / not for a moment / not by any means / by no means などの定形語句で】
- <u>Not a single</u> tree can be seen on the hill.
（丘には一本の木も見えなかった。）

- It is <u>by no means</u> certain that the money will be paid into my account by Friday.
（金曜日までにお金が口座に振り込まれるかどうかまったくわからない。）

【否定語 ＋ whatsoever / whosoever など】
- I have no interest <u>whatsoever</u> in literature.
（私はどんなものであれ文学には興味がない。）

12. 比較級・最上級の強調

【even / far / much ＋ 比較級（比較級の強調）】
・The performance was <u>even better</u> than I had expected.
（演奏は期待をはるかに超えて良いものだった。）

・It is worth <u>much more</u> than the price.
（それは定価よりずっと価値がある。）

【nothing more ... than / nothing is so ... as などの形で最上級の意味を表す】
・There is <u>nothing more</u> beautiful <u>than</u> sakura in full blossom.
（満開のさくらほど美しいものはない。）

・<u>Nothing is so</u> important as time.（時間ほど大切なものはない。）

【by far the ＋ 最上級（最上級を強調する）】
・The bar examination is <u>by far the most</u> competitive of the national examinations in Japan.
（司法試験は日本で最も競争の激しい国家試験である。）

47 比喩を用いる

　比喩表現は，説明的な言い回しを使わず，物のイメージを通してあざやかに表現する修辞技法である。だれでも日常的に使っているものであるが，英語のライティングにおいて使いこなしている人は少ない。次のような形を参考にして効果的な英語表現を身につけよう。

1. 直喩 (simile)

「機関銃のようにしゃべる」とか「あなたは太陽のような人だ」のように，類似するものを引き合いに出すことで，印象深く表現する。英語では，「... as ...」「... like ...」のような言葉を用いて，表現しようとするものと引き合いに出すものを結びつける。

- The table cloth was as white as snow.
  (そのテーブルクロスは雪のように白かった。)

この「as white as snow」のような表現は，だれが使ってもすぐにイメージできる決まり文句であり，その意味で無難だと言えるが，その反面，月並みで新鮮味がないため，しばしば dead simile「死んだ(=ふやけた)直喩」と呼ばれる。イギリスやアメリカの文化的背景や慣習も反映されているので，むしろイメージしにくい例もある。参考までに，英語の月並みな直喩の例をあげておく。

■月並みな直喩の例

> as dead as a doornail（びょう釘のように死んでいる）/ as green as grass（草のように青々とした＝まったく青二才で）/ as busy as a bee（ミツバチのように忙しい＝せっせと働いて）/ as clear as crystal（水晶のように明らかな）/ as cool as a cucumber（きゅうりのように冷たい＝落ち着き払って）/ as proud as a peacock（孔雀のように得意そうに）/ as slow as a snail（蝸牛のようにのろく）/ as tall as a tree（木のように背が高い）/ as strong as Hercules（ヘラクレスのように強い）/ as white as milk [snow]（牛乳[雪]のように白い）

次の例は，文学的な技巧的比喩である。上級クラスの表現だと言えよう。このような形で書き手個人の表現力を発揮することもできる。

- He felt like a man with one cheek exposed to the fragrant breezes of the spring, while upon the other is let loose an autumnal shower of chilling rain.
(彼は自分の頬が，片方は春の芳しいそよ風に吹かれながら，もう片方は冷たい秋の雨に打たれているような感じがした。)

(Iris Murdoch, *The Sandcastle*.)

2. 隠喩 (metaphor)

　隠喩の典型例として，「あなたは太陽だ」という文がある。類似するものを引き合いに出すにあたって「あなたは太陽のようだ」という言い方をせず，述べるものと引き合いに出すものを直接むすびつけて表現するのである。隠喩表現には，詩的なイメージの操作が必要であるため，高度な言語表現の能力だけでなく豊かな感性が求められる。英語のライティングにおいては，直喩のところで述べたように，だれが使ってもすぐにイメージできる月並みな言い回しから使ってみるのが無難であろう。

- Time flies. (時は飛ぶ。→飛ぶように過ぎて行く。)

- He is a lion. (彼はライオンだ。→ライオンのような男だ。)

- Fortune smiles. (運命（の女神）が微笑む。→幸運がめぐってくる。)

- We are in deep waters.
(われわれは深みに陥っている。→苦境に陥っている。)

- He has let the cat out of the bag.
(彼は袋から猫を出してしまった。→うっかり秘密を漏らしてしまった。)

　パラグラフ全体を比喩に基づいて展開する場合もある。一つの論点について考察を行う場合，具体的，日常的あるいは感覚的な事物を引き合いに出しながら英文を展開すれば，論旨は鮮やかに読者に伝わるだろう。たと

えば，下記のパラグラフでは，外国語を学ぶことの重要性を論じるにあたって，窓のない部屋と窓のある部屋というイメージを導入している。

> Speaking only one language can be compared to living in a room with no windows and no doors. It is safe, but it is dark and closed. A foreign language brings new light into the room. With an elementary knowledge, we can look out of the windows and see a new, different world. With a thorough knowledge, we can walk out of the door and explore this new, different world. The discoveries we make add richness and depths to our lives. As we explore this new world, we begin to understand the magnitude of language, the greatest of man's creations.
>
> （たった一つの言語だけしか話せないことは，窓も扉もない部屋で生活することに喩えることができる。安全ではあるが暗くて閉じた空間である。外国語は，その部屋に新しい光をもたらす。初歩的な（外国語の）知識を持つだけでも，窓から外を眺め新しく異なる世界を見ることができる。完全に学習すれば扉を開いて外へ歩みだし，この新しく異なる世界を冒険することができる。そこで得られた発見によって，われわれの人生は豊かさと深みを増す。この新しい世界を冒険するにしたがって，われわれは人類が創造したものの中で最も偉大なものである言語の重要性を理解し始めるのである。）

(Joan McConnel, *Language and Culture*.)

48 繰り返す

　同じ語句を不必要に繰り返して使うことは，英語のライティングにおいて避けるべきであることは，すでに述べた通りである。特にビジネスや学術の分野においては，言葉の無駄を省くという鉄則がある。しかし，感情の吐露や心理的ニュアンスの微妙な表現をねらいとするエッセイ，手紙（私信），物語などの様式では，一定の修辞的効果をねらって，あえて同じ語句やパターンを繰り返して使うことはありうることである。

48. 繰り返す

　語句を繰り返すことで得られる基本的な効果は，意味の強調や注意の喚起である。その表現形には，語句の単純な反復と，微妙な変化を伴った修辞技法としての反復の二種類がある。下記に，代表的な用例を紹介しよう。

1. 単純な反復

- On entering his house, I was surprised to see that it was full of books. The walls were covered with bookshelves. <u>Books, books, and books.</u> Books were everywhere.《名詞の反復》
  (私は，彼の家に入るやいなや，家中が本でいっぱいだということに驚いた。壁は本棚でおおわれていた。本，本，そして本。どこを見ても本だ。)

- Do you want to expand your English vocabulary? Then, <u>read, read, and read</u>. That is all I can say to you.《動詞の反復》
  (英語の語彙を増やしたいですか。ならば，読め，読め，読め。私があなたに言えるのはそれだけです。)

- The ship sank into the <u>deep, deep</u> sea.《形容詞の反復》
  (船は深い，深い海に沈んでいった。)

2. 修飾や変化を伴った反復 / 言い回しパターンの反復

- <u>Memories</u> came up to his mind—the <u>memories</u> of his happy marriage, the <u>memories</u> of his busy years as a businessman, and the <u>memories</u> of his childhood which had long been forgotten.
  (思い出が湧き上がって来た―幸せな結婚生活の思い出，ビジネスマンとしての多忙な年月の思い出，そして長く忘れていた子供時代の思い出。)
  → memories というキーワードを中心にした言い回しが反復されている。

- The box was empty. <u>It was strange</u>. <u>It was very strange</u>.
  (箱は空だった。奇妙だ。とても奇妙だ。)

→文が，修飾語をともなって反復されている。

- The kabuki performance was wonderful. I <u>went to see it</u>. My parents <u>went to see it</u>. My son <u>went to see it</u>. They all enjoyed it.
（歌舞伎の上演はすばらしかった。私も見に行ったし，両親も見に行ったし，息子も見に行った。みんな楽しんだ。）
→構文が反復されている。

49 事実と見解を区別する

　手紙であろうが論文であろうが，述べようとする内容を大きく二つに分けて考えると，取りかかりやすい。一つは見解や感情のように，書き手の観点や主観に基づく内容である。もう一つは，主観や観点に左右されない客観的事実である。

【書き手の観点や主観に基づく内容】
- The offer cannot be accepted.（その申し出は受け入れられない。）

- We should wait for a while.（少し待つべきだ。）

- It will probably rain tomorrow.（明日はたぶん雨でしょう。）

【主観や観点に左右されない客観的事実】
- The sum of the angles in a triangle is 180 degrees.
（三角形の内角の和は180度である。）

- John F. Kennedy became the 35th President of the United States in 1961.（ジョン・F・ケネディは1961年に第35代アメリカ合衆国大統領に就任した。）

50 意見や感情をうまく表現する

　英語のライティングにおいては，自分自身の意見や感情を適切かつ明快に表現することが大切であるが，その表現法には基本的に二つのものがある。

1. 意見や感情を明示する

　書き手自身が，意見や感情を直接的に表明する語句を用いる。「私は…と考える」という形，あるいは「私の考えは…」のような形をとる。また，助動詞を用いて書き手の判断や意志を表すこともある。

> I think ... / I feel ... / I want to ... など
> My opinion is that ... / My view is that ... / In my opinion ... など
> ... should ... / ... must ... など

- <u>I think</u> we have no alternative but to stop our operations.
（活動を停止する以外に選択の余地はないと思う。）

- <u>My opinion is that</u> higher education should be free.
（私の見解は高等教育は無料であるべきだ，ということだ。）

- Smokers <u>should</u> be aware that smoking is not only bad for their own health but also is a risk to other people.
（煙草を吸う人たちは，喫煙が自分たちの健康のために悪いだけでなく，他の人たちにとっても危険なことだ，ということを知っておくべきだ。）

　このような形をとることで，他の内容（事実の提示や他者の見解など）から明確に自分自身の意見や感情を区別して表現することができる。

2. 表現内容の中に意見や感情を反映させる

　書き手が自分自身の顔を表に出すことなく，表現内容の中に意見や感情を反映させる。たとえば「…は〜である」のように単に事実を述べる形を取っていても，「〜」の部分に，書き手の意見や感情を表示することもできる。この形は，第一の表現法のように見解や感情を明示する形ではないので，書き手の感覚や判断は述べられる内容の中に含まれることになる。したがって，英語の問題というよりは内容の問題になる。たとえば，次の文は，「われわれは…を忘れがちである」という事実を述べる形をとっている。しかし，ここに反映されているのは，「われわれは…を忘れるべきではない」という見解である。

- <u>We tend to forget</u> that children live in a different environment from that of older generations. (われわれは子どもたちが前の世代とは異なる環境に生きているということを忘れがちである。)

　またセンテンスの中に理知的あるいは感情的判断を表す形容詞や副詞を含めることで，書き手の意見や感情を表すこともできる。

- It is wonderful to be young, but it is <u>equally wonderful</u> to grow old. (若いということはすばらしいことだが，同様に，歳をとるということもまたすばらしい。)

- <u>Surprisingly enough</u>, he did not understand the point.
（驚いたことに，彼は要点を理解していなかった。）

☞　「ライティングに使える英語表現集」13. 意見や感情を示す英語表現

51 会話文や引用文を本文に組み込む

　単調になりがちな英文を生き生きとさせるための改善策に，会話文や引用文を導入することがあげられる。たとえば出来事の描写において，登場する人の言葉を，直接話法や間接話法を使って本文に組み込むとよい。
　下記の作文例では，会話文を組み込むことで，ライティングの内容が鮮やかに表現されていることがわかる。

　This morning I was awakened by my mother banging on the door, shouting, "What are you doing, my dear? It's eight o'clock now. Get up, or you'll be late for school." I dashed out of bed and went downstairs. Glancing at the clock, I was surprised to find that it was still seven. My mother told me that she meant to surprise me by telling me the wrong time. I was a little angry, but soon I became grateful to her for her violent means of waking me up. It gave me enough time to prepare for the math test that was to be held in the afternoon. I repeated the proverb that goes, "The early bird catches the worm."
　（今朝，私は，ドアをたたいて叫ぶ母の声に起こされた。「何やってんの。もう8時よ。起きないと学校に遅れるわよ。」私はベッドから飛び起きて，一階へ降りて行った。時計を見ると，驚いたことにまだ7時だった。母は私に，間違った時間を言って驚かせようとした，と言った。私は少し腹が立ったが，こんな荒っぽいやり方で起こしてくれたことに対してすぐに感謝の気持ちが湧いてきた。午後に予定されていた数学のテストの準備が十分できたからだ。私は「早起きは三文の徳」ということわざを何度も繰り返した。）

　なお，理知的な説明を重んじる論説文でも，さまざまな論者の見解を紹介するにあたって，他の文献から引用することが多い。

会話文や引用文を組み込むには，二つの形があるので以下の通りまとめておこう。

1. もとの言葉通りに示す

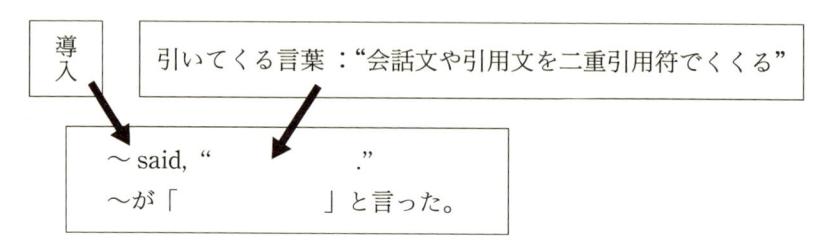

| 導入 | 引いてくる言葉："会話文や引用文を二重引用符でくくる" |

～ said, "　　　　　　　　."
～が「　　　　　　」と言った。

(1) この形（直接話法）では，発話内容を引用符でくくる。＜誰が＞＜言った＞の形で導入する。句読点と文頭の大文字に気をつける。

以下，本書の「第7章 書いてみよう」課題23で取り上げている「桃太郎」の英文をもとに説明しよう。

- The old woman said, "Shall we cut it open?"

導入の部分（＜だれが＞＜言った＞の部分）の動詞には，say がよく使われるが，他にも次のような動詞が用いられる。write / cry / exclaim / sigh / ask / answer

- "Good heavens!" exclaimed the old man.

- The old woman replied, "That's a good idea."

(2) だれに言ったのかを示す場合には，said to だれ, "…" の形をとる。
(3) 導入部分は，かならずしも発話内容の前とは限らない。句読点(,)の位置に注意する。

- The old woman said, "There's something inside it."

- "There's something inside it," the old woman said.

- "There's something inside it," said the old woman.

- "Wait," the old woman said, "didn't you see something move?"

- "Good heavens!" exclaimed the old man. "It's alive!"

(4) 導入語句の末尾にコロンを用いることもある。

- He was just about to take out his forest knife ready to slice into the peach when his wife screamed out: "Wait, didn't you see something move?"

(5) ことわざを引いたり，読みとった言葉をそのまま引く場合の導入動詞には，go や read がある。

- As the saying goes, "When in Rome, do as the Romans do."
 (ことわざにもあるとおり「郷に入りては郷に従え」。)
- The notice reads, "Do not touch."
 (掲示には「触るな」と書いてある。)

2. 地の文に組み込んで引用する

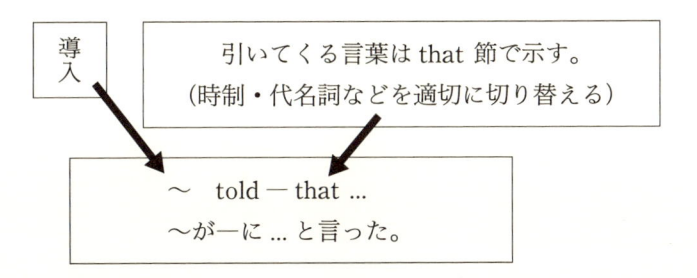

```
┌──┐      ┌─────────────────────────────┐
│導│      │ 引いてくる言葉は that 節で示す。│
│入│      │ (時制・代名詞などを適切に切り替える)│
└──┘      └─────────────────────────────┘
   ↘         ↙
   ┌─────────────────────┐
   │  ～ told ― that ...  │
   │  ～が―に ... と言った。│
   └─────────────────────┘
```

　この形（間接話法）では，導入の部分（〈だれが〉〈言った〉の部分）の動詞に，tell がよく使われるが，他にも次のような動詞が用いられる。
write / state / ask (whether / what ..., etc.) / answer
　思考内容を that 節を用いて引き合いに出す場合は，think / believe な

ども用いられる。

- ＜直接話法＞"Shall we cut it open?" said the old woman.
- ＜間接話法＞The old woman suggested that they cut it open.

52 文体を考える

　英語を書くにあたって「文体」を考慮する人は少ない。しかし，論文を書くのか，友達宛てにメールを送るのか，日記をつけるのか，などで文体を変えるのが自然であり，それなりの配慮をすることが大切である。次のことを考慮に入れながら，言葉の選び方や，センテンスの型や，パラグラフの組み立てに注意する。

(1) ライティングの目的は何か
　　── 情報を簡潔に読者に伝える。
　　── 情報や自分の見解を厳密な考察のもとに，正確に読者に伝える。
　　── 自分の感情を読者に伝える。
　　── 出来事をあざやかに物語る。

(2) 対象とする読者は誰か
　　── 知人や友人（手紙などで個人的に語りかける）。
　　── 一般の読者（不特定多数）。
　　── 限られた読者層（一定の専門領域を共有する人々，一定の組織）。

1. プレイン・イングリッシュの文体

　次の英文は，センテンスが短く，単語も平易である。また，センテンス同士の連結も明快である。

> Days are light. Nights are dark. That's how most of the world thinks of day and night. But the people of Iceland and parts of Norway, Sweden, and Finland don't think that way. To them, winter days are as dark as night.
> (昼は明るい。夜は暗い。世間の多くの人々は昼と夜のことをそのように考えている。しかしアイスランドの人たちや，ノルウェー，スウェーデン，フィンランドの一部の地域の人たちはそんなふうには考えていない。彼らにとっては冬の日の昼間は夜と同じように暗いのである。)

(*The Contemporary Reader*. Vol. 1, No. 2.)

2. 学術的な文体

　次の英文は，経済の原理を綿密に解説している。表現の平明さよりも正確さや緻密な論述が優先されているため，センテンスの構造は複雑になっている。

> Minimizing costs will require marginal decision making. Firms know the technology they are currently using and can consider changing it by trading off some inputs against others. To decide whether such a trade-off will reduce costs, they can simply compare the market price of the input they are reducing with the price of the input they are increasing. If a firm can replace 1 machine with 2 workers and maintain the same output, and if a worker costs $12,000 a year and a machine costs $25,000 a year to rent, then by reducing machines by 1 and hiring 2 workers, the firm can reduce total costs. On the other hand, if a worker costs $13,000, it would pay to use 2 fewer workers (for a saving of $26,000) and rent 1 machine (for a cost of $25,000).
> (費用を最小限に抑えるためには，損益の限界にかかわる意志決定が求められる。企業は現在使用している生産方法のことがよくわかっているので，

ある種の投入物を他の投入物と置き換えて生産方法を変更することも検討できる。そのような投入物の交換が費用の削減につながるかどうかを決めるためには，単に，削減する投入物の市場価格と増加させる投入物の価格を比べればよい。1台の機械を2人の労働者で置き換えて同じ産出高を維持することができれば，そして1人の労働者の人件費が年間12,000ドル，機械のレンタル料が年間25,000ドルであれば，機械を1台減らし2人の労働者を雇うことにより，企業は総費用を削減できる。他方，労働者の人件費が年間13,000ドルかかるのであれば，労働者を2人減らし（26,000ドルの節約），機械を1台レンタルする（25,000ドルの費用）ことで引き合うのである。)

(Joseph E. Stiglitz, *Economics*.)

3. ビジネスの文体

ビジネスの英文では，用件だけを的確に無駄のない表現で伝える。読み手にとって必要な情報を妥当な順序で配置する。

> This is to announce that the annual meeting of the society will be postponed because of the typhoon that caused a severe damage to the Shikoku district. The initial date was October 6th, but the committee is now considering a suitable date in early November. In the meantime, they will be trying to find a possibility of changing the place of the meeting from Tokushima to Kobe. They will reach a decision within a few days and the detail will be sent by e-mail to all members no later than September 19th.
>
> (学会の年次大会が延期になったことをお知らせします。四国地方に大きな被害をもたらした台風のためです。当初の予定は10月6日でしたが，目下委員会では11月上旬をめどに日時を検討しています。同時に徳島から神戸に場所を変える可能性も探っています。2,3日中に決定が下され，詳細は9月19日までにすべての会員に電子メールで送られます。)

53 分野に特有の語彙や文体に配慮する

　取り扱う内容がどの分野に関連しているかは，語彙や文体の選択に影響を与える。ビジネス，学術，商業（広告文など），法律，科学，技術など，分野ごとに特有の専門用語があり，また，特有の言い回し，文体，表記法があるからである。そこで，書こうとしている英文の分野にふさわしい語彙や文体に配慮することが大切である。

　たとえば，同じ一つの単語でも，複数の分野において異なる専門的語義が与えられている点に注意したい。

例1: donor 名詞

> 一般的な語義――「寄贈者」
> 医学――「献血者」「臓器提供者」
> 法律――「財産の贈与者」「指定権者」
> 化学――「半導体内の電子供与体（ドナー）」

例2: clear 動詞

> 一般的な語義――「きれいにする」
> 軍事――「暗号を解読する」
> 商業――「蔵払いをする」「（借金・関税を）支払う」
> スポーツ――「ボールを守備域から出す」
> コンピュータ――「変数・メモリーなどを消去する」

　特に，次のような分野に配慮したい。

【ジャーナリズム】新聞や雑誌の記事およびテレビ・ラジオの報道に特徴的な文体

【法律】法律の条文や契約書に特有の語彙および文体（堅苦しい法律用語および精密さを重んじる回りくどい文体）
【科学】分野特有の専門用語を使用し，正確さと緻密さを重んじる非人称的な文体（科学的客観性の反映）
【商業・ビジネス】明晰と簡潔を重んじ一定の礼儀をそなえた実務的文体
【広告】商業的な意図を持ち修辞的な効果をねらった文体であり，また同時に商品の情報を正確かつ簡潔に伝達するという実務的な面も持つ文体

なお，学問的な意味での専門領域の分類については，辞書の分類表示を調べるのがもっとも手堅い方法である。たとえば，通常，次のような分野について表記がなされている。

■辞書の分類表示の例

《医学》《印刷》《映画》《英国史》《演劇》《音声学》《解剖学》《化学》《機械》《幾何学》《旧約聖書》《教育》《ギリシャ神話》《金融》《軍事》《経済》《言語学》《建築》《工業》《考古学》《鉱物》《コンピューター（電算）》《社会学》《宗教》《修辞学》《商業》《植物》《神学》《新聞》《新約聖書》《心理学》《数学》《スポーツ》《生化学》《政治》《聖書》《生物》《哲学》《天文》《動物》《美術》《病理》《物理学》《米国史》《法律》《北欧神話》《昆虫》《薬学》《歴史》《ローマ神話》《論理学》

54　フォーマルとインフォーマルを区別する

文体に配慮して英語を書くとき，大きな手がかりになるのが，フォーマル（形式ばった）とインフォーマル（くだけた）の区別である。特に注意したいのは，フォーマルな文体の中にインフォーマルな語彙や言い回しを，不用意に持ち込まないことである。もっともすべての英文がいつでもフォ

ーマルとインフォーマルのどちらかにはっきりと区分されるわけではない。むしろ，ライティングの目的と読み手のタイプに照らして，自分がいまから書こうとしている英文が，この二つの軸の間のどのあたりに位置付けられるかを考えるとよい。

　ビジネスレターや論文・レポートでは一定のフォーマルな文体で書くことが大切である。これは服装にたとえればわかりやすいだろう。就職活動をする時，スーツを着るのは，会社との面談をフォーマルな場面だと考えるからである。

　逆に親友へ送る電子メールなどの私信は，多くの場合，気持ちのこもったくだけた文体つまりインフォーマルな文体を用いる。親しい友人と会う場合には，Tシャツやジーンズを着るだろう。友人関係はインフォーマルな気楽さを求めるからである。

　それからもう一つ大切なことは，一貫性である。フォーマルな文体を選んだのならば，最初から最後までそれで通すことである。フォーマルとインフォーマルが不適切に混在した文体は滑稽に見える。

　なお，書き言葉であることに特別な配慮をせず，日常会話で使うくだけた英語をそのまま書き記したような英文を書くこともある。これは会話文 (colloquial style) と呼ばれ，気軽なエッセイや物語，スピーチのスクリプトを書くときに用いられる。このような文体で書くときには，辞書の《口語》あるいは《略式》という分類表示が付いている単語でも，ライティングで使ってはいけないということはない。現代英語においては，契約書や学術論文などあらたまった様式を除いて，書き言葉にもくだけた言い回しがよく使われる。

1. フォーマルな書き方

　フォーマルな英文は，主に学術論文，公式文書，真剣な内容を取り扱うビジネスレターに見られる。

(1) 様式を重視する。
　一定の書式，表記法を用いる傾向がある。(→ビジネスレター特有の様

式，学術論文の書式については「第6章 文書を作成する」を参照。）

(2) 客観性，正確性，中立性を重視する。
【大げさな表現や曖昧性を排除し，書き手の主観が表に出ないようにする】
［×］ I need oceans of money to start a business abroad. How depressing!（海外で事業を始めるにはとてつもないお金がかかる。なんと気の滅入ることだ。）
　→次の語句には問題がある：oceans of（会話的な誇張表現），How ...!（感嘆文）
⇒ ［○］ It is depressing to think that starting a business abroad is costly.（気の滅入ることであるが，海外で事業を始めるのはお金がかかるのである。）

【書き手自身の存在(一人称)を表に出さない／読者に語りかけない】
［×］ I guess there are three features in the textbook.（この教科書には3つの特徴があると思われる。）
　→主観を述べる表現が使われている。
⇒ ［○］ There are three features in the textbook.
　（この教科書には3つの特徴がある。）

(3) センテンスを書くときには主語＋動詞の組み立てを持つ完全なセンテンスを書く。
［×］ No information about where he is.（彼の消息はなにも無し。）
⇒ ［○］ We have not obtained any information about where he is.
　（われわれは彼の消息をつかんでいない。）

(4) 短縮形は用いない。
［×］ it isn't　　　　→ ［○］ it is not
［×］ I'm　　　　　→ ［○］ I am
［×］ he'll　　　　　→ ［○］ he will

(5) 短縮語は用いない。
[×] ad → [○] advertisement　[×] 'cause → [○] because
[×] flu → [○] influenza　　　[×] info → [○] information
[×] intro → [○] introduction　[×] lab → [○] laboratory
[×] math → [○] mathematics　[×] mike → [○] microphone
[×] photo → [○] photograph　[×] promo → [○] promotion
[×] stats → [○] statistics　　[×] Xmas → [○] Christmas

(6) 略式語，くだけた言い回し，日常的な会話表現，俗語は用いない。
[×] Most teachers pooh-poohed the suggestion that their lessons should be conducted in English. (教師たちの多くは，授業を英語で行うべきだという提案を鼻先であしらった。)
　→ pooh-pooh は略式語
[×] Thanks. (ありがとう。)
[×] Ditto! (全くそのとおり!)
[×] He hit the nail on the head. (彼の言ったことは図星だ。)
[×] It rained quite a lot. (雨がけっこう降った。)
　→ quite a lot はくだけた語句
[×] He has the juice in the party. (彼は党内に影響力がある。)
　→ juice は俗語＝power

☞　「第7章　書いてみよう」課題19
☞　「ライティングに使える英語表現集」16. ビジネスレターでよく使われる英語表現

2. インフォーマルな書き方

　インフォーマルな英文は，日常の書きもの全般で，正式な様式に従う必要のないものである。エッセイ，知人同士の手紙，日記などに見られる。解説文やビジネスレター（つまり業務用の通信文）でも気持ちのこもったややインフォーマルな文体を用いることがある。

(1) 様式にあまりこだわらない。
簡略な様式を用いる，あるいは様式についての取り決めがほとんどない。

(2) 主観性，人格性，親愛感を込めた書き方を特徴とする。
【曖昧な語句，強調表現，主観的な感情表現，誇張した言い回しを使うことがある】（厳密・正確な言い回しを用いると文体が固くなることを避ける意味合いもある。）
[○] The village is miles away from the nearest town.
（その村は最も近い町から何マイルも離れたところにある。）
→フォーマルな文体では，miles の部分は 8 miles のように正確に記す。
[○] He is very, very cool.（彼はとってもかっこいい。）
[○] How nice!（なんてすてきなんだ！）
[○] I need oceans of money.（とてつもないお金が必要だ。）

【書き手自身の存在（一人称）を表に出すことがある／読者に対して you で呼びかけることがある】
→フォーマルな書き方(2)の項を参照。

(3) センテンスの構成については一定の自由がある。（文体から醸し出される効果を重視する。）
[○] I expected him to be kind to me. But he turned out to be the opposite.（彼は私に親切にしてくれるだろうと期待した。しかし実はその反対だった。）
→等位接続詞（And や But）でセンテンスを始めることがある。
[○] Today's Sunday. Nothing special to do. A dull feeling.
（今日は日曜日だ。特に何もすることはない。けだるい。）
→日記などでは，主語＋動詞の組み立てを持たないセンテンスを用いることがある。

(4) 短縮形は用いてよい。
→フォーマルな書き方(4)の項を参照。

(5) 短縮語は用いてよい。

→フォーマルな書き方(5)の項を参照。

(6) 略式語，くだけた言い回し，日常的な会話表現は用いてよい。（俗語の使用は場合による。）

→フォーマルな書き方(6)の項を参照。

(7) インフォーマルな文体で用いてよい言葉（代表例）

> a couple of ...（＝a few）　anybody（＝anyone）　anyhow（＝anyway）　anyplace（＝anywhere）　bike（＝bicycle / motorcycle）　cop（＝police officer）　crazy（＝very strange）　dad（＝father）　dead（＝completely）＜I'm dead tired.＞　downright（＝thoroughly and completely）　exec（＝business executive）　fed up（＝bored）　gal（＝girl / woman）　kid（＝child）　mom / mama（＝mother）　okay / OK（＝agreed, fine）　pee（＝urinate）　pooh-pooh（＝make light of）　pretty（＝quite）　quote（＝quotation）　stuff（＝substance）　super（＝extremely good）

☞　「第7章　書いてみよう」課題21
☞　「ライティングに使える英語表現集」17. 親しい相手への手紙によく使われる英語表現

55　同じ内容を言い換えて表現する

　同じ内容でも，遠まわしな表現などを用いて言い換えるべきことがある。特に読み手にとって不利な内容や，言い方によっては不快感を与える内容については，読み手の心情を考慮し，他の言い方ができないかどうか検討しよう。たとえば，次のような内容はどうであろうか。

(1) I cannot meet you on the day you need me.
　　（お申し越しの日にお会いすることはできません。）
(2) Thank you for your e-mail telling me that you failed the exam.

(きみが試験に落ちたことを知らせるメールを送ってくれてありがとう。)
(3) There is nothing I can do to help you.
(お手伝いできることは何もありません。)

　いずれも，残念な内容が書かれている。残念な気持ちを表示する語句を用いたり，直接的な言い方を避けるための言い換え表現を用いることが，円滑な人間関係を保つためにも求められる。下記は書き替え例である。

(1) Unfortunately, I will be out of town on the day you need me.
(お申し越しの日にはあいにく留守にしております。)
(2) I am sorry to hear that you failed the exam.
(きみが試験に落ちたことを聞いて残念だ。)
(3) There may be someone else who could help you.
(力になってくれる人がほかにいるかもしれませんよ。)

■不利・不快な内容をやわらげる表現例：

> Unfortunately, ...（残念なことに…）
> I am sorry to hear ...（…を聞いて残念です。）
> I am sorry [I regret] to say [tell you / inform you] ...（残念ながら，…ということをお知らせいたします。）
> I am afraid that ...（残念ながら，…。）

第6章　文書を作成する

　一定の内容を英語で書き表したとしよう。実は，それでライティングはすべて終わったわけではない。まだ重要な仕上げの作業が残っている。そして，この作業のためにかなりの時間を費やすことがある。

56　校正——最後の重要な作業

　どんなによい内容の英文を書いても，それを表す英語のつづりが間違っていたのでは，文字通り画竜点睛を欠くことになる。校正はライティングの最後の段階の重要な，気を抜けない作業である。精密な校正作業を助けるのは次のような方策である。

- ワープロのスペルチェック機能を使う
  ワープロで書いている限りは，スペルチェック機能を使うことができる。電子メールを作成したときも，メールソフトのスペルチェック機能を使って送信直前にチェックしておこう。ただし，後述するような落とし穴もあるので注意しよう。

- 人に見てもらう
  書いた本人が念入りに校正すべきことはもちろんであるが，やはり思いこみや不注意もある。信頼できる第三者に見てもらうことが重要である。

＜スペルチェックの注意点＞

(1) つづりのミスにより別の語として表示され，意味の前後関係や文法的整合性がくずれてしまう事例
　　grass（草）←→ glass（ガラス）
　　bright（明るい）←→ blight（害虫）
　　read（読む）←→ reed（葦）

(2) つづりのミスにより別の語として表示され，意図しない意味で通ってしまう事例
　- I took the mud off [of] the rock.
　　（私はその岩から泥を落とした［その岩の泥を採取した］。）
　- The committee reported [retorted] that the case was not worth investigating.
　　（委員会はその事例について調査する価値は無いという報告をした［と言い

返した]。)
(3) アメリカ英語とイギリス英語が混在している事例
- It was in the 16th century that man began to <u>realise</u> that the earth <u>centered</u> <u>around</u> the sun, <u>traveling</u> <u>round</u> it in 365 days.
(地球は太陽の周りを365日かけて回っているということに，人が気づいたのは十六世紀のことである。)

★アメリカつづりとイギリスつづりの混在。realise―英(realize―米)，centered―米(centred―英)，around―米(round―英)，traveling―米(travelling―英)，round―英(around―米)

57　ページのレイアウト

　推敲や校正のすべての作業が終わっても，「書く」という作業とは直接かかわりのない形式的な作業が残っている。それは，一定の様式に従って清書することである。パソコンが一般的となった現代においては，清書とは，タイプ清書を意味することが多い。そのことをふまえて，次のような点を検討・確認しておこう。

- 用紙のサイズ
- 余白
- 文字の大きさ
- 行間
- 行の配列
- ページ番号

　学術論文（卒業論文，学位論文，学会誌への投稿論文など）の場合，分野はもちろん学校・学会などの教育機関や研究団体によって一定の書式が指定されている。これらは，組織内部で閉じた規定である場合と，一定の規準を示した指針書である場合がある。後者の場合，一般に共用されており，学術論文以外のライティングにおいても参考になる。

　重要なことは，以上のような書式の指定を受けているのであれば，用紙のサイズから行の配列の仕方まで，それに従うことである。以下の項目では，そのような指定がない場合の一般的指針を，MLAの書式規定に基づいて簡単に解説する。

《ページレイアウトの例*》（レポート・論文の提出原稿）

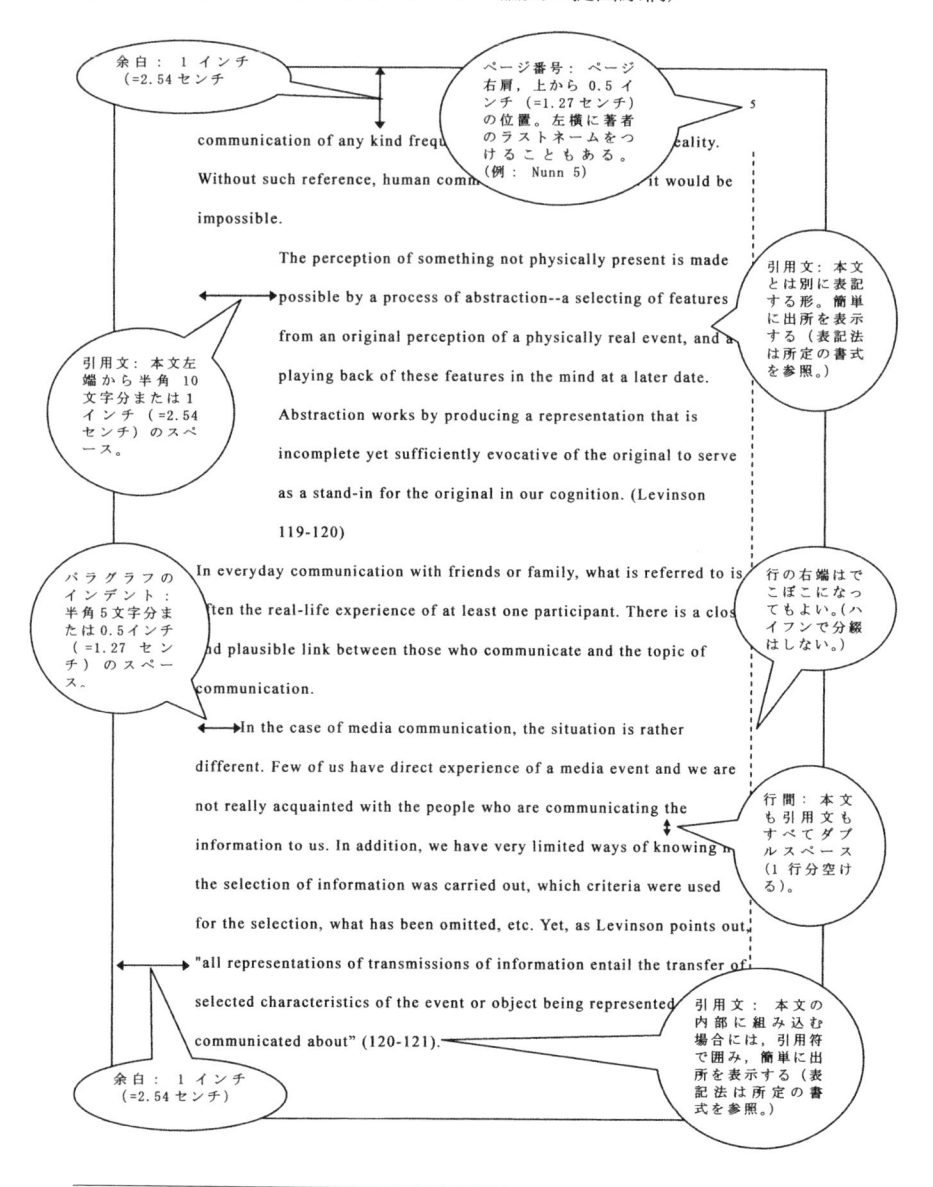

余白：1インチ（=2.54センチ）

ページ番号：ページ右肩，上から0.5インチ（=1.27センチ）の位置。左横に著者のラストネームをつけることもある。（例：Nunn 5）

communication of any kind frequently... reality. Without such reference, human communication... it would be impossible.

　　The perception of something not physically present is made possible by a process of abstraction--a selecting of features from an original perception of a physically real event, and a playing back of these features in the mind at a later date. Abstraction works by producing a representation that is incomplete yet sufficiently evocative of the original to serve as a stand-in for the original in our cognition. (Levinson 119-120)

引用文：本文左端から半角10文字分または1インチ（=2.54センチ）のスペース。

引用文：本文とは別に表記する形。簡単に出所を表示する（表記法は所定の書式を参照。）

　In everyday communication with friends or family, what is referred to is often the real-life experience of at least one participant. There is a close and plausible link between those who communicate and the topic of communication.

　In the case of media communication, the situation is rather different. Few of us have direct experience of a media event and we are not really acquainted with the people who are communicating the information to us. In addition, we have very limited ways of knowing how the selection of information was carried out, which criteria were used for the selection, what has been omitted, etc. Yet, as Levinson points out, "all representations of transmissions of information entail the transfer of selected characteristics of the event or object being represented communicated about" (120-121).

パラグラフのインデント：半角5文字分または0.5インチ（=1.27センチ）のスペース。

行の右端はでこぼこになってもよい。（ハイフンで分綴はしない。）

行間：本文も引用文もすべてダブルスペース（1行分空ける）。

引用文：本文の内部に組み込む場合には，引用符で囲み，簡単に出所を表示する（表記法は所定の書式を参照。）

余白：1インチ（=2.54センチ）

---

*Roger Charles Nunn, "Teaching a Critical Reading of International Media"（*JACET Bulletin. Vol. 30*）に基づく。

1. 用紙のサイズ

　日本では，学校の授業で課されるレポートや学術論文，また，公式の提出書類，ビジネス文書などにおいて，A4判の用紙（下記(1)参照）が基本的サイズとして一般的である。このサイズは，国際工業規格（ISO）による。ただし北米圏では，学術誌投稿原稿，ビジネス文書や法律文書の基本的サイズとして，いわゆるレターサイズやリーガルサイズが指定されている場合が多い。たとえばMLAの書式では，レターサイズ（下記(2)参照）が指定されている。B5判（レポート用紙など）やB4判は，特に指定がない限り，公式の文書，授業のレポートなどには使わないことに注意しよう。

(1) 日本では一般的にはA4サイズの用紙を用いる。
　　・A4サイズ（210mm×297mm）

(2) 特に用紙サイズが指定されている場合はそれを用いる。（所定の規定を参照のこと）
　　・レターサイズ（8.5インチ×11インチ＝215.9mm×279.4mm）
　　　（USレターとも呼ぶ）
　　・リーガルサイズ（8.5インチ×14インチ＝215.9mm×355.6mm）
　　　（米政府公文書）

(3) 授業のレポート，卒論，公式の文書などには，いわゆるレポート用紙（B5判）やB4判は用いない。

2. 文字のサイズ

　文字の大小は，フォントの種類が変われば微妙に異なって見える。同じサイズでも，フォントを変えると大きく見えたり小さく見えたりするのだ。学術誌の書式規程では，望ましいフォントやサイズを指定している。標準

的には次のようなサイズが用いられる。

> 10.5 ポイント
> The writer is in fact a strong supporter of the role of media in modern societies.
>
> 11 ポイント
> The writer is in fact a strong supporter of the role of media in modern societies.
>
> 12 ポイント（このサイズを指定している書式が多い。）
> The writer is in fact a strong supporter of the role of media in modern societies.

＜注意＞
英語の場合，文字はすべて半角でタイプする。学生のレポートなどで，すべて全角タイプしたものをたまに見かけるが，これはどんな書式でも認められていない。

　○半角　in modern societies

　×全角　ｉｎ　ｍｏｄｅｒｎ　ｓｏｃｉｅｔｉｅｓ

3. 行の配列と余白

(1) 行の配列（ビジネスレターなどの通信文の場合）
- 行間はシングルスペース（single-spaced）とする。つまり行と行の間に1行分の空白行を置かない。
- パラグラフの区分を示す字下げは行わず，1行分のスペースを取るこ

とが多い。
- ファックス，電子メールなどはこれに準ずる。

(2) **行の配列**（論文・レポートなどの提出原稿の場合）
- 行間はダブルスペースとする。
  ダブルスペース（double-spaced）とは，行と行の間に1行分の空白行を置くことである。（この方が，編集の際の書き入れがしやすいからである。）特に指定されていない限り，引用文，脚注，文献リストのすべてにわたってダブルスペースとする。
- 1ページの行数は26行前後でおさめる。
  A4サイズの用紙ならば，25, 26, 27行のいずれかで統一するとよい。（文字サイズと余白の取り方により異なる）。所定の書式で「すべて00行でタイプせよ」と指定している場合は，それに従う。
- 行の左端はそろえる。
  行の左端はそろえるが，右端はそろえない。
- パラグラフの頭は，半角で5文字分字下げ（インデント）する。または，0.5インチ（＝1.27センチ）スペースをとる。

(3) **余白の取り方**
- 標準で，1インチ（＝2.54センチ）の余白を取る。
- 上下と左側にこの余白を取る。
- 右側も，1インチの余白を取るが，ハイフンによる分綴や，ワープロの均等割付機能を使わない限り，見かけがデコボコになる。論文の提出用原稿では，通常，ハイフンによる分綴はしない。
- 引用文を本文から切り分けて表示する場合には，本文左端から一定のスペースを空ける。MLAの書式では，半角で10文字分（または1インチ＝2.54センチ）のスペースを空ける。

4. ページ番号

各ページにページ番号を入れる。

- タイトルページから始めて，通し番号にする。
- アラビア数字を用いる。
- 位置は，ページの右肩。用紙の上端から 0.5 インチ（＝1.27 センチ）。右端の 1 インチ（＝2.54 センチ）の余白にはみ出さないように。
- MLA 書式では，各ページ番号の左横に筆者の last name を入れよ，としている。

58　文献の引用と典拠の明示

1. 引用文を表示するには

　引用文ははっきりそれとわかるように表示する。引用の形には二種類あって，一つは，本文の中に組み入れる形，もう一つは，本文とは分けて表示する形である。《見本（p. 196）を参照》

本文の中に組み入れる場合
→引用符をつける。

本文から切り分ける場合
→引用符は付けない。
→左側に 1 インチ（＝2.54 センチ）のインデントをほどこす。

2. 出典を表示する

→原典の表題と原著者の姓名は最低限わかるようにする。
→詳しくは所定の書式を参照して出典の表示法に従う。

　レポートや論文においては，すでに出版・発表されている他者の文献の一部を，自分が書いた本文の中に引用することがよく行われる。この場合

に注意しなければならないことは，引用文がはっきりそれとわかるように，本文と引用箇所の区別をつけることである。これをしっかり行っておかなければ不正な行為とみなされる。また同時に，文献の典拠も示さなければならない。これには，最低限，原典の表題と原著者の姓名の表示が必要である。学術論文では，出版年・掲載誌名・出版社名などの詳細を示すことが求められ，しかも，その表示方法も所定の書式ごとに取り決められているので，それを参照する必要がある。

☞　巻末「参考文献」1. 書籍（英文書式の手引き）

3. 引用文の表示と典拠の明示の例

(1) 一般的な書き物（エッセイなど）で用いられる（厳格ではないが，著作権に配慮した基本的かつ最低限の様式）

- In *Mind at Large*, Paul Levinson points out that "all representations of transmissions of information entail the transfer of selected characteristics of the event or object being represented or communicated about."
　→出典名と著作者名を本文中に表記する。

(2) 学術的な書式に従った表示法（MLA の例）

- Yet, as Levinson points out, "all representations of transmissions of information entail the transfer of selected characteristics of the event or object being represented or communicated about"(120-121).
　→著作者名はラストネームを示し，論文末尾の Works Cited（引用文献リスト）で詳細を示す（p. 203「引用文献リストの例」を参照）。ただしページ番号は，引用文の末尾に示す。

4．引用文献リストの作成

　論文では学術的な傍証が不可欠である。そのために本文で引用または言及した文献のリストを末尾にまとめて記載する。作成方法は，所定の書式で指定されているが，基本的には，次のようなことを心掛けておこう。

【文献の詳細】かならず参照・引用した原典にあたって文献の詳細（下記【表記する項目】を参照）を確認する。英語の書籍であれば，通常，表紙をめくったあとに続くタイトルページの裏側に小さな字で表記されている（巻末の奥付に記載される日本語の書籍とは逆に，本文の前に表記される）。

【表記する項目】著作者名，著作物の表題（書名，論文名，定期刊行物の誌名など），出版地，出版社名，出版年などの詳細を示す。

【引用文献リストの構成】
　《見出し》Works Cited や References という見出しを付ける。Bibliography という見出しは，特定の主題に関する網羅的な目録の場合にのみ使用する。
　《著作者名》文献の表記順序は，著作者名により配列する。各文献の著作者名を頭に置き，ラストネームをアルファベット順に並べる。ファーストネーム以下は，コンマを打った後に続ける。（共著については次頁の例を参照。）
　《著作物の表題》書名，論文名，定期刊行物の誌名などを著作者名の次に表示する。
　《出版物の詳細》出版地，出版社名，出版年などを示す。

以上，次頁の「引用文献リストの例」を参照。

《引用文献リストの例》（MLAの場合）

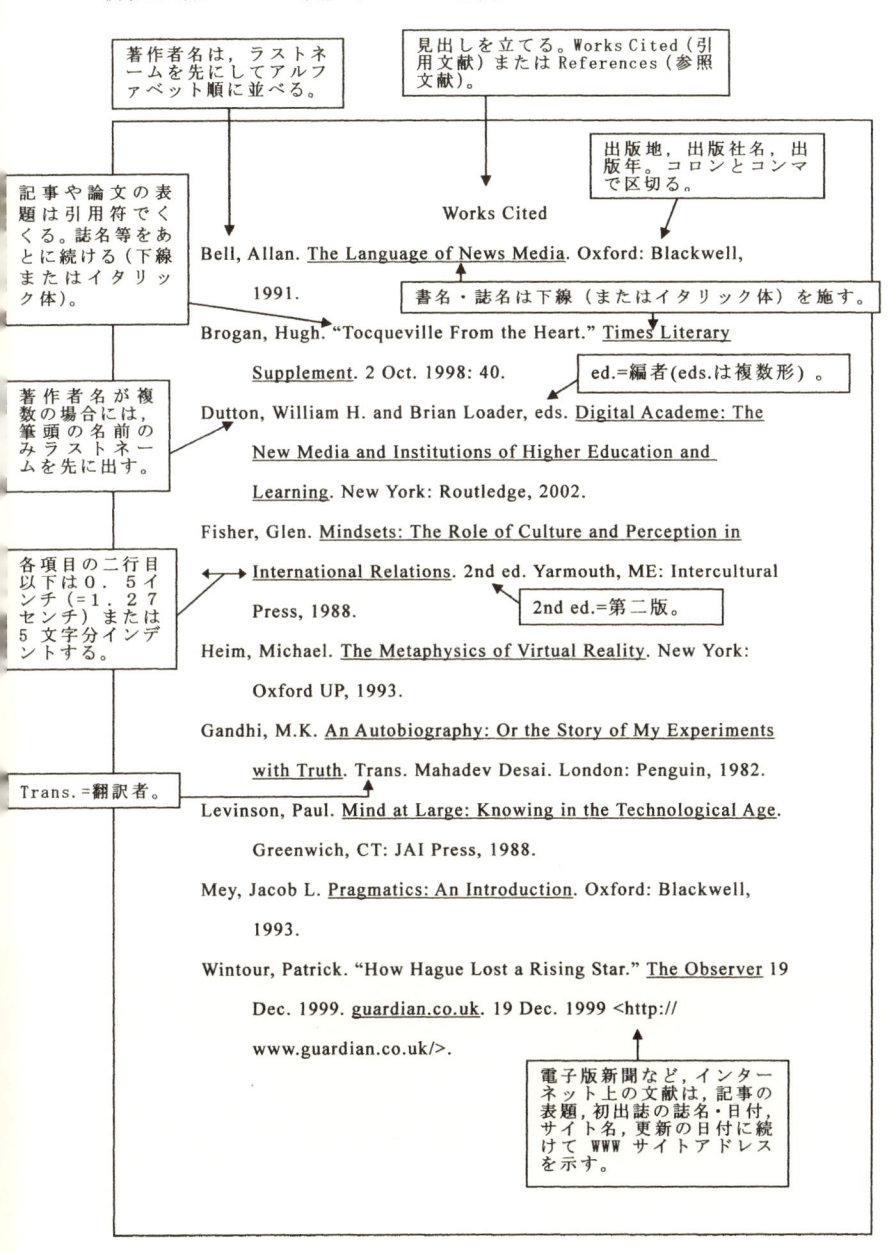

> 著作者名は，ラストネームを先にしてアルファベット順に並べる。

> 見出しを立てる。Works Cited（引用文献）または References（参照文献）。

> 出版地，出版社名，出版年。コロンとコンマで区切る。

> 記事や論文の表題は引用符でくくる。誌名等をあとに続ける（下線またはイタリック体）。

Works Cited

Bell, Allan. <u>The Language of News Media</u>. Oxford: Blackwell, 1991.

> 書名・誌名は下線（またはイタリック体）を施す。

Brogan, Hugh. "Tocqueville From the Heart." <u>Times Literary Supplement</u>. 2 Oct. 1998: 40.

> ed.=編者(eds.は複数形)。

> 著作者名が複数の場合には，筆頭の名前のみラストネームを先に出す。

Dutton, William H. and Brian Loader, eds. <u>Digital Academe: The New Media and Institutions of Higher Education and Learning</u>. New York: Routledge, 2002.

Fisher, Glen. <u>Mindsets: The Role of Culture and Perception in International Relations</u>. 2nd ed. Yarmouth, ME: Intercultural Press, 1988.

> 各項目の二行目以下は０．５インチ（＝１．２７センチ）または５文字分インデントする。

> 2nd ed.=第二版。

Heim, Michael. <u>The Metaphysics of Virtual Reality</u>. New York: Oxford UP, 1993.

Gandhi, M.K. <u>An Autobiography: Or the Story of My Experiments with Truth</u>. Trans. Mahadev Desai. London: Penguin, 1982.

> Trans.=翻訳者。

Levinson, Paul. <u>Mind at Large: Knowing in the Technological Age</u>. Greenwich, CT: JAI Press, 1988.

Mey, Jacob L. <u>Pragmatics: An Introduction</u>. Oxford: Blackwell, 1993.

Wintour, Patrick. "How Hague Lost a Rising Star." <u>The Observer</u> 19 Dec. 1999. guardian.co.uk. 19 Dec. 1999 <http://www.guardian.co.uk/>.

> 電子版新聞など，インターネット上の文献は，記事の表題，初出誌の誌名・日付，サイト名，更新の日付に続けて WWW サイトアドレスを示す。

59 フォーマル・レターを書く

　フォーマル・レターとは，業務上の取引相手と業務内容に関する通信を行ったり，公的な意味を持つ文書を作成する場合に，一定の様式に従って書かれた手紙である。その典型的なものはビジネスレターであり，様式や表現語句に一定の習慣がある。もちろん英語で書く場合には，英語圏の習慣に従うことになる。しかし一定の形式に慣れてしまえば，特に難しいことはない。また，決まり文句をそのまま利用し，使い慣れることが大切である。英語でどう書けばよいかに頭を悩ませるよりも，型通りの表現を用いる方が，適切で乱れのない英文が書けるだろう。

　なお，全般的な心がけとしては，次のような助言に言い尽くされているので参考にするとよいだろう——"The style of a business letter should be objective, direct, courteous, and relatively impersonal."（ビジネスレターの文体は，客観性を持ち，直接的で，礼儀正しく，あまり個人的感情をまじえないものであるべきだ。）(Celia Millward, *Handbook for Writers*.)

1. フォーマル・レター（ビジネスレター）の様式

　英語の標準的ビジネスレターは次の部分で成り立っている。様式については本項末の作成例を参照のこと。

【ヘッディング heading（差出人住所 return address）】
　専用紙にレターヘッド（letterhead）として印刷されているものを使用する場合が多い。レターヘッド付き専用紙を用いない場合はタイプする。位置は，上部左と上部右がある。ここには氏名を表記しない。（自分の氏名は，本文下の結語の下に表記する。）

【日付 date】
　日付の表記法は，2種類ある。＜月日，年＞の形は主にアメリカ合衆国で用いられ September 15, 2009 のように表記する。＜日月年＞は主

にヨーロッパで用いられ，15 September 2009 のように表記する。差出人住所の下に表示する。レターヘッド付き専用紙ではレターヘッドの下に表示する。

【書中宛名 inside address】
氏名を第1行にフルネームで表記する。宛先の住所が会社などの組織である場合は，名宛人の役職と部署名を表記する。

【敬辞（挨拶）salutation】
(1) Dear で始める。
(2) Dear の後は，「Mr.」「Ms.」「Dr.」「Professor」などに続けてラストネームを表記する。
(3) 名前が不明の場合には役職名などを入れてもよい（例：「Dear Personnel Manager」）。
(4) 女性の場合，ビジネスレターでは「Ms.」が一般的。相手の名前が不明でしかも性別も不明の場合には，「Dear Sir or Madam」という表記もある。個人ではなく組織全体に呼びかける場合には「Dear Ladies and Gentlemen」という表記もある。
(5) フォーマルな手紙では，最後はコロン(:)を打つ。(コンマ [,] を打つのはファースト・ネームで呼びかけるようなインフォーマルな手紙の場合。)

【本文 body】
本文の段落分けにあたっては，通常，字下げをしない（ブロックフォーマット）。段落間は1行分空白行を取る。

【結語 complimentary close】
結語にはさまざまなものがある。代表的なものは「Yours sincerely」「Sincerely」，アメリカでは「Sincerely yours」も用いられる。
☞ 「ライティングに使える英語表現集」16. ビジネスレターでよく使われる英語表現

【署名と氏名の印字 signature & typed name】
結語の下に，手書きの署名を表記する。手紙を印字したあとに，記入できるように，たっぷりとスペースをとっておく。その下にフルネームで氏名をタイプする。組織内の肩書などがあれば，氏名のすぐ下に

表記する。

☞ 「第7章　書いてみよう」課題19

2. フォーマル・レター（ビジネスレター）の書き方

(1) 時候の挨拶などは必要ない

　日本語の手紙は，ビジネスレターであっても儀礼的な挨拶の言葉で始まるのが定番である。例えば，「毎度，格別のご愛顧にあずかり，厚く御礼申し上げます」のような言い回しを使った上で，「さて，」という言葉とともに本文が始まる。しかし，英文ビジネスレターには，そのような言い回しに相当するものはない。日本語の決まり文句を無理に英語に移し替えて書くと，奇異な印象を与えるので注意が必要である。

(2) 本文の初めに用件を端的に述べる

　それでは何から始めたらよいのか？　いきなり手紙の目的や用件を簡潔に述べればよいのである。次のような決まり文句を利用しよう。

　　　I am writing to you to ... （…するためにお手紙を差し上げます。）
　　　I would like to ... （…いたしたく存じます。）

　一番気をつけるべき事は，初めて手紙を書く場合，相手に対して失礼にならないようにという配慮からか，用件を後回しにして，前置きの言葉を多く費やしてしまうことである。これは英文レターでは避けるべきである。何よりもこちらの目的や用件を最初に相手に伝えることを心がけよう。

(3) 詳細は，後まわしにする

　詳細を述べる必要があるのならば，後の方で述べればよい。たとえば，先方への問い合わせの手紙では，当の用件である問い合わせをはじめに簡潔に示すべきであり，その他の二次的な情報を示す必要があれば，後まわしでよいのである。多くの場合，二次的な情報の提供さえも不必要かもしれない。

(4) しめくくりの言葉は，本文の目的に応じた文句を用いる

　英文ビジネスレターの場合，しめくくりの文句は，手紙の趣旨に応じた言い回しがあるので，それを元に書くとよい。日本流の儀礼的な言い回し，たとえば「今後ともなにとぞよろしくご高配賜りますようお願い申し上げます」といった言い回しは英文レターには存在しないし，そのような意味のことを無理に英語で伝えようとしても，先方は何をいっているかわからないだろう。

　手紙の趣旨に照らして，先方からの返事を期待しているのであれば，「I look forward to your reply.（ご返事をお待ちしております。）」のような合理的なしめくくりをするのがビジネスレターにふさわしい。

☞　「ライティングに使える英語表現集」16. ビジネスレターでよく使われる英語表現

(5) 宛名（住所・氏名）の書き方には一定の慣習があるので，それに従う
　本項末の作成例を参照。

(6) 日付と署名を入れる

　忘れてはいけないのは，日付と署名を入れることである。日付の位置は1ページ目の右肩がよい。レターを受け取った人が手紙を文書ファイルとして保存した後，後日，日付順に整理したり参照したりする場合にこの位置が見やすく便利である。

　フォーマル・レターは通常タイプ打ちにするので，もちろん自分（差出人）の名前もアルファベットでタイプ打ちにする。その位置は，本文末尾の結語（Sincerely yours など）の真下であるが，この際，4行分ほどたっぷり余白をとる。この余白の部分（つまりタイプ打ちした名前の上方）に，かならず手書きの署名を入れる。

　《注意1》　日付と署名のないビジネスレターは，公的な有効性が無いことを認識しよう。

　《注意2》　フォーマル・レターでは，罫線入りの便箋は使わない。

☞　「第7章　書いてみよう」課題19

☞　「ライティングに使える英語表現集」16. ビジネスレターでよく使われる英語表現

《レターの様式1》
　住所，日付，結語などすべての部分を左端から始める。本文パラグラフの間は1行分の空白を空ける。パラグラフの頭はインデントしない*。

```
┌─────────────────────────────────────────┐
│  ┌─────────────────────┐                │
│  │ 差出人住所           │                │
│  │ heading / return address │            │
│  └─────────────────────┘                │
│                                          │
│   日付  date                             │
│                                          │
│  ┌─────────────────────┐                │
│  │ 宛名（氏名と住所）    │               │
│  │ inside address       │               │
│  └─────────────────────┘                │
│                                          │
│   挨拶  salutation（Dear ―:）            │
│                                          │
│  ┌──────────────────────────────────┐   │
│  │                                   │   │
│  │              本文  body           │   │
│  │                                   │   │
│  └──────────────────────────────────┘   │
│                                          │
│   結語  complimentary close,             │
│                                          │
│   署名  signature                        │
│                                          │
│   差出人氏名  typed name                 │
│                                          │
└─────────────────────────────────────────┘
```

---

*この様式はブロック・フォーマットと呼ばれる。

59. フォーマル・レターを書く

《レターの様式2》
　差出人住所，日付，結語，署名，差出人氏名を中央より右に寄せる。後は，様式1と同様*。

```
┌─────────────────────────────────────────────┐
│                                             │
│                    ┌──────────────────────┐ │
│                    │ 差出人住所            │ │
│                    │ heading / return address │
│                    └──────────────────────┘ │
│                                             │
│                    日付  date               │
│                                             │
│  ┌──────────────────┐                       │
│  │ 宛名（氏名と住所）│                       │
│  │ inside address    │                       │
│  └──────────────────┘                       │
│                                             │
│  挨拶  salutation（Dear ―:）                │
│                                             │
│  ┌────────────────────────────────────────┐ │
│  │                                        │ │
│  │                                        │ │
│  │              本文  body                │ │
│  │                                        │ │
│  │                                        │ │
│  └────────────────────────────────────────┘ │
│                                             │
│                    結語 complimentary close, │
│                                             │
│                    署名  signature          │
│                                             │
│                    差出人氏名 typed name    │
│                                             │
│                                             │
└─────────────────────────────────────────────┘
```

　*この様式は，モディファイド・ブロック・フォーマットと呼ばれる。本文パラグラフの頭を5字分インデントする場合があり，これはモディファイド・セミブロック・フォーマットと呼ばれる。

第6章　文書を作成する

《フォーマル・レターの作成例（ブロック・フォーマットに基づく）》

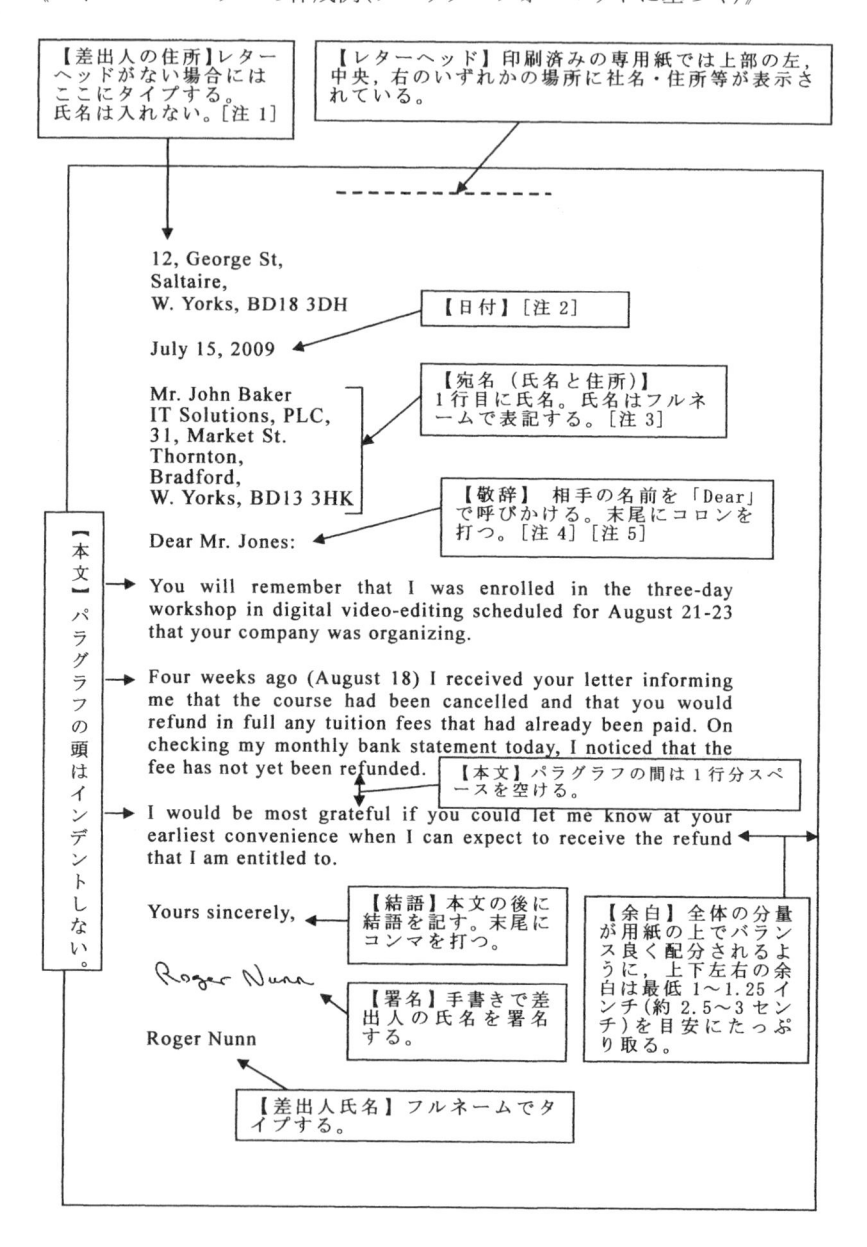

【差出人の住所】レターヘッドがない場合にはここにタイプする。氏名は入れない。［注1］

【レターヘッド】印刷済みの専用紙では上部の左，中央，右のいずれかの場所に社名・住所等が表示されている。

12, George St,
Saltaire,
W. Yorks, BD18 3DH

July 15, 2009

【日付】［注2］

Mr. John Baker
IT Solutions, PLC,
31, Market St.
Thornton,
Bradford,
W. Yorks, BD13 3HK

【宛名（氏名と住所）】
1行目に氏名。氏名はフルネームで表記する。［注3］

Dear Mr. Jones:

【敬辞】相手の名前を「Dear」で呼びかける。末尾にコロンを打つ。［注4］［注5］

【本文】パラグラフの頭はインデントしない。

You will remember that I was enrolled in the three-day workshop in digital video-editing scheduled for August 21-23 that your company was organizing.

Four weeks ago (August 18) I received your letter informing me that the course had been cancelled and that you would refund in full any tuition fees that had already been paid. On checking my monthly bank statement today, I noticed that the fee has not yet been refunded.

【本文】パラグラフの間は1行分スペースを空ける。

I would be most grateful if you could let me know at your earliest convenience when I can expect to receive the refund that I am entitled to.

Yours sincerely,

【結語】本文の後に結語を記す。末尾にコンマを打つ。

Roger Nunn (signature)

Roger Nunn

【署名】手書きで差出人の氏名を署名する。

【余白】全体の分量が用紙の上でバランス良く配分されるように，上下左右の余白は最低1〜1.25インチ（約2.5〜3センチ）を目安にたっぷり取る。

【差出人氏名】フルネームでタイプする。

210

［注1］レターヘッド付き専用紙を用いない場合はタイプする。位置は，上部左と上部右がある。（住所の表記法については本項の説明を参照。）
［注2］日付の表記法は，＜月日，年＞の形と＜日月年＞の形の2種類ある。詳しくは，本項の説明を参照。
［注3］宛先の住所が会社などの組織である場合は，名宛人の役職と部署名を表記する。
［注4］Dearの後の表記については，本項の説明を参照。
［注5］フォーマルな手紙では，コロン（ : ）を打つ。ファースト・ネームで呼びかけるようなインフォーマルな手紙では，コンマ（ , ）を使う。

《住所表記の例》

Mr. John Baker	［氏名］
Head of Asset Management	［部署における肩書き］
Development Office	［部署名］
Blizzard System	［会社名］
253 Front Street	［住所1　番地　町名・街路名］
San Francisco, CA 0000	［住所2　都市名，州名（略号）　郵便番号］
USA	［国名］

《日本の住所の表記例》

〒101-8466　東京都千代田区神田錦町3－24
株式会社　大修館書店

Taishukan Publishing Co., Ltd.
3-24 Kanda Nishiki-cho
Chiyoda-ku, Tokyo 101-8466

【書き方のポイント】

(1) 英語の宛名の書き方は，日本語の手紙とは趣が異なる。簡単に言えば，住所・氏名の表記の順序が，日本語とは逆なのである。

(2) 最初に氏名を書く。相手の名前に Mr. や Ms.(Mrs.) や，肩書（Professor や Dr. など）があれば，氏名に添える。役職や部署の名称は行を改めて下に記す。

(3) 住所は，氏名の下に表記する。日本語の書き方とは逆で，小さい領域から大きい領域の順番に配置する。コンマで適当に区切る。

```
［番地］［町名］,［区名など］,
［市・郡など］,［都道府県名*］［郵便番号］
［国名］
```

*海外の国によっては州など

(4) 上記(3)の項目を，適当に行分けしながら配置する。郵便番号は住所の末尾に記し，国際便であれば国名を最後に表記する。

　大都市であれば都道府県名などは省略してもかまわない（ただしその場合郵便番号は必ず表記する）。アメリカ合衆国の場合，通常，州名を略号で表記する。
　国名は国際郵便で用いられている「地帯別国名一覧表（英語版）」の英語表記（または簡略表記）を用いる。正式には外務省の国名表を参考にする。

　　The United States of America (USA) アメリカ合衆国
　　United Kingdom (UK) イギリス
　　Republic of South Africa 南アフリカ共和国

第7章　書いてみよう

　本書で学んだことをふまえ，特定の課題のもとに英文を書いてみよう。この章では，課題ごとに，書き方のポイントやステップなどを解説しながらライティングのプロセスを提示した。最後に解答例や作文例を示しているが，これはあくまで試案である。練習問題を付けている課題もあるが，これは，さらに多くの課題に取り組むためのヒントとなるだろう。

課題 1	適切な言葉を選ぶ（日本語の発想に引きずられないように）
	次に示された語句を，英語特有の語の組み合わせを考えながら英語に移し替えてみよう。（かっこ内に指定された品詞を入れる。）

関連項目→第5章40〜42

1. その事故で25名の死者が出た。
   → Twenty-five (　　) were lost in the accident. ［名詞］
2. 雨が激しく降っていた。→ It was raining (　　). ［副詞］
3. 彼は深い傷を被った。→ He was (　　) injured. ［副詞］
4. その家は炎上中であった。The building was (　　)(　　). ［副詞句］
5. 彼らは直前の予告を出した。→ They gave a (　　) notice. ［形容詞］
6. 今日はフランス語の授業をサボった。
   → I (　　) my French class today. ［動詞］
7. 私はバーテンダーにウィスキーを水で割るように言った。
   → He asked the bartender to (　　) whiskey with water. ［動詞］
8. 飛行機は海中に墜落した。
   → The jet plane (　　) into the sea. ［動詞］
9. 彼は商売から手を引いた。 → He (　　) from business. ［動詞］
10. 彼女は締め切りに間に合った。
    → She (　　) the deadline. ［動詞］

＜解答例＞

```
1. lives  2. heavily  3. severely [seriously]  4. on fire
5. short  6. skipped  7. cut  8. crashed  9. withdrew  10. met
```

課題 2	主語をはっきり示す
	日本語では主語を省略する場合でも，英語の文の中では明示しなければならない。主語を何にするか，そして文をどのように組み立てるかを考えながら次の文を英訳してみよう。

関連項目→第1章2

1. 注文を取りに来たので，コーヒーをお願いします，と言った。

2. 剃刀でひげをそっている時，手元が狂って，切り傷ができた。
3. その花の匂いを嗅いでみたら，よい香りがした。
4. 指を切らないように気をつけなければならない。

＜作文例＞

1. A waiter came up to take the order, so I said I'd like a cup of coffee.
   【考え方】ウェイターが注文を取りに来たので，私はコーヒーが欲しい，と私は言った。
2. While I was shaving, the razor slipped, and I cut myself.
   【考え方】私が剃刀でひげをそっている時，剃刀がすべって（＝手元が狂って），私は傷ついた。
3. I smelled the flower. It smelled sweet.
   【考え方】行為として「嗅ぐ」ことに対しては「私」を主語にとり，「香り」を放つものは別に主語をあてる（この場合は it＝花。）
4. You must be careful not to cut your fingers.
   【考え方】二人称を主語にする（または命令形にする）。

課題 3 英語らしい主語を選ぶ

同じ内容を述べるのに主語が英語と日本語で異なる場合がある。日本語の発想からは思いもかけないような主語をとることが英語にはある。「…されるもの」（被作用者）の代わりに「…するもの」（作用者）を主語にとったり，主体の代わりに客体を主語にしたり，否定語を主語にとるなどである。頭を柔軟にして次の文の英訳に取り組んでみよう。

関連項目→第1章2

1. 私がそこに着いた時，夜が明けようとしていた。[night 以外の語を主語に]
2. 彼には忍耐が欠けている。[he を主語に]
3. 彼は東京に行って都会人になった。[they を主語に]
4. 私は大臣に直接会うことを思いついた。[it を主語に]
5. 法律では未成年に酒類を販売することは禁じられている。
   [the law を主語に]
6. どんなことがあっても私は決心を変えない。[nothing を主語に]

7. 燃費が良いからといって排出ガスの量が低い車だとは言えない。
   ［you を主節の主語に］
8. 私が乗ったのは間違った列車だった。［I を主語に］
9. 靴下に穴が開いた。［I を主語に］
10. 公認会計士である私は，この時期，最も忙しいのです。
    ［I 以外の語を主語に］
11. 私は公衆衛生の維持が専門である。［I 以外の語を主語に］
12. 私はきみに約束する。［you を主語に］

＜作文例＞

1. The day was breaking when I arrived there.
   【考え方】英語では，夜ではなく，日を主語にとる。
2. He lacks patience.
   【考え方】「忍耐」を主語にするのではなく，人を主語にする。
3. They made a city boy of him in Tokyo.
   【考え方】一般的な人々を表す they を主語にして，「they make ... of 人」の構文をとる。
4. It occurred to me that I should talk direct to the minister.
   【考え方】occur はこのように it を主語にとり，that 節以下で「思いつく」内容を述べることがある。
5. The law forbids selling alcohol to anyone under the age of twenty.
   【考え方】法律が禁じるという形で文を組み立てる。
6. Nothing will make me change my mind.
   【考え方】否定語を主語にとる。
7. Just because the car is fuel-efficient, you cannot say it is low emitting.
   【考え方】文の内容を主節と副詞節（Just because ...）に切り分けたうえで，全体を you を主語にした文「you cannot say ...」でまとめる。話題になっている主体は「車」なので，主語を「燃費」や「排出ガスの量」にせず，「車が…である」の形で文を構成する。
8. I took the wrong train. (I found that I was on the wrong train.)
9. I got a hole in my sock.
10. This is the busiest season of the year for a chartered accountant like me.
    【考え方】「この季節は，（私にとって）…」と考える。
11. My specialty is in the preservation of public health.
    【考え方】I specialize in ...と相互に書き換えが可能。

12. You have my word.
　【考え方】I と you が相互に作用する行為についてはしばしば一人称と二人称を入れ替えて表現することができる。I promise you.（私はきみに約束する）に書き換え可能。

課題 4　無生物主語を用いて文を書く

次の文の主語を無生物にして書きなおしてみよう。

関連項目→第 1 章 2，第 5 章 42

1. I immediately thought of my uncle's name as someone who might be consulted.（相談相手として，伯父の名前を私はすぐに思い浮かべた。）
2. Owing to severe thunderstorms, the connecting flight to Narita was delayed.（激しい雷のために成田への接続便が遅れた。）
3. In this book, we learn how to write business letters.（本書では，ビジネスレターの書き方を学ぶ。）
4. When I saw her smile, I remembered her mother.（彼女の微笑みを見て私は彼女の母親のことを思い出した。）
5. They got angry at his statement.（彼の発言に彼らは怒った。）

＜作文例＞

1. <u>My uncle's name</u> sprang to me as someone who might be consulted.
　【考え方】「伯父の名前」が私の心に浮かんだ，とする。
2. <u>Severe thunderstorms</u> delayed the connecting flight to Narita.
　【考え方】「雷」が接続便を遅らせた，とする。
3. <u>This book</u> guides you through various steps for writing business letters.
　【考え方】「本書」が読者を指導する，とする。
4. <u>Her smile</u> reminded me of her mother.
　【考え方】「～は…に…を思い出させる」の意味の「～ remind ... of ...」を用い，「彼女の微笑みは，母親のことを私に思い出させた。」とする。
5. <u>His statement</u> drove them mad.
　【考え方】「～は…を…の状態に追いやる」の意味の「～ drive ... ...」を用いて，「彼の発言は彼らを怒らせた。」とする。

課題 5	内容をセンテンスにまとめる
	複数のセンテンスを一つのセンテンスにまとめる練習をしよう(1, 2)。また, 逆に, 一つのセンテンスを複数のセンテンスに分ける練習をしよう(3, 4)。

関連項目→第1章5

1. I have three brothers. They are doctors, and they are rich.
   (私には三人の兄弟がいます。彼らは医者であり, 金持ちです。)
2. The policemen searched inside the garden for the child. They also searched outside.
   (警察は子どもを求めて公園の中を捜索した。彼らは外も捜索した。)
3. To apply, please fill up the form and send it to the following address.
   (応募するには, 用紙に記入のうえ下記の住所にお送りください。)
4. You can pay every time you take the bus, or you might like to buy a one-day travel ticket which is valid for 24 hours.
   (バスに乗る度にお金を払うこともできますが, 24時間有効な一日乗車券を購入することも可能です。)

＜作文例＞

1. I have three brothers, who are doctors and rich.
   (私には, 医者で金持ちの三人の兄弟がいます。)
2. The policemen searched inside and outside the garden for the child.
   (警察は子どもを求めて公園の中と外を捜索した。)
3. Do you want to apply? Then, all you have to do is to fill up the form and send it to the following address.
   (応募をご希望ですか。それなら, 用紙に記入のうえ下記の住所にお送りくださるだけでよいのです。)
4. You can pay every time you take the bus. Alternatively, you might like to buy a one-day travel ticket which is valid for 24 hours.
   (バスに乗る度にお金を払うこともできます。または, 24時間有効な一日乗車券を購入することも可能です。)

課題 6	トピック文を書く
	キーワードからトピック文を組み立てていく練習をしよう。ここでは，次の二つの目的のもとにパラグラフを書くとする。配置すべきトピック文をどのように書いたらよいだろうか。

関連項目→第2章 9, 11

1. 日本人留学生がアメリカ合衆国で大学生活を楽しむためのヒントを示す。
2. 「子どもたちはテレビを観過ぎないようにすべきである」という主張を行う。

【書き方のポイント】
　「第2章　パラグラフを書く」で解説したトピック文を書く。「一つのパラグラフでは，一つの目的のもとに一つのトピックを取り扱う」という原則にしたがって，トピック文の内容を一定程度にしぼり込み，一つの明快な文にまとめあげよう。そのためには，キーワードを基礎に据えて，だんだんに目鼻を付けていくという手順をふむことが確実なステップである。

＜作文例1＞

college
大学
↓
college life
大学生活
↓
college life in the United States
アメリカ合衆国における大学生活
↓
how to enjoy college life in the United States
アメリカ合衆国における大学生活をいかに楽しむか
↓
how to enjoy college life in the United States for students from Japan
日本人留学生はアメリカ合衆国における大学生活をいかに楽しむか
↓
Here are some tips for students from Japan to enjoy college life in the United States.
日本人留学生がアメリカ合衆国における大学生活を楽しむためのいくつかのヒントがあるので紹介しよう。

<作文例2>

```
children
子どもたち
↓
children and TV
子どもたちとテレビ
↓
the effect of TV on children
子どもたちに対するテレビの影響
↓
children's indulgence in watching TV
子どもたちがテレビを観過ぎること
↓
Children should not spend too much time watching TV.
子どもたちは，テレビを観過ぎないようにすべきである。
```

課題 7 トピック文を書き分ける

一つのトピックを取り上げ，「事実を述べる」「見解を述べる」「主張を述べる」の3つの目的に応じたトピック文を書き分ける。ここでは，受動喫煙の害を述べるトピック文を3つ書いてみよう。

関連項目→第2章11

【書き方のポイント】
　第1に，事実を述べるトピック文，第2に，見解を述べるトピック文，第3は，主張を述べるトピック文とする。なお，見解・主張を示す文は，「it is ... to ...」や「... should ...」のように判断や評価を示す表現を用いる。

1．受動喫煙の害を事実として述べる。
2．受動喫煙の害に対する意識の低さを憂える筆者の見解を述べる。
3．喫煙者が受動喫煙の害について認識すべきだとの主張を述べる。

課題8　トピック文とそれを支える内容を書く

<作文例>

1. Many studies have pointed out the harm of passive smoking to children and babies.（多くの研究により，受動喫煙が子どもや幼児にあたえる害が指摘されてきた。）《事実を述べるトピック文》
2. Sadly, not many smokers seem to be aware that smoking is not only bad for their own health but also is a risk to other people.（悲しいことに，喫煙は自分たちの健康のために悪いだけでなく他の人たちにとっても危険なことである，ということを認識している喫煙者は，多くないように思われる。）《見解を述べるトピック文》
3. Smokers should be aware that smoking is not only bad to their own health but also is a risk to other people.（煙草を吸う人たちは，喫煙は自分たちの健康のために悪いだけでなく，他の人たちにとっても危険なことである，ということを認識すべきだ。）《主張を述べるトピック文》

課題 8	トピック文とそれを支える内容を書く
	トピック文を書き，さらに，その要点を論拠づけたり内容を詳しくするための文を書いてみよう。

関連項目→第2章12

●「大学を選ぶ理由にはさまざまなものがある」というトピック文に肉付けをする内容を書いてみよう。

<作文例>

　　Different students apply for universities for different reasons. Some students consider the location; some students are interested in the atmosphere and facilities; others are concerned with the teaching staff. In general, students tend to choose a university after considering their own ability and the academic standard of the university.
　（学生が大学を選ぶ理由にはさまざまなものがある。地理的条件を検討する学生もいれば，雰囲気や設備に興味を持つ学生もいる。また，教授陣に関心を持つ学生もいる。一般的には，自分の能力と大学の学術的水準を秤にかけた後に大学を選ぶ。）

●作曲家シューベルトについて書いてみよう。シューベルトはモーツァルトと似ている，というトピック文の主旨を支える具体的な事実を積み重ねてパラグラフを組み立てよう。

<作文例>

> When we consider the life of Schubert, we cannot help thinking about the similarities between him and Mozart. Schubert was born in 1797 in Austria, where Mozart was born forty-one years before. His father gave him music lessons in early childhood. We know that Mozart, likewise, was educated by his father in his very early childhood. Throughout his active life, Schubert was engaged in composing many different genres of music, ranging from lied, piano sonata, chamber music, to operas and symphonies. In that respect too, he was very much like Mozart. Schubert, a prolific composer, died young. Mozart died at the age of thirty-five and is known as a short-lived genius.
>
> (シューベルトの人生を見てみると彼とモーツァルトとの類似点を思わざるを得ない。シューベルトは1797年にオーストリアで生まれたのだが，そこは41年前にモーツァルトが生まれた土地である。シューベルトの父親は幼少期に彼に音楽教育を授けた。モーツァルトも同様に，幼児期に父親から教育を受けたことをわれわれは知っている。シューベルトは現役で活躍している間，さまざまな種類の楽曲を作曲したが，その範囲は歌曲，ピアノソナタ，室内楽からオペラ，交響曲にまでおよぶ。その点でもモーツァルトにとてもよく似ている。シューベルトは，多作であったが，若くして死んだ。モーツァルトは35才で死に，短命の天才として知られている。)

課題	目的を定めてパラグラフを書く
9	京都の清水寺について書くとしよう。清水寺のどのような側面について書くのか，どのような観点で清水寺を取り上げるのか，などを考えながら，いくつかの目的を書き出してみよう。

関連項目→第2章10

【書き方のポイント】
たとえば，目的として次のようなものが考えられるだろう。
・目的1　清水寺の由来を述べる。
・目的2　建築物としての清水寺の特徴を述べる。
・目的3　観光旅行者にとっての清水寺観光のメリットを示す。

このうち「観光旅行者にとっての清水寺観光のメリットを示す」という目的を選んだとする。この目的のもとに一つのパラグラフを書いてみよう。トピック文の役割，トピック文の位置，トピック文とパラグラフの組み立てとの関係を考え

ながら，パラグラフを書いてみよう。

　＜作文例＞
まずパラグラフを＜文1＞のように始めてみよう。

＜文1＞
Kiyomizudera is one of the oldest temples in Japan.
　（清水寺は日本で最も古い寺の一つである。）

次に＜文2＞のように書いてみよう。

＜文2＞
It is located in Higashiyama in Kyoto City and at easy access from JR Kyoto station. （京都市東山に位置しJR京都駅から容易に行くことができる。）

さらに＜文3～文5＞のように書き進めてみよう。

＜文3～文5＞
The main hall has a huge veranda which is supported by many long wooden pillars, and tourists can enjoy the excellent view of the city center from the terrace. Tourists can also enjoy shopping in numerous stalls selling all manner of souvenirs. In the neighborhood, there are many other spots to attract tourists, including Maruyama Park and Yasaka Shrine.
　（本堂には長い木の柱に支えられた大きなせり出しがあり，観光客はこの舞台から京都市中心部のすばらしい景色を楽しむことができる。また，観光客はあらゆる種類のお土産を売る店で買い物を楽しむことができる。寺の近辺には，丸山公園，八坂神社をはじめとする観光名所がたくさんある。）

このようにして，「清水寺」についての一定の内容を書くことはできる。しかし，これだけでは，事実を書き連ねただけであり，内容においても構成においてもまとまりのあるパラグラフとはなっていない。そこで改善のために，まず冒頭に次のようなセンテンスを配置し，「清水寺」という話題を印象的に提示してはどうだろうか。

＜文0＞
If you have only one day for sightseeing in Kyoto, one place to visit is Kiyomizudera. （京都で観光するのに，一日しか時間がないとすれば，清水寺に行くのも一案である。）

＜文0＞を＜文1＞の前に置き，パラグラフのトピック文にするのである。こうすれば，読み手は，パラグラフ全体の話題がわかり，パラグラフ全体の趣旨をつかむことができる。トピック文を配置してパラグラフができ上がる。

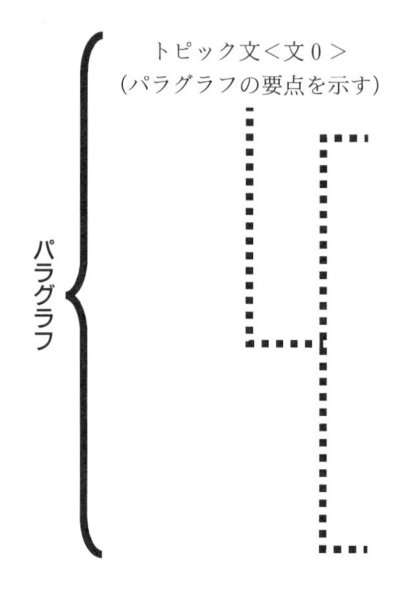

トピック文＜文0＞
（パラグラフの要点を示す）

パラグラフ

If you have only one day for sightseeing in Kyoto, one place to visit is Kiyomizudera. Kiyomizudera is one of the oldest temples in Japan. It is located in Higashiyama in Kyoto City and at easy access from JR Kyoto station. The main hall has a huge veranda which is supported by many long wooden pillars, and tourists can enjoy the excellent view of the city center from the terrace. Tourists can also enjoy shopping in numerous stalls selling all manner of souvenirs. In the neighborhood of the temple, there are many other spots to attract tourists, including Maruyama Park and Yasaka Shrine.

課題 10	内容を振り分けてパラグラフを組み立てる
	コンピュータの基本的な仕組みについて，まとまりのある内容を書いてみよう。それぞれのパラグラフにどのような内容を振り分け，どのような目的を持たせるかを考えることが大切である。具体的には，ハードウェアとソフトウェアに内容を切り分け，二つのパラグラフに配分して書いてみよう。

関連項目→第2章13

＜作文例1＞　悪い例
　次のように書いてみた。しかしこれでは雑然としており，内容のまとまりが無い。

課題 10　内容を振り分けてパラグラフを組み立てる

Hardware is the physical aspect of a computer. It is a set of devices which sit on your desk. You need software to run the computer. Software is a set of programs that gives instructions to tell the hardware what to do. Computer hardware can be broken down into three groups: (1) a central processing unit; (2) memory and storage (RAM, a hard disk drive, etc.); (3) input and output devices (a keyboard, a mouse, a monitor and a printer, etc.). In order to make a computer perform different jobs, you need to install applications software. An operating system is the essential part of a computer. It is the set of basic programs that manages a computer system and makes it run. Computer programs are written in special languages.

（ハードウェアはコンピュータの物質的な側面である。デスクの上におかれる一式の装置である。コンピュータを動かすには，ソフトウェアが必要である。ソフトウェアはハードウェアに対し，行うべき動作について指示を与える一式のプログラムである。ハードウェアは3つのグループに分けることができる。(1)中央演算装置，(2)メモリーと保存装置（RAM，ハードディスクなど），(3)出入力装置（キーボード，マウス，モニター，プリンターなど）である。コンピュータにさまざまな働きをさせるためにはアプリケーションをインストールする必要がある。オペレーティング・システムはコンピュータには欠かすことのできない部分である。コンピュータを管理し，動作させる一組の基本的プログラムである。コンピュータのプログラムは特別な言語で書かれている。）

【改善のステップ】
＜ステップ 1＞
　それでは内容を整理してみよう。主なトピックはハードウェアとソフトウェアである。そこで，内容を二つに切り分けることができる。

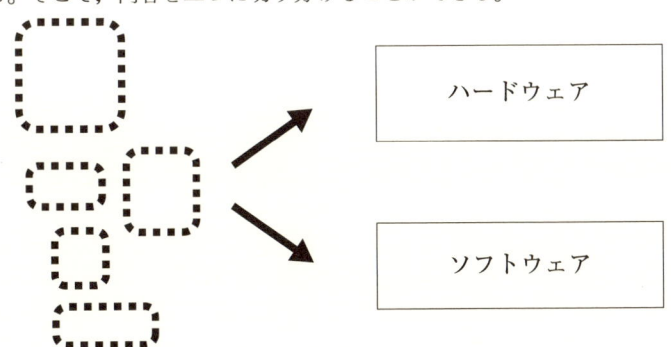

→ ハードウェア

→ ソフトウェア

<ステップ2>
　ハードウェアとソフトウェアという二つの内容の関連を概説するパラグラフを新たに設けて頭に置き，3つのパラグラフ構成とする。

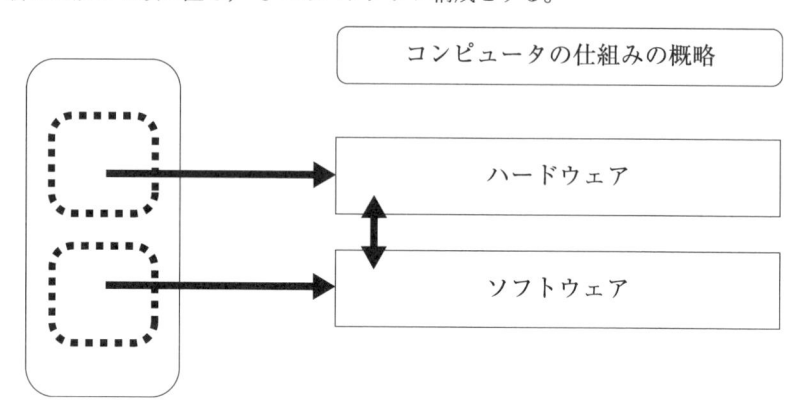

```
                    ┌──────────────────────────┐
                    │  コンピュータの仕組みの概略  │
                    └──────────────────────────┘
  ┌┄┄┄┄┄┐          ┌──────────────────────────┐
  ┊     ┊ ────→    │       ハードウェア         │
  └┄┄┄┄┄┘          └──────────────────────────┘
                                ↕
  ┌┄┄┄┄┄┐          ┌──────────────────────────┐
  ┊     ┊ ────→    │       ソフトウェア         │
  └┄┄┄┄┄┘          └──────────────────────────┘
```

<ステップ3>
　内容をパラグラフに振り分ける際に，適宜，語句や文を補ったり削ったりして仕上げをおこなう。つなぎの語句を使ったり，相互の関連を示す文を挿入する工夫もしてみよう。たとえば，ハードウェアの話題からソフトウェアの話題へ移るにあたって，A computer does not work by hardware alone: you need software to run the computer.（コンピュータはハードウェアだけで動くわけではない。コンピュータを動かすためにはソフトウェアが必要である。）という文を補い，前後の関連を表す文として位置づけてみよう。また，全体の構成に照らして関連が薄い部分は消す。たとえば，Computer programs are written in special languages.（コンピュータのプログラムは特別な言語で書かれている）の部分は切り捨てる，などである。

<作文例2>　良い例

　　A personal computer is made up of hardware and software. Hardware is the physical aspect of a computer, whereas software is a set of programs to control the hardware.
　　Computer hardware is a set of devices which sit on your desk. They can be broken down into three groups: (1) a central processing unit; (2) memory and storage (RAM, a hard disk drive, etc.); (3) input and output devices (a keyboard, a mouse, a monitor and a printer, etc.).
　　A computer does not work by hardware alone: you need software

to run the computer. Software gives instructions to tell the hardware what to do. There are two types of computer software: an operating system and applications software. An operating system is the set of basic programs that manages a computer system and makes it run. It is the essential part of a computer. In order to make a computer perform different jobs, you need to install applications software.

　(パーソナルコンピュータはハードウェアとソフトウェアから成り立っている。ハードウェアはコンピュータの物質的な側面である。他方、ソフトウェアはコンピュータを制御するためのプログラム一式である。
　コンピュータハードウェアはデスクの上におかれる一式の装置である。3つのグループに分けることができる。(1)中央演算装置、(2)メモリと保存装置（RAM、ハードディスクなど）、(3)出入力装置（キーボード、マウス、モニター、プリンターなど）である。
　コンピュータはハードウェアだけで動くわけではない。コンピュータを動かすためにはソフトウェアが必要である。ソフトウェアは、行うべき動作についてハードウェアに指示を与える。ソフトウェアには、二つのタイプがある。オペレーティング・システムとアプリケーションソフトウェアである。オペレーティング・システムは、コンピュータを管理し、動作させる一組の基本的プログラムである。コンピュータには欠かすことのできない部分である。さまざまな働きをさせるためにはアプリケーションをインストールする必要がある。)

課題11　時の推移を軸にして書く

長くつき合っている友人について、初めて会った時の第一印象から始めて、印象の変化を書いてみよう。

関連項目→第3章17, 24, ライティングに使える英語表現集3

【書き方のポイント】
　時の推移を軸にして内容を整理し、時間表現でつないでいくことがポイントである。
・過去のいつの時点を始点とするのか——... years ago など
・最初はどうだったのか—— at first ...
・その次にどのような展開があったのか—— when ..., however, ...
・それからどう推移したのか—— as ... / then ... / soon ...

<作文例>

　　　I met him <u>for the first time</u> <u>two years ago</u> at the college canteen. Our mutual friend John introduced him to me. <u>At first</u> I thought he was reserved because he talked little then. I came across him a few times <u>later</u> on the campus and still I did not think he was a friendly guy.
　　　<u>When</u> I met him at the college festival in November, <u>however</u>, I was a little surprised that he seemed to enjoy talking more than anything else. As we became familiar, I realized that he was quite talkative. <u>Then</u> I found that all his friends shared my view. <u>Recently</u> I came to know that he was planning to work in show business after graduation.
　　（私は彼に2年前，大学の食堂で出会った。お互いの友だちにあたるジョンが彼を私に紹介してくれたのだ。最初，彼はほとんど話をしなかったので，内気な男だと思った。その後，キャンパスで何度かばったり出くわしたが，気さくに話をするタイプだとは思わなかった。
　　ところが11月の大学祭で会った時，彼は話すことほど楽しいことはないといった風だったので少し驚いた。親しくなるにつれ，彼はおしゃべりだということがわかった。それから，彼のすべての友人が私と共通の見方をしていることがわかった。最近になって，私は彼が卒業後は芸能界で仕事をしようとしていることを知った。）

<練習問題>
(1) 新聞の紙面から事件記事を一つ選び，時間の推移を明らかにしながら英文にまとめてみよう。
　　【ヒント】日にち・時刻はもちろん，事件の発端から展開の推移を整理しておこう。
(2) 歴史的な出来事（たとえば赤穂浪士の討ち入りなど）を時系列で要約してみよう。
　　【ヒント】時間の推移と出来事の因果関係を重ね合わせながら内容を整理してみよう。

課題 12	空間的な位置に基づいて配列する
	内容をどのような順序で書くかを考える際に，空間的な視点を導入する。ここでは，3つの化石（A, B, C）が近辺で発見されたことを，A（岸壁の下）―B（その近く）―C（300メートル離れた所）の位置関係を示しながら書いてみよう。

関連項目→第3章18, ライティングに使える英語表現集 5

<作文例>

> The fossil was discovered <u>at the bottom of the cliff.</u> It was a trilobite fossil. A fossil of the same type was found <u>nearby.</u> Another one was soon found <u>three hundred meters away.</u>
> （その化石は岸壁の下で発見された。三葉虫の化石だ。同じ種類の化石が1個，近くで見つかった。すぐにもう1個が300メートル離れたところで見つかった。）

3つの化石は，the fossil―a fossil of the same type―another one というように明確な前後対応をしており，空間的にも，第1の化石の位置は，at the bottom of the cliff, 第2の化石が nearby, 第3の化石は three hundred meters away のように相互の関係が示されている。

<練習問題>
(1) 自分の住んでいる町を，空間的な視点を軸にして英語で書いてみよう。
　【ヒント】建物の形や大きさ，場所を描く。特に場所については，位置関係を明確にしながら書く。道路や交通網なども話題にできる。
(2) 自分の部屋の室内の様子を，英語で書いてみよう。
　【ヒント】家具をはじめとして物体の位置関係や配置されている状態を中心に書く。

課題	関連する語句を整理する
13	ある話題（topic）についてまとまった英文を書くとする。内容の整理とともに大切なことは，語句の整理である。まず，思いつくままに単語（word）や語句（phrase）を書き付けてみることから始めよう。ここでは，ジョン・レノンの生涯の概略を書くとしよう。この話題に関連のある語句を思いつくままに書き記してみよう。

関連項目→第5章40

【書き方のポイント】
センテンスの形を成していなくともよい。言葉の断片的な集まりでもよい。当面は少しでも関連があれば書き記してみることが大切である。そして一定数の語句が集まったら，項目ごとに整理することである。不必要になれば後で削除することもできる。

1. 思いつくままに語句を書き付ける

文法にこだわらず思いついた時の形のままでよい。例えば，動詞ならば原形でもよいし，また，過去のこととして話題にするつもりならば過去形のままで書き記す，という直感的なやり形でよい（下記の例では composed, killed）。

```
born  Liverpool  hit  songs  popular  Beatles  band  singer
members  Rock  musician  great  composed  England  school
married  Japanese  woman  breakup  killed  their  influence
against society
```

2. 品詞で整理する

頭に浮かんだ言葉を，品詞ごとに整理してみよう。例えば，ジョン・レノンについて上で作成した語句の表を，品詞ごとに整理してみよう。また，同一のあるいは類似する意味内容を，品詞を変えて書き記してみよう。

《名詞で分類》	band singer member school woman break-up society influence Liverpool（固有名詞） Beatles（固有名詞） England（固有名詞） Rock musician（複合名詞） hit songs（複合名詞）
《形容詞で分類》	popular great Japanese
《動詞で分類》	be born compose marry kill

《一つの意味をめぐって異なる品詞を集める》

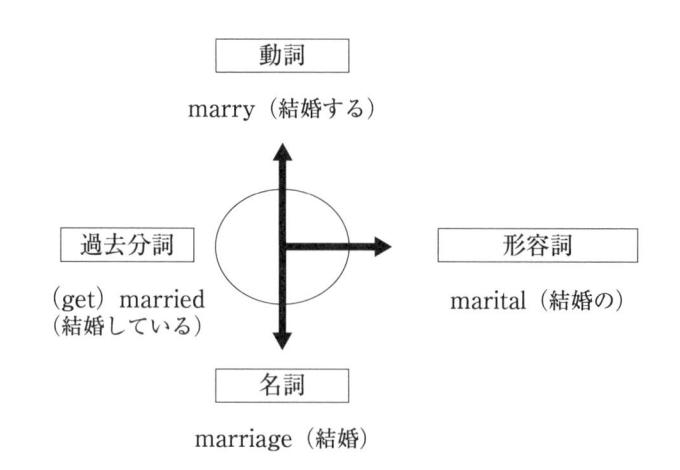

```
                    ┌──────┐
                    │ 動詞 │
                    └──────┘
               marry（結婚する）
                       ↑
   ┌────────┐          │          ┌────────┐
   │過去分詞│ ←────────┼────────→ │形容詞  │
   └────────┘          │          └────────┘
  (get) married        │         marital（結婚の）
  （結婚している）     ↓
                    ┌──────┐
                    │ 名詞 │
                    └──────┘
               marriage（結婚）
```

3. 関連のある言葉をつなげてグループ化していく

語句整理の最初の段階では，単純に単語だけを思いつくままに書き付けていったが，ここでは，少しずつ表現語句を大きくしていく作業に取り組む。つまり肉付けしていくのである。(一度単語を書き付けたあとで，少しずつ付け足していってもよい。)

- was born in Liverpool
- graduated from school
- the Beatles was formed (in 1960 in Liverpool, England)
- four members
- became popular
- was married to a Japanese woman
- came to Japan
- his great influence on popular culture

【書くためのヒント】
たとえば「(be) married」は，「誰と（結婚する）」と伸びて，「(be) married to ...」となる。また，「influence（影響）」を形容する語には，「great（大きな）/ enormous（とてつもない）/ profound（深い）」が思い浮かぶ。また，influence on ...（に対する影響）と続けて表現を広げることもできる。

4. 類義語や関連語を整理する。

実際にライティングの中で用いなくとも，語句整理の段階で類義語を整理しておくことは，的確な場所に的確な語を置くことを目指す推敲作業を容易にする。また，類義語を相互に使い分けするためにも役立つ。さらに，同じ言葉を何度も繰り返す単調さを避け，変化をもたらす助けにもなる。同様に，類義語とは言えなくとも，関連のある語句を整理しておくとよい。たとえば，popular という形容詞の意味と関連する名詞，動詞，副詞句などを整理してみよう。

《popularと意味が似ている語》	famous（有名な） well-known（良く知られている） (widely) approved（[広く]認められている）
《popularの意味と関連する語句》	hit song（ヒットソング） people love his songs（人々は彼の歌を愛している） throughout the world（世界中） popular culture（大衆文化） popularity（人気）

5. 整理した語句を文に組み立てる。
　以上の課題で取り組んだことをふまえて，今度は語句（または語句のグループ）を，独立した文の形に組み上げてみよう。

John Lennon was born in Liverpool in 1940.
　（ジョン・レノンは1940年にリバプールで生まれた。）
He was married to a Japanese woman called Ono Yoko.
　（彼はオノヨーコという日本人の女性と結婚した。）
His influence on popular culture has been profound.
　（彼が大衆文化へ与えた影響は深い。）

課題	話題を整理する
14	語句の整理とあわせて大切なことは，話題の整理である。実際に書き始める前に，取り扱う話題の項目を立てて整理してみよう。課題13で取り上げたジョン・レノンの生涯について話題を整理してみよう。

関連項目→第3章

【書き方のポイント】
1. 項目を立てて話題を分類する。

PLACE OF BIRTH（生誕地）
EDUCATION（教育）
CAREER AS A MUSICIAN（音楽家としての活動）
FRIENDSHIP（親交）
MARRIAGE（結婚）
DEATH（死）

---

2. 疑問詞を用いて情報を整理する。
　関連のある一定の情報を疑問詞などで表示してみよう。ライティングに取りかかる前に，who / what / when / where / why / how，いわゆる「the five W's and an H」に対する答えという形で情報を整理してみるのである。ジョン・レノンについて課題13で書き記した語句をもう一度見てみよう。そしてそれぞれの語句に関連のある情報を考えてみよう。たとえば，(be) born に対して，「いつ」「どこで」という情報を関連させ，疑問詞を対応させるのである。ここで

は，情報を集めて内容を大きくしていくための手がかりが重要なので，かならずしも正式な疑問文を書く必要はない。

```
born (WHEN) (WHERE)
came to Japan (WHEN)
married (to WHOM) (WHEN)
composed (WHAT)
the songs became popular (HOW)
members (HOW MANY) (WHO)
```

このような作業に慣れてきたら，独立した疑問文の形で書いてみよう。

```
WHEN and WHERE was he born?
WHEN did he come to Japan?
WHEN and TO WHOM was he married?
WHAT songs did he compose?
HOW did the songs become popular?
HOW MANY members were there in the band and WHO were they?
```

課題 15	アウトラインを書く
	コンピュータについて書く場合どのような項目を取り扱ったらよいかを考えながら，アウトラインを書いてみよう。また，課題27で取りくむ英文の簡単なアウトラインを書いてみよう。

関連項目→第3章22，課題27

【書き方のポイント】
　取り扱う内容を整理するにあたって，全体と部分および前後の関連がわかるように話題やキーワードを系統化，階層化してみよう。大項目，中項目，小項目という分類に基づいて一定の階層構造を考え，推移や展開の順序を明らかにしながら話題を整理するのである。
1. 話題（topic）と主要概念（main idea）を中心にして，単語や語句で表現する。
2. 項目ごとに，I, II, III, … / A, B, C, … / 1, 2, 3, … のような表示をおこないながら階層化していく（下記参照）。
3. 階層は，インデントをすることで表現する。

第7章 書いてみよう

```
I.
  A.
    1.
      a.
        (1)
          (a)
          (b)
        (2)
      b.
    2.
  B.
II.
```

通常，レポートや論文のように一定の論旨に基づいて論考を行う場合，前もってアウトラインを作成し，全体で取り扱う話題や概念を整理しておくことが重要になる。ここでは取りかかりやすいものとして，一つのパラグラフ，あるいは複数の連続するパラグラフのアウトラインを書く練習をする。

```
I. A personal computer
  A. Structure
    1. Hardware
      a. Definition
      b. Components
        (1) A central processing unit
        (2) Memory and storage
          (a) RAM
          (b) Hard disk drive
          (c) Others
        (3) Input devices
          (a) A keyboard
          (b) A mouse
        (4) Output devices
          (a) A monitor
          (b) A printer
          (c) Others
    2. Software
      ……
```

I. The meaning of bowing in Japanese greeting
   A. A variety of the meanings of greeting
      1. A sign of recognition
      2. An expression of welcome and affection
      3. An expression of respect and faith
   B. Bowing seen as an expression of the readiness to obey
   ......

課題 16 スケジュールを書く

近い未来に予定されていることについて，期日や前後関係を考えながら述べてみよう。特にここでは，日程にかかわる時間表現に注意しながら講習会の登録手順の案内文を書いてみよう。

関連項目→第3章17, ライティングに使える英語表現集 3

【書き方のポイント】
1. 予定されている事項を，あらかじめ簡潔に整理しておく。
2. 現時点ではっきり取り決められていることを明確に述べる。(未来のこととして予想されるに過ぎないこととは区別する。)
3. 時刻や日付を明確に示す。特に，期限・期日は厳密な表現を用いる。(「next week」や「Monday」や「sooner or later」のように相対的ではっきり特定できない表現ではなく，March 24 のような日付を用いる。)
4. 出来事と時間を関連づける。〈begin—on March 24〉〈close—on April 1〉
5. 時間の前後関係，期間を明確に示す。「the day after ... (の翌日)」「no later than ... (までに)」「prior to ... (よりまえ)」

＜作文例＞

Registration begins on March 24 and closes on April 1. The letter of confirmation will be sent out to registrants the day after the closing date. Reservation cancellations must be made by phone or e-mail no later than three days prior to the workshop, in order to receive a refund.

(登録は3月24日に始まり，4月1に終わります。確認の手紙が登録最終日の翌日に，登録者へ発送されます。予約取消の場合，講習会の3日前までに電話か電子メールで行わなければ申込金は返金されません。)

【練習問題】
(1) 来週の自分自身の予定をまとめてみよう。
(2) 複数の参加者を巻き込む仕事上の企画について，皆で共有できる日程表を書いてみよう。(海外出張の行程表，営業目的の訪問のスケジュールなど)
(3) (学生の場合) 学校の授業履修登録期間と期末試験の日程を書いてみよう。

課題 17	案内文を書く――宣伝・勧誘・広告を書く
	クラブ活動の案内文を書いてみよう。自分が「マスル大学」の柔道部のマネージャーだとして，新入生の勧誘を目的とした企画の案内文を書いてみよう。導入の部分で，まず新入生の不安な心理に対する理解を示し，読み手の気持ちに寄り添った上で，だんだんに興味を引きつけていこう。柔道部を知るための手だてを一つ一つ解説しながら，柔道部に入部する道へと導こう。

関連項目→第 5 章

【書き方のポイント】
1. 基本的な情報を正確に提供する。
2. 読み手を引きつける語句や言い回しを工夫する。
3. 何を先に何を後に述べるか――順序を工夫する。

【書くためのヒント】
・案内の対象となる読み手を明確にする
→二人称の you または 三人称で特定する
　＜表現例＞

Customers who ... (…のお客さま方)
those of you who ... (…の方々)

・興味を引き付ける
→有益な情報を自信をもってはっきり示す
　＜表現例＞

You can ... (…することができます。)
～ enables you to ... (～によってあなたは…することができます。)
This offers a chance to ... (…するよい機会です。)
This is an excellent opportunity for ～ to ... (～が…する絶好の機会です。)

> We are sure that ...（きっと…することでしょう。）
> We believe that ...（…と信じます。）

→読み手の関心をこちらの話題に結びつける
　＜表現例＞

> Have you ever thought [experienced, etc.] ...? Then ...
> 　（…を考えた［経験した，など］ことがありますか。それなら…。）
> If you ..., then ...（もし皆さんが…ならば，…。）
> 　【具体例】If you are looking for a teaching position in Spain, then you should visit our web site.（もしスペインで（日本語を）教える仕事をおさがしなら，ぜひ当社のサイトをご覧ください。）

→読み手の側の不安・心配を理解し，明るい展望へと目を向ける
　＜表現例＞

> You do not need to worry ...（…をご心配にはおよびません。）
> It may seem ..., but ...（…のように見えるかもしれませんが，…。）

・読み手と共有できる情報を示し，こちらの話題に引き入れる
→周知の事実を引き合いに出す
　＜表現例＞

> As you may know, ...（たぶんご存じの通り…。）

・適切な情報を提供する
→読み手にとって有効な情報を明確に提示する
　＜表現例＞

> Here is [are] ...（… があります。）
> 　【具体例】Here are some tips [suggestions].
> 　　　（いくつかコツ［ご提案］があります。）

→具体的な情報は簡潔かつ正確に提示する
　　＜表現例＞

> (空間，時間，数量)
> 【具体例】The guided tour will start at the main gate at 10:30 a.m. every day except Wednesday.（ガイド付き市内観光は水曜を除く毎日午前10時30分に正門からスタートします。）

→提案の形をとる（…してはどうでしょうか）
　　＜表現例＞

> One suggestion would be to ...（…してもよいでしょう。）
> One tip would be to ...（ひとつのコツは…することでしょう。）
> You should ...（ぜひ…してください。）
> You might like to ...（…してもよいでしょう。）

→読み手は何をしたらよいのかを，手順をふまえてメリハリよく示す
　　＜表現例＞

> The first [next] step is to ...（最初[次]のステップは…することです。）

・文書の目的を示す
→目的は案内なのか，広告なのか，どのような情報を提供しているのか，などを示す（必要だと思われる場合）
　　＜表現例＞

> We are pleased [We would like] to announce that ...
> 　（…をご案内いたします。）
> We are pleased [We would like] to invite ～ to ...
> 　（～の皆様に…参加のご案内をいたします。）
> This is to announce that ... [This is to invite ～ to ...]
> 　（…をご案内いたします[～の皆様に…参加のご案内をいたします]。）

・親しみを込めた語り口で書く
→勧誘の要素が強い場合には，ややくだけた語り口を心がける（命令形，疑問文など）

課題17　案内文を書く──宣伝・勧誘・広告を書く

＜表現例＞

Join today!（今日すぐに入会しましょう。）
Don't miss this opportunity to ...（この…の機会をお見逃しなく。）
Do you want to ... ?（…することをお求めですか。）
Please feel free to contact ...（どうぞご遠慮なく…へご連絡ください。）
... are all welcome.（…はみなさん大歓迎です。）

●情報の配列を考える
→ある情報は先に示し，またある情報は後に示す
→詳しい情報は別枠で示す

＜表現例＞

See ... below for more details.（詳しくは下記の…をご覧ください。）

＜作文例＞

　　For freshers(1) coming up to Muscle University, joining a sports club is an exciting prospect(2). It may seem a bit daunting, however(3), when you are confronted with such a large number of choices ranging from swimming, baseball, soccer and golf to boxing, Japanese archery, and karate. One invaluable tip would be to obtain sufficient information about the club before making your decision.(4) This short guide helps you(5) through the process of accessing helpful information about the Judo Club(6).
　　The first easy step is to(7) have a look at the Judo Club stall at the Fresher's Fair. Here you can(8) talk to current members and see displays of photos giving you a general idea of the club's regular activities.
　　The next step(9) is to attend the judo demonstration held in Muscle Campus Gym on April 30th(10). This offers a chance to(11) watch current members demonstrating a variety of different approaches to judo. Freshers can(11) join in with some basic techniques there and then. This is an excellent opportunity for(11) a beginner to see what judo is like.
　　Before making a decision, you might still like to(12) have a trial week, which we offer during the first week after the consecutive holidays in May. Freshers are all welcome to(13) come along and join one of the trial sessions held in the evening on weekdays. (See the

239

Schedule below for more details.(14)
　　After all this, we are sure(15) you will want to continue. It is finally time to sign up for the Muscle University Judo Club!(16)
　（マスル大学へ入って来る新入生たちは，スポーツ部に入部することで刺激的な展望が開けます。しかし，たくさんのスポーツクラブ，つまり水泳，野球，サッカー，ゴルフからボクシング，弓道，空手までさまざまな選択肢を前に，ちょっとどうしようかなと感じるかもしれません。一つの秘訣は，決める前に，クラブについての十分な情報を得ることです。この短い案内文は，柔道部についての情報をどのようにしたら入手できるかお知らせいたします。
　まず最初にできる簡単なことは，新入生祭りの柔道部のコーナーをのぞいてみることです。ここで現役部員と話をすることができますし，写真展示を見て柔道部が通常どのような活動をしているのかを大体つかむことができます。
　次に，4月30日にマスル大学体育館で行われる実演に参加することです。現役部員たちが柔道はどのようなものか見せてくれます。そこで新入生も加わり，基本的な技をやってみることもできます。初心者の人には，柔道がどのようなものなのかを知る絶好の機会です。
　決心を固める前に，お試し週間を利用してもよいでしょう。これは5月の連休明けの週に行われます。入部すべきかどうか迷っている人は，どうぞ平日の夜に行われるお試し入部に来てください。（詳しくは下記の予定表を見てください。）
　以上のステップをすべて終えればもっと続けたいと思うこと請け合いです。後は，マスル大学柔道部への入部手続きをするだけです！）

　【解説】（数字は作文例の下線部の数字に対応。）
(1) 案内の対象となる読み手を明確にしている。
(2) 全般的なスポーツへの興味をかき立てている。
(3) 読み手に対し心理的に寄り添っている。
(4) 一般的な助言を行い，読み手にとって有効な情報を提供している。
(5) 案内文の目的を示している。
(6) ここで初めて「柔道部」の名前を出している。
(7) 容易なことから始めている。
(8) 読み手へのメリットに言及している。
(9) 一つ一つのステップをメリハリよく示している。
(10) 時と所についての基本的な情報を示し，内容に現実性を加えている。
(11) 読み手へのメリットにさらに言及している。
(12) 読み手の心情（迷い）を先取りした細かい配慮を示している。
(13) 歓迎の言葉を述べ，読み手に強く働きかけている。
(14) 詳細は別に示すことで，案内文そのものが冗長にならないようにしている。
(15) 自信を表現し，案内文の説得力を打ち出している。
(16) 強い勧誘の言葉で最後をしめくくっている。

【練習問題】

(1) 歓迎会の幹事を引き受けたとする（職場であれば新入社員のための，学生であればサークルの新入部員のための宴会）。日時，場所，会費などに関する情報を中心とした案内文を書いてみよう。
(2) カルチャーセンターの講師だとする(エアロビクス，カラオケ教室，いけばな，など)。受講者を募る PR 文を書いてみよう。

課題 18　作業手順や方法・行程について書く

一定の目的を持った作業について，手順や行程を英語で書いてみよう。例えば，道具の使用法，機械の操作方法，部品の組み立て方，料理の作り方のように，一定の手順をふんではじめて達成できる作業についての説明を書くのである。

関連項目→第3章 19, ライティングに使える英語表現集 2

【書き方のポイント】

1. 作業全体の目的を示す。
2. 作業の個々のステップを簡潔な英語で表す。(何を，どのように，どうするのか。)
3. 作業全体の流れを考えて，それぞれのステップを，適切な順番に配列する。
4. 作業の順序を示す時間表現，作業内容を簡潔に示す構文，作業の前提・手段・方法を示す表現を工夫する。
5. それぞれのステップを英語で表すには，基本的に命令形を用いる。

● 自動券売機での切符の買い方について無駄なく簡潔に書いてみよう。

<作文例>

> First, locate(1) your destination and determine(1) the Zone number of your destination. Press(2) the Zone button. Then(3) the fare will(3) be indicated on the screen. Insert(4) your money into the coin or bill slots. Collect(5) your ticket and change from the tray.
> （最初に，行き先を決め，行き先の区間番号を定める。区間番号のボタンを押す。すると料金が表示板に表示される。硬貨入れまたは札入れにお金を入れる。切符を受け取り，おつりを取り出し口から取り出す。）

【解説】（数字は作文例の下線部の数字に対応。）
(1) 最初のステップ。
(2) 次のステップ。

(3) 前の行為の結果。
(4) 前の行為の結果に対してとるべき次のステップ。
(5) 最後のステップ。

● 墨絵であじさいを描く手順について書いてみよう。

<作文例>

Use(1) a slanted brush with the handle perpendicular to the direction of the stroke. Start with(2) slight pressure; then(3) increase the pressure as(4) you draw the brush to the left. Gradually(5) lift(6) the base of the brush until(7) only the tip remains on the paper.
（筆を斜めに構え，筆運びの向きに垂直に軸を持ちなさい。最初はやや軽めに，それから左方向に筆を進めながら徐々に筆圧を強めていきなさい。少しずつ軸もとの部分をあげていき筆先がわずかに紙につく程度まで浮かしなさい。）

【解説】（数字は作文例の下線部の数字に対応。）
(1) 手段・方法について。
(2) 最初のステップ。
(3) 次のステップ。
(4) 同時に行われる動作。
(5) 動作の様態（「だんだん」）。
(6) 最後のステップ
(7) 作業の帰結点。

● CDを使う手順を書いてみよう。

<作文例>

Place(1) the disc with label facing up inside the CD drawer on your computer and close(1) the drawer. The disc will(2) start to play automatically. If(3) the software in the disc does not(3) start, locate the icon of the software and double-click on it.
（コンピュータのCDドライブの受け皿に，CDをラベル面を上向きにして入れてください。そして閉めてください。CDは自動的にスタートします。もしCDの中のソフトがスタートしなければ，ソフトのアイコンを見つけて，それをダブルクリックしてください。）

【解説】（数字は作文例の下線部の数字に対応。）
(1) 動作の指示（命令形）。
(2) 指示した作業を行った結果何が起きるかをwillで示す。

(3) 指示した作業がうまくいかない状況を予想して，仮定文で示す。

【練習問題】
(1) 自分の趣味で用いている道具の使い方についてまとめてみよう（たとえばギターの弾き方，釣り竿の使い方，折り紙の折り方など）。
(2) 仕事の上で一定の作業を行う一場面を思い出し，その作業手順を従業員に指示するという前提で，短い説明文を書いてみよう。

課題 19	フォーマル・レター（ビジネスレター）を書く
	イギリスの大学の研究員ポストへ応募するにあたり，添え書（covering letter）を書いてみよう。

関連項目→第5章 54, 59, ライティングに使える英語表現集 16

【書き方のポイント】
1. 様式は，フォーマルとする。
2. 「相手に何をしてほしいのか」「相手に何を伝えたいのか」など，手紙の目的が簡潔かつ明確に分かるように書く。

＜ステップと作文例＞
　研究員のポストに応募したいのであれば，「応募したい」という意志表示が手紙の趣旨なので，そのことを最初に知らせることが大切である。儀礼的な挨拶の言葉は不要である。たとえば次のような書き出しになるだろう。

I would like to apply for the position of research fellow that was advertised on your home page.
　（ホームページに求人のあった研究員のポストへ応募いたしたく存じます。）

　さらに続けて

Please find enclosed my résumé and the offprints of my articles, together with a letter of recommendation from Professor John Generosity.
　（私の履歴書と論文の抜き刷りを，ジョン・ジェネロシティー教授の推薦状とともに同封しております。）

以上で手紙の趣旨は伝わった。さらに次のように続けてもよい。

> I completed the doctorate program two years ago at Well Done University and obtained Ph.D. in linguistics. I have been working as research assistant part time for about a year. I would appreciate any consideration given.
> （私は2年前にウェルダン大学博士課程を修了し，言語学の博士号を取得いたしました。約1年間非常勤の研究助手として働いてきました。ご検討いただければ幸いです。）

しめくくりの言葉は，儀礼的ではなく，目的に応じた合理的な文を配置すればよい。

> If you have any questions, please feel free to contact me at any time.
> （何かご質問がありましたら，いつでもご遠慮なくお知らせください。）

【練習問題】
海外から講師を招くことになり，受け入れ担当者として，講師の東京滞在中のお世話をしなければならない。先方から，ぜひ歌舞伎や能など古典芸能を鑑賞したい旨，知らせてきた。資料などを同封し，必要な情報と適当な助言を提供する手紙を書いてみよう。

課題 20　電子メールを書く——簡潔に要点を伝えるメッセージ

電子メールでは，簡潔に要点を伝えることを心がける。さまざまな電子メールを書いてみよう。

関連項目→ライティングに使える英語表現集 18

● 会議に出席できない旨を秘書へ知らせるメールを書いてみよう。悪天候のため那覇発新千歳行の便がキャンセルになったので役員会に出席できない旨を知らせることとする。

【書き方のポイント】
1. 手書きのメモやファックスであろうが電子メールであろうが，業務上のメッセージであれば，基本的に英語の書き方は同じである。
2. 無駄のない言葉で簡潔かつ確実に要点を読み手に伝えることが最も重要である。第一に，誰しも多忙なスケジュールの中で長たらしく要領を得ないメッセ

ージを読む時間はないからである。第二に,業務上の内容であれば,曖昧な言葉や誤解を与えかねない書き方は現実に支障や問題を引き起こす可能性があるからである。

＜作文例＞　悪い例

Re: a bad luck

It is unfortunate that, because of the bad weather, my flight from Naha to Shin-Chitose was cancelled. I must stay in Naha tonight. I will be trying to fly home tomorrow, but surely I will not be able to attend the board meeting. I have tried to catch you on the phone several times, but it's late in the evening and you seem to have gone home.
　（件名：「不運」。不運なことに悪天候のため那覇発新千歳行の便がキャンセルになった。今夜那覇に泊まらなければならない。明日飛行機で帰るようにするが,役員会には出席できない。何度も電話であなたをつかまえようとしたが,夜も遅くなっていたし帰宅したようだね。）

＜改善点＞
(1) 主観的な言葉や個人的な事情が述べられているが（It is unfortunate ... / I must ... / I have tried to ...),用件を伝えるためには無用である。
(2) 読み手に何をしてほしいのかが述べられていない。

＜作文例＞　良い例

Re: flight cancelled

My flight from Naha to Shin-Chitose was cancelled due to bad weather. As soon as you read this message in the morning, could you please tell the President that I will not be able to attend the board meeting in the afternoon?
　（件名：「飛行機キャンセル」。悪天候のため那覇発新千歳行の便がキャンセルになりました。朝,このメッセージを読んだらすぐに社長に,午後の役員会には出席できない旨,伝えていただけませんでしょうか。）

【解説】喫緊の用件は,「午後の役員会は出席できないということを社長に伝える」ということであり,そのことが簡潔に示されている。また,相手に何をしてほしいのかが明確に示されている。

第7章　書いてみよう

● 教員から学生への連絡のメッセージを書いてみよう。奨学金申し込みの締め切りが迫っていることに注意を促す内容とする。次に学生の立場になり，そのメールに対する教員への感謝を表す返信のメッセージを書いてみよう。

【書き方のポイント】（電子メールによる業務用メッセージ）
1．フォーマル・レターのように形式ばらない。メッセージの趣旨と目的に応じて柔軟かつ自由な書き方をする。
2．基本的には業務メモと同様の書き方をする。
3．複数の要点がある場合には，要点ごとに内容を適度に区切る（1行空白行を設けることで区切りを入れる）。
4．日付・時刻は，電子メールでは自動的に記録・表示されるので，タイプする必要はない。
5．添付ファイル，転送などについての言及が必要になる場合がある。

＜作文例＞　教員より

Dear Tanaka san,

Before I forget, let me remind you that the closing date for scholarship applications is March 16th.

I am leaving today for Bali on a week's holiday and will be out of touch until 15th. If you need any help, my secretary can be contacted on her cell phone or via e-mail. (See below for her contact details).

Professor Suzuki
　（田中さん。忘れないうちにお知らせしておきます。奨学金申し込みの締め切りは3月16日ですのでよろしくお願いします。私は本日，一週間の休暇でバリ島へ向けて出発し15日まで連絡が取れません。もし手助けが必要であれば，私の秘書に携帯かメールで連絡をとって下さい。（連絡先は下記の通り。）鈴木教授より）

＜作文例＞　学生より

Dear Professor Suzuki,

Thank you very much for your e-mail, which I have just read. I almost forgot about the scholarship. I appreciate your kindness in reminding me of the closing date.

Regards,

Miki Tanaka
　(鈴木先生。メールありがとうございました。たった今読んだところです。奨学金申し込みについて忘れかけていました。締め切りについてご注意をいただき感謝しております。田中美紀)

【練習問題】
(1) 書店のインターネット通販の係から注文者へのメールを書いてみよう。内容は次の通り。注文の本(書名は，*The Genius of English*)は現在，絶版であることがわかった。しかし，3か月後に復刊される予定である。今回はキャンセルするか，それとも復刊を予約するか知らせてほしい。(「絶版である＝out of print」。「復刊する＝reprint」。)
(2) 取引相手と3月15日午後2時に会う約束をしていたが，その日は他の都市へ出かけることになり都合が悪くなったので，翌日に日程を変更してもらえないかとお願いするメールを書いてみよう。
(3) 上記(2)のメールに対して，翌日はこちらの都合が悪いので今回は約束そのものをキャンセルさせてほしい旨を知らせるメールを書いてみよう。
(4) 海外に出張することになり，ある都市のホテルに3泊宿泊することが決まっている。滞在中の空き時間に芝居か演奏会に行きたいので，ホテルに簡単な情報を知らせてくれるよう頼むメールを書いてみよう。

課題 21	電子メールを書く――親しみを込めた気軽なメッセージ
	親しみのこもった個人的なメッセージを書いてみよう。同僚を昼休みの散歩に誘う私的なメッセージを書いてみよう。
	関連項目→第5章54-2, ライティングに使える英語表現集 17, 18

【書き方のポイント】
1. 形式にあまりこだわらない。とはいっても，何を伝えたいのか，相手に何をしてほしいのかなど，基本的な情報は確実に盛り込む。
2. インフォーマルな文体を心がけ，親しみのこもった英語の言い回しを選ぶ。

＜作文例＞

Dear Mike,

Hello. How are you doing this week? It was good talking to you at the meeting on 25th.

Now, I am planning to take a walk around Yoshida Park tomorrow during lunch time. The sakura trees are now in full bloom there. Why don't you join me? Please just come up to me in my office around noon if you are interested. I will talk to Peter to join me too.

Koji

（マイク。やあ今週，元気にしてる？ 25日の会議で話ができてよかったよ。ところで明日昼休みに吉田公園あたりを散歩しようと思っているんだ。今あそこは桜が満開なんだ。よかったら一緒にどう？ もし興味があるんだったらぼくのオフィスに正午ごろに来てくれればいい。ピーターにも声をかけておくよ。浩二。）

【練習問題】
(1) 今週末に友人を夕食へ誘うメールを書いてみよう。
(2) 友人に本を貸してほしい旨を伝えるメールを書いてみよう。どうしてその本が欲しいのか，いつ返す予定かなどの情報も含める。

課題 22	伝記を書く——人物の生涯について書く
	興味のある人物を取り上げ，生い立ちや経歴について英語で述べてみよう。ここでは映画俳優ジェームズ・ディーンの短くも劇的な生涯について書いてみよう。

関連項目→第3章17, 23, 24, ライティングに使える英語表現集3

【書き方のポイント】
1. 主観を入れず，伝記的事実を簡潔なセンテンスにまとめながら，時間軸にそってつないでいくことが基本的なポイントである。
2. 人物にまつわる情報を収集し，時系列で整理しておく。
3. 取り上げる人物を主体として，つまり主人公として一貫させる。
4. 時制は，基本的に過去形で統一し，時間軸にそって述べる。
5. 行為・動作・出来事に時間を割り振る（いつどうしたのか）。
6. 話の流れを形作る。話の脈絡をとぎれさせないように，前後の内容を相互に対応させる。

課題22 伝記を書く――人物の生涯について書く

＜作文例＞

　　James Dean(1) was born on February 8, 1931, in Marion, Indiana. His(1) mother died of cancer when(2) he(1) was nine. From then on(2), he was brought up by his aunt and uncle(1) on a farm until(3) he graduated from high school. He started(4) acting when(4) he was a student at the University of California, Los Angeles. In order to(5) focus on his acting career, he quit college and moved to New York, where he was offered roles on TV programs. Then(6) he got a starring role in the film *East of Eden*, which(7) was a great success. He was soon(8) chosen to play the young man in *Rebel Without a Cause*.
　　His third(9) film *Giant* turned out to be his last(9) one: Before(10) it was released, he was killed in a traffic accident. After(10) his death, he was nominated for an Academy Award.
　　（ジェームズ・ディーンは，1931年2月8日にインディアナ州のマリオンに生まれた。9歳の時に，母親を癌で亡くした。その後，高校を卒業するまで伯母夫婦に農場で育てられた。カリフォルニア大学ロサンジェルス校の学生時代に演劇を始めた。俳優としての仕事に集中するため，大学を中退し，ニューヨークに移ったが，ここではテレビ番組に出演した。それから映画『エデンの東』で主役を演じることになったが，これは大成功であった。さらに，『理由なき反抗』で若者役に扮した。彼にとって3番目の映画となる『ジャイアンツ』は最後の作品となった。公開前に，彼は交通事故で死亡した。死後，彼はアカデミー賞候補となった。）

【解説】（数字は作文例の下線部の数字に対応。）
(1) 指示語が前後の流れをつなぐ役割をもっている。James Dean と his (mother)，以下 he と his で対応している。
(2) when he was nine と From then on が対応しており時間的脈絡をつけている。
(3) until で行為の持続と期間が示されている。
(4) started ... when ... で行為の開始とその時期が示されている。
(5) In order to で目的が示されているため，次に来る行為の脈絡が明らかになっている。
(6) Then で時間の前後関係（後続）が示されている。
(7) which 以下の内容は *East of Eden* を受けている。
(8) soon は速やかな推移を示し，時間の流れと出来事の展開を生み出している。
(9) third および last で順序を表し，時間的脈絡をつけている。
(10) Before と After は，前後の脈絡をつけている。

【練習問題】
(1) 自分の好きな有名人について簡単な経歴を書いてみよう。
(2) 自分の肉親（父親あるいは祖父など）や親戚で，興味ある生涯を送った人の簡単な伝記を書いてみよう。

課題 23	物語を書く
	登場人物をめぐる一連の出来事について，英語で物語を書いてみよう。ここでは，昔話「桃太郎」の出だしを書いてみよう。
	関連項目→第3章 7, 23, 24, 第5章 51, ライティングに使える英語表現集 3

【書き方のポイント】
1. 歴史年表のように事実を単純な時間的配列で記述するのではなく，時間の経過を生き生きとした口調で語っていく物語文特有の文体を工夫する。
2. 主人公を定める。そして，主人公を中心に，他の登場人物との関係をふまえながら物語る。
3. 一つの出来事から次の出来事への因果関係を明らかにしながら，物語を展開させる。→時間表現，論理表現
4. 語り手の地の文と，会話文（誰が「…」と言った）を組み合わせる。
   →ナレーション，話法（ダイアローグなど）
5. 物語全体のまとまり（たとえば起承転結）を考え，展開の盛り上がりと収束を印象づける。→センテンスの構成，段落の構成や配分

＜作文例＞

　　<u>An old couple lived in a remote village in the countryside.</u> From time to time, <u>the old man</u> went up into the surrounding forests to find firewood. <u>The woman</u> stayed at home doing her routine chores on these days.
　　<u>One day she was washing</u> her clothes in the river <u>when</u> she was surprised to see a huge peach floating down towards her. Defying her years, she managed to fish the peach out of the water and carried it home with her.

《場面の設定》
書き出し ── An old couple lived in ...）
《登場人物》
　おじいさんとおばあさんという二人の登場人物を中心に物語が展開している。人物関係をわかりやすく示すことが物語文を書くためのポイント。
《物語の展開と時間表現》
　One day ... （ある日のこと…）
　She was washing ... when ... [過去進行形＋when ...]（…していると，…）
　★特に次のような躍動感のある時間表現に注目しよう。
　was just about to ... when ... （まさに…しようとした時…）

When the old man got home after a long and tiring day in the forest, he was delighted to see the peach and was amazed at its size. The old woman said, "Shall we cut it open?" The old man nodded in agreement.

He was just about to take out his forest knife ready to slice into the peach when his wife screamed out: "Wait, didn't you see something move? There's something inside it."

"Good heavens!" exclaimed the old man. "It's alive!" No sooner had he uttered these words than the peach burst open and a tiny boy leapt out.

《会話文》
おじいさんとおばあさんの言葉
(話し言葉が物語の展開を助けていることに注目しよう。)

《緊張感を高めて事態の展開をドラマチックに演出するセンテンスの仕組み》
桃太郎が桃から飛び出したという内容を、センテンスの結末に置く転置構文に注目しよう。No sooner ... than ...「…やいなや…した。」.

(むかしむかしおじいさんとおばあさんが人里離れた田舎の村に住んでおった。おじいさんは時折、薪を集めに山に入った。おばあさんは家にいて毎日の家事に精を出していた。
ある日のこと、おばあさんが川で洗濯をしておったところ、大きな桃が川を流れてきて驚いた。おばあさんは、年老いたからだをおしてその桃を水の中からやっとのことで引き上げた。そして家へ持って帰ったのじゃ。
長い一日の山での骨折り仕事から帰ったおじいさんは、その桃を目にして喜んだ。そしてその大きさに驚いた。「切りましょうか。」と提案したおばあさんに、おじいさんはうなずいた。
おじいさんがいよいよ大なたで切ろうとしたその時、おばあさんが叫び声をあげた。「待って。何か動いたのが見えんかったかい？　中に何かがおるんじゃ。」
「こりゃまあ！」おじいさんは叫んだ。「生きておる！」言葉を発するやいなや桃はぱっくりと開き、なんと小さな男子が飛び出てきたのじゃった。)

【解説】
(1) 時間表現を効果的に用いている。from time to time ／ when ... ／ no sooner ... than ...など。
(2) 発話の言葉を記している。物語には、誰が何と言った、という形で発話内容を記すことが多い。☞　第5章51

【練習問題】
(1) 昔話や伝説から一つを選び、自分の脚色などを加えて、物語ってみよう。
　（『雪女』、『浦島太郎』、『こぶとり爺さん』、『アリババと40人の盗賊』など）
(2) 自分の好きな小説のあらすじを、自由な語り口で書いてみよう。

第7章 書いてみよう

課題 24 自分自身について書く――自分の履歴を書く

自分自身の学歴や職歴を中心にして自己紹介文を書いてみよう。

関連項目→ライティングに使える英語表現集 4

【書き方のポイント】
次のステップで書いてみよう。
1．自分自身が過去において行ったことおよび占めていた立場を整理する。
2．整理した内容を時間の順にならべる。
3．現在は何をしているのかを書き，過去の経歴とつなぐ。
4．英語の時間表現と動詞の時制を考えながら英文にまとめる。

＜作文例1＞ 時系列で履歴の内容をつなげる書き方

I obtained a Master's Degree in linguistics from Number One University in the United States in 2002. After a short stay in Brazil, I came back to Japan and taught English at a high school in Tokyo for three years. Then in 2006, I was offered a job by an English school in Hokkaido. I have been the coordinator of the school's English program for a year. Currently, I am teaching classes for company workers.

（私は2002年にアメリカのナンバーワン大学で言語学の修士号を取得しました。短期間ブラジルに滞在した後，日本へ帰国し3年間東京の高校で英語を教えました。それから2006年になって北海道の英語学校で職を得ました。これまで一年間その学校で英語プログラムのコーディネーターをしてきました。現在，私は企業の社員向けクラスを教えています。）

＜作文例2＞ 現在から過去にさかのぼる書き方

I am currently working on my dissertation on media and politics at Well Done University, where I enrolled with the doctorate program three years ago. Prior to that, I was a freelance journalist writing mainly for newspapers in Japan. During my career as a journalist, I visited most major cities in Japan and in Southeast Asia.

（私は3年前からウェルダン大学の博士課程に在籍しており，現在はメディアと政治に関する博士論文に取り組んでいるところです。その前は，フリーランスのジャー

ナリストで，主に日本の新聞のために記事を書いていました。ジャーナリストとして仕事をしていた期間，日本と東南アジアのほとんどの主要な都市を訪れました。）

課題 25	小文を書く——自分の身に起こった出来事について書く
	日常生活の中で起きた出来事や自分自身の一連の行動について書いてみよう。

関連項目→第3章24, ライティングに使える英語表現集 3, 6

【書き方のポイント】
1．事実を示すことを基本にする。（小説のような巧みな語り口調を意識しすぎない。）
2．平板な事実のつぎはぎにならないように出来事の「連続」や「展開」を表現する。
3．日常的な話題であっても漫然と書き連ねるのではなく時間の流れや因果関係の線をたどりながら文をつないでいこう。
4．筆者の見解を入れることは可能であるが，主観を入れすぎないようにする。客観的な事実の中に筆者の思考や感情を語らせる。

● ある日急に具合が悪くなった家族のために，自分はどのような対応をしたかについて簡潔に記してみよう。

＜ステップ＞　話の流れを次のように整理してみよう。

出来事の前提となる情報 → 主な出来事 → 出来事を取り巻く状況 → 出来事に対応する行為 → 出来事の収束 → 話の締めくくり

【話の流れ】

出来事の前提となる情報 My mother lives alone in her house.
→ 主な出来事 Last weekend she got sick. She phoned me for help,
→ 出来事を取り巻く状況1 but I was just about to go to Sapporo on business and was unable to go to her house.
→ 出来事に対応する行為 I told my sister Kazuko what had happened.
→ 出来事を取り巻く状況2 She, too, had a job, but she was off that afternoon by chance,
→ 出来事の収束 so she was ready to attend our mother.

253

→ 話の締めくくり It was fortunate Kazuko was available then, but I am not sure next time when my mother phones me for help.

<作文例>

　　　My mother lives alone in her house. Last weekend she got sick. She phoned me for help, but I was just about to go to Sapporo on business and was unable to go to her house. I told my sister Kazuko what had happened. She, too, had a job, but she was off that afternoon by chance, so she was ready to attend our mother. It was fortunate Kazuko was available then, but I am not sure next time when my mother phones me for help.
　（私の母は自分の家で一人暮らしをしている。先週，具合が悪くなり，電話で私に助けを求めてきたが，私は，札幌へ出張に出かける直前だったので，母の家へ行くことはできなかった。そこで妹の和子に事情を話した。彼女も仕事があったが，たまたまその日の午後は勤務がなかったので，快く母のもとに駆けつけてくれた。その時は運良く和子の手があいていたので助かったが，またこのように，母が助けを求めてきたらどうなるか不安だ。）

● オフィスの契約が満期となり大家さんから家賃の値上げを求められたが，検討の結果，オフィスを自宅に移すことに決め，先週引っ越しをした，という事情を明快に説明してみよう。

<ステップ1>　「最近，新宿のオフィスを千葉県市川市の自宅へ移した」という話題を明確化し，全体の流れを整理する。
・発端は何か。
・どのような経過か。
・出来事はどのように終結したか。

<ステップ2>　因果関係をまとめる

3年前，新宿でオフィスを開いた。→　先月，大家さんから家賃の値上げを提示された。→　この件について真剣に検討した。→　自宅をオフィスにすることに決めた。→先週，自宅へオフィスを移転した。

課題 25　小文を書く──自分の身に起こった出来事について書く

【因果関係】

Last month the lease on my office expired and the landlord asked for an increase in rent.
　（先月契約期間が満期となり大家さんから家賃の値上げを求められた。）
　　　　↓ この結果・・・
I was worried.（頭をかかえた。）
　　　　↓ その理由は・・・
I found myself unable to pay the increase.
　（家賃の値上げに応じることができなかった。）
　　　　↓ そのために・・・
I gave serious consideration to that.（この件について真剣に検討した。）
I tried to find a solution.（解決策を見つけようとした。）
　　　　↓ 結論は・・・
I decided to work at home.（自宅を仕事場にすることに決めた。）
　　　　↓ 理由の一つは・・・
I did not have to pay for my office any more.（家賃を払う必要がない。）
　　　　↓ もう一つの理由は・・・
I could save the time I had been spending commuting.
　（通勤時間を節約できる。）
　　　　↓ 以上の結果・・・
Last week, I moved my office from Shinjuku to a spare room in my house in Ichikawa.（先週新宿から市川の自宅の空き部屋へオフィスを移した。）

＜作文例＞

　　Three years ago, when I started my business in publishing, I rented my office in Shinjuku. Last month, the lease on my office expired and the landlord asked for an increase in rent. I was worried because I found myself unable to pay the increase. After serious consideration, however, I found a better solution. I decided to work at home. There were two reasons for this decision. By working at home, I did not have to pay the rent any more. Besides being economical, I thought I could save the time I had been spending commuting. So, last week I moved into a spare room in my house in Ichikawa. Now I think I made a good decision.
　　（3年前に私は編集プロダクションを開業したが，その時，新宿でオフィスを借りた。先月契約が満期となり，大家さんが家賃を値上げすると言ってきた。高い家賃は払えそうになかったので，私は頭をかかえた。しかし，よく考えた末，一つの解決策

を見つけた。自宅で仕事をすることにしたのだ。この決断には2つの理由があった。自宅を仕事場にすることで家賃を払わずにすむ。また，お金の節約とは別に，通勤時間を節約できると思ったのだ。そこで，先週，市川にある自宅の空き部屋へオフィスを移転した。いま，良い決断をしたと思っている。

【練習問題】次のような話題について書いてみよう。
(1) ある日町で見かけた些細な出来事について。
(2) 旅行先での楽しい出来事について。
(3) 大きな選択を迫られるような出来事について。
(4) ある時に自分がおかした失敗について。

課題 26	論述文を書く（推論）
	「〜かそれとも〜か？」という形で示される問題に対して，論理的な推論を行おう。
	関連項目→第4章 33〜35，ライティングに使える英語表現集 8, 13

●「私」は不動産業を営んでいる人であるとする。ある日やってきた客について，「金持ちか否か」という問題設定で推論を行ってみよう。

【書き方のポイント】
1. 何を問題にしているかを最初に明確に示す。
   （疑問の提示——「〜かそれとも〜か？」，「何が...か？」など）
2. 推論の過程を論理的に示す。
3. 話の進め方に一貫性を保つ。（冒頭に示された問題に専念する。）
4. 英語の論理表現を活用する。
   ・論理の流れを表す語句（because / however / therefore / and still）
   ・可能性や推量や推定を表す助動詞（can / may / would / must）
   ・仮定を表す構文（if ..., ... would probably ...）
   ・事実の解釈や考察を示す表現（the fact may be that ... / ... does not necessarily mean that ... / it is reasonable to think that ...）
   ・一般論を示す主語（one）
5. 冒頭で提示された問題に対する解答として，合理的な結論を引き出す。

<作文例>

　　　The client who came to visit our agency last week <u>may not</u> be rich. All my colleagues say that she <u>must</u> be rich <u>because</u> she was wearing expensive clothes and accessories including a brand watch. Wearing expensive clothes and accessories, <u>however, does not necessarily mean that</u> the wearer is rich. <u>One can</u> be wearing a brand watch <u>and still</u> be poor. <u>The fact may be that</u> she <u>may</u> have spent all her money purchasing those luxuries and that there <u>may</u> be nothing left. What concerned me was that she was considering a loan to buy a house from us. The price of the house was below average for our properties. <u>If she is a rich woman, she <u>would probably</u> pay cash; she would be prepared at least to pay a large part of the price in cash. She <u>must</u> be short of money. <u>It is reasonable, therefore, to think that</u> she is not rich.

（先週うちの不動産屋に来た客は、金持ちではないかもしれない。同僚は皆、金持ちにちがいないと言っている。ブランドものの時計をはじめとして高価な服やアクセサリーを身につけていたからである。しかし、高価な服やアクセサリーを身につけているからといって、その人が金持ちだとは限らない。ブランドものの時計を身につけていても貧乏ということもありうる。事実は、贅沢品の購入でお金を使ってしまいもはや手持ちのお金がほとんど残っていないということかもしれない。気になるのはうちから家を購入するのにローンを組むことを検討していることである。あの家は、うちの物件の平均からいうと安い方だ。もし金持ちならば普通は現金で支払うだろう。少なくとも購入額のかなりに現金を充てるだろう。お金が無いにちがいない。だから彼女は金持ちではないと考えるのが妥当だ。）

【解説】このパラグラフの筆者は、客がはたして金持ちなのかどうかについて考えをめぐらせている。この問題について「あの客は金持ちではないだろう」という仮定で推論をしており、その思考過程は、論理的一貫性とともに明快な英語表現で述べられている。

【練習問題】
(1) 自分が紛失した持ち物について、その行方を論理的に推論してみよう。
(2) 政府与党あるいは野党が提案している政策（年金問題、雇用対策、規制緩和など）の一つを取り上げ、果たして有効な政策かどうかを、推論形式で論じてみよう。

課題	論述文を書く（論理的な考察）
27	一つの話題について「なぜ…なのか」という問題提起を行い，論理的な考察をしながら解説してみよう。
	関連項目→第3章24，第4章33〜35，ライティングに使える英語表現集 9, 13

● 日本人はなぜ挨拶する時にお辞儀をするのか。

＜ステップ1＞　問題提起→考察→解答の組み立てを考える

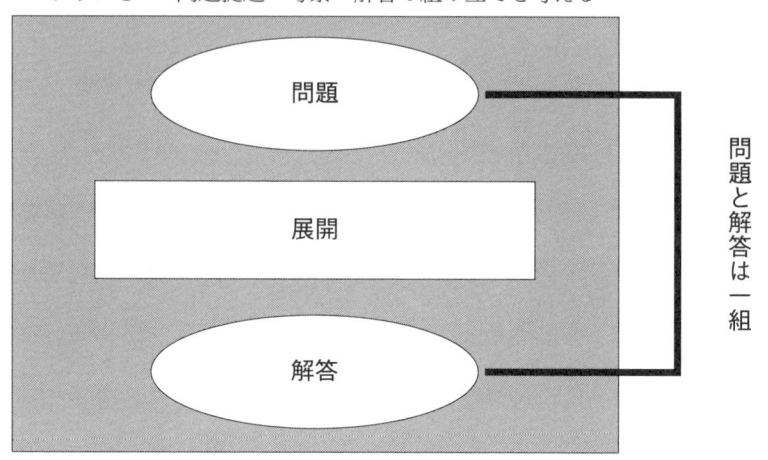

```
　　　　　　　┌─────────────────────────┐
　　　　　　　│　　　　　　　問題　　　　　│─┐
　　　　　　　│　　　　　　　　　　　　　　│ │  問
　　　　　　　│　┌─────────────────────┐│ │  題
　　　　　　　│　│　　　　　展開　　　　　││ │  と
　　　　　　　│　└─────────────────────┘│ │  解
　　　　　　　│　　　　　　　　　　　　　　│ │  答
　　　　　　　│　　　　　　　解答　　　　　│─┘  は
　　　　　　　└─────────────────────────┘    一
　　　　　　　　　　　　　　　　　　　　　　　　組
```

＜ステップ2＞　トピック文を，疑問文で表す

> Why do Japanese people bow when they greet?
> （日本人は挨拶する時なぜお辞儀をするのだろうか。）

参考

問題提起の部分を疑問詞節に含めてもよい。It is interesting to consider why Japanese people bow when they greet.（日本人が挨拶する時なぜお辞儀をするのかを考察するのは興味深い。）

＜ステップ3＞　提起された問題に対して考察する

It is a sign of recognition.
(相手を認知する意味がある。【一般的な意味合い】)

↓

There may be something more than that.
(それ以上の意味合いがあるかもしれない。【問題を掘り下げる】)

↓

Examples of other forms of greeting in different cultures.
(文化によって挨拶の形は異なる。【他と比較する】)

↓

Expressions of welcome, affection, respect and faith.
(歓迎，愛情，敬意，信義の表現。【解釈する】)

↓

The meaning of the posture of bowing.
(お辞儀の姿勢に込められた意味。【分析】)

＜ステップ4＞　「問題」に対する解答を示しパラグラフをしめくくる

Bowing can be seen as an expression of the readiness to obey.
(お辞儀は従順の一つの表現として見ることができる。)

<作文例>

問題を提起する

　　Why do Japanese people bow when they greet? It is clear that bowing is a sign of recognition. It is like other forms of greeting such as smiling and waving. There may be something more than that, however, in Japanese practice of bowing. Greeting is not just for the sake of recognition. In one culture, hugging is one of the popular ways of greeting and it is also an expression of welcome and affection. In another culture, people join their palms together when they meet and it is not only a form of greeting but also an expression of respect and faith. In Japanese culture, we can find a sign of respect in the form of bowing, but let us look more carefully at the meaning of the posture. Bowing is an act of bending the upper part of your body and this means that you try to bring your head down to a lower level than the other person. If we look at it in this way, bowing can be seen as an expression of the readiness to obey.

問題を考察し解答を模索する

解答を示す

（日本人は挨拶する時なぜお辞儀をするのだろうか。相手を認知したことを表す印であることは明らかである。他にもほほえんだり，手を振ったりして挨拶することがあるがそれと同様である。しかし，日本のお辞儀するという習慣には，それ以上のものがあるかもしれない。挨拶は単に相手を認知するためだけにあるものではない。ある文化においては，挨拶の際に抱き合うことがよく行われ，これはまた歓迎や愛情の表現でもある。また別の文化においては，人と出会った時に両手を合わせる習慣があるが，それは挨拶の形だけではなく，敬意や信義の表現でもある。日本の文化においてお辞儀を敬意の印と見ることもできようが，この姿勢に含まれた意味合いをもっとよく見てみよう。お辞儀とは体の上半分を折り曲げる行為であり，これは自分の頭を相手よりも低い位置に下げようとすることを意味する。このように見てみると，お辞儀は，進んで相手に従う態度の表現だと見ることもできる。）

【練習問題】
(1) 日本の文化の一側面を取り上げ，その価値や意義，歴史的根拠などについて論理的に説明してみよう。
(2) 自分が最近出席した会議あるいは打ち合わせの場面を思い出し，自分がその時発言した（あるいは考えた）内容を，論理的表現を用いて英語で再現してみよう。

付録　ライティングに使える英語表現集

1. 付け加えるための英語表現
2. 順番を付けるための英語表現
3. 時間を示す英語表現
4. 経験・経歴を示す英語表現
5. 空間を示す英語表現
6. 文を対等につなぐための英語表現
7. 文を主従でつなぐための英語表現
8. 論理を示す英語表現
9. 定義するための英語表現
10. 例をあげるための英語表現
11. 一般論を述べるための英語表現
12. 見解・主張を示す英語表現
13. 意見や感情を示す英語表現
14. 強調を示す英語の副詞
15. It is ... to ... / It is ... that ...の英語表現
16. ビジネスレターでよく使われる英語表現
17. 親しい相手への手紙によく使われる英語表現
18. 電子メールでよく使われる英語表現
19. 日記・手帳でよく使われる英語表現

▍1▍ 付け加えるための英語表現

also（また） besides / besides ... （その上/…の他に） moreover, ... （その上に…） furthermore, ... （さらに…） not only ..., but also ... （…だけでなく…もまた）	I admire my friend Yoshiko. In the first place, she is a sportswoman. She is a good swimmer and <u>also</u> an excellent tennis player. <u>Not only</u> is she good at sport, <u>but</u> she <u>also</u> excels at many academic subjects at school including mathematics and English. <u>Furthermore</u>, she is extremely good at drawing. <u>Besides</u> that, she can play the piano, playing some of the most difficult pieces of Chopin. <u>Moreover</u>, she is a very good cook; in fact she helps her mother cook dinner for her family. （友人のヨシコはすばらしい。まずもって彼女はスポーツができる子です。水泳が得意でありまた優れたテニス選手でもあります。スポーツができるだけでなく、学校では数学と英語をはじめとする学科の勉強もよくできます。さらに絵をとても上手に描くことができます。それに加えて、ピアノができ、ショパンの難しい曲をいくつか弾くことができます。そのうえ、彼女は料理ができます。実際、ほぼ毎日、母親が晩ご飯を料理する手伝いをしています。）
another ... （もうひとつの…） one other ... （もうひとつの…） then（それから）	In Nara, there are a number of interesting places for tourists. One place to visit would be Nara Park. <u>Another</u> place of interest would be Todai-ji. That is an old temple. There is <u>one other</u> temple of architectural as well as historical interest. It is Toshodai-ji. <u>Then</u>, there is Horyu-ji. （奈良には、観光の名所がたくさんあります。一つは、奈良公園です。もう一つ興味深い場所に、東大寺があります。これは古い寺院です。もう一つ歴史的にも建築的にも興味深い寺院があります。唐招提寺です。それから、法隆寺があります。）
Added to ...（…に加えて）/ In addition to ... （…に加えて）	ABC University has three faculties: the Faculty of Literature, the Faculty of Science, and the Faculty of Economics. <u>Added to</u> [<u>In addition to</u>] these faculties, there are two research institutes. （ABC大学には3つの学部があります。文学部、理学部、経済学部です。これらの学部に加えて、2つの研究施設があります。）

2 順番を付けるための英語表現

■順番を付ける

first / firstly（第1に）/ in the first place（まず第1に）/ first of all（まず第1に）	There are three main parts in a cell. <u>First</u>, there is a cell membrane. It is a thin outside shell of a cell. <u>Second</u>, there is a small rounded body called a nucleus. <u>Third</u>, there is cytoplasm filling the rest of the cell. （細胞には主に3つの部分がある。第一に，細胞膜がある。これは細胞の薄い外皮である。第二に，小さな丸い物があり核と呼ばれる。第三に，細胞の他の部分を満たしている細胞質がある。）
second / secondly（第2に）	
third / thirdly（第3に）	
last / lastly / finally（最後に）	
one ... the other ...（一つは…もう一つは…）	I wrote two books: <u>one</u> is on kabuki; <u>the other</u>, on Noh. （私は二冊の本を書いた。一冊は歌舞伎について，もう一冊は，能についての本である。）
one ... another ... yet another ...（一つは…もう一つは…さらにもう一つは）	<u>One</u> computer program is used for preparing documents, <u>another</u> for displaying and dealing with numbers, and <u>yet another</u> to search for information on the Internet. （ある種のソフトは文書作成のために使われ，また数字を表記したり処理したりするためのものもあれば，さらに，インターネット上で情報を検索するために使われるものもある。）

■重要度の観点で項目をあげる

important（重要な）/ more important（もっと重要な）/ importantly（重要なことには）/ more importantly（もっと重要なことには）	It is <u>important</u> for parents to talk to their children. What is <u>more important</u> is to listen to them. （子供に話しかけることは，親にとって大切なことです。もっと大切なことは話を聞くことです。）
above all（なによりも）	Listening is important, and it is <u>above all</u> this skill that we should develop. （聞き取りは大切である。そしてこれこそ最も開発すべき技能である。）
first and foremost（何よりもまず）/ most importantly（最も大切なことには）/ more than anything else（何よりも第一に）	<u>First and foremost</u>, we must consider the matter of cost. （何よりも経費のことを検討しなければならない。）

3 時間を示す英語表現

■時刻・年月日

at ...（時刻）	I got up <u>at</u> 6:30.（私は6時30分に起きた。）
on ...（日にち）	I will see him <u>on</u> November 12th. （私は11月12日に彼に会う。）
in the morning / afternoon（午前に/午後に）	I'll phone you <u>in the morning</u>. （明日の朝電話します。）
in ...（月）	The rainy season in Thailand starts <u>in</u> May. （タイでは雨季は5月に始まる。）
in ...（年）	The war ended <u>in</u> 1945. （戦争は1945年に終わった。）

■時期・時点

when ...（…する［した］時）	<u>When</u> I was a boy, I was a little shy. （私は子供のころ少しはにかみやだった。）
as ...（…する［した］時）	<u>As</u> I went out of the building, it started to rain. （建物から出てくると、雨が降り始めた。）
... ago（［今より］…前に）	I met him three months <u>ago</u>. （私は三ヶ月前に彼に会った。）
in the past（過去において）	He was an actor <u>in the past</u>. （彼は以前、俳優だった。）
now（今）	It is two o'clock <u>now</u>.（今2時だ。）
today（今日/現代）	<u>Today</u>, many women hold professional positions. （今日、多くの女性が専門職についている。）
at this time (of year)（(1年の)この時期）	Business slows down <u>at this time of year</u>. （一年のこの時期は景気が悪い。）
at the moment（現在）	<u>At the moment</u>, there are a few problems we have to solve. （現在、解決しなければならない問題がいくつかある。）
at present（現在［目下］）	The population of the city is about 300,000 <u>at present</u>.（その都市の人口は現在約30万人です。）
currently（現在のところ）	He is <u>currently</u> working in our Hong Kong office. （現在のところ彼は香港支店で働いている。）
in the future [in future]（将来）	I am a medical student and will be a surgeon <u>in the future</u>. （私は現在医学生で、将来、外科医になるつもりです。）

3. 時間を示す英語表現

■期間・期限

for ... (…の間［期間］)	I slept <u>for</u> about an hour. （私は1時間ほど眠った。）
	The applicants were kept waiting <u>for</u> three weeks. （志願者たちは3週間待たされた。）
from ... to ... (…から…の間)	Applications are accepted <u>from</u> March 3rd to April 2nd. （願書は3月3日から4月2日まで受け付けます。）
during ... (…の間)	Freedom of speech was suppressed <u>during</u> the war. （戦時中言論の自由は抑圧された。）
throughout ... (…の間ずっと)	It rained <u>throughout</u> the night. （夜通し雨が降り続けた。）
while ... (…する間)	Please do not answer a phone call <u>while</u> I am away. （私が外出している間，電話に出ないでください。）
since ... (…以来)	The boy has been sick in bed <u>since</u> last month. （少年は先月から病気で寝ている。）
until / till ... (…まで)	He held the position <u>until</u> 1995. （彼は1995年までその職にあった。）
up to... (…まで)	Deflation started last year and has continued <u>up to</u> the present. （デフレは昨年始まり今日まで続いている。）
by ... (…までには)	<u>By</u> the time he was forty-three, Hemingway had completed his masterpiece *For Whom the Bell Tolls*. （43歳までにはヘミングウェイは傑作『誰がために鐘は鳴る』を完成させていた。）
over the last ... (これまで…の間) / for the past ... (これまで…の間)	《完了時制とともに》I have not seen him <u>for the past</u> three months. （私はこの3か月彼に会っていない。）
for a long time (長期間)	The president has been in his position <u>for a long time</u>. （社長は，今の地位に長期間ついている。）
for a short time [while] (短期間)	He was active as an artist only <u>for a short time</u>. （彼は芸術家としてほんのわずかの間しか活躍しなかった。）
briefly (短時間，手短に)	I visited the temple <u>briefly</u> before I took the train to Tokyo. （私は東京行きの列車に乗る前の短い時間，その寺を訪れた。）

temporarily（一時的に）	I stayed at the hotel <u>temporarily</u> before I found suitable accommodation. （私は，適当な住居が見つかるまで，一時的にそのホテルに宿泊した。）
meanwhile（その間に）/ in the meantime（その間に，それまでは）	My flight was at 12:00. <u>In the meantime</u> I read short stories. （私が乗る便は12時発だった。それまで私は短編小説を読んだ。）

■時間的順序

first（最初）	He listened to other people <u>first</u>, and then offered his opinion. （彼はまず他の人々に耳を傾けて，次に自分の意見を述べた。）
then（それから）	Press the button and <u>then</u> wait for a second. （ボタンを押し，それから少し待ってください。）
next（次に）	The bodyguard jumped out of the car. <u>Next</u> the President came out. （ボディーガードが車から飛び出してきた。次に大統領が出てきた。）
at last（ついに）/ in the end（結局は）	My dream has come true <u>at last</u>. （私の夢はついにかなった。）
eventually（結局）	She was hesitant about going to dine with him, but <u>eventually</u> she agreed. （彼女は彼と食事に行くのをためらったが，最終的には同意した。）

■継続・連続

gradually（だんだん）/ little by little（少しずつ）/ continuously（連続的に）	The patient recovered <u>gradually</u>. （患者はゆっくりと回復した。）

■即時・突然

immediately（ただちに）/ at once（ただちに）	We should take legal action <u>immediately</u>. （法的な措置を至急講じるべきである。）
soon（すぐに）/ right away（いますぐ）	They started to quarrel <u>soon</u>. （彼らはそのうち喧嘩を始めた。）
suddenly（突然）	<u>Suddenly</u> I realized that I made a mistake. （突然，私は自分が間違っていたことに気付いた。）

3. 時間を示す英語表現

■ 速度・頻度

slowly（ゆっくりと）	Time passed slowly. （時はゆっくりと過ぎて行った。）
quickly（quick ...）（速く）/ fast（速く）	I had a quick look at the pictures. （私はその写真をさっと見た。）
often（しばしば）/ frequently（頻繁に）	I often take a taxi.（私はよくタクシーに乗る。）

■ 時間にかかわる一般動詞──開始，終了，時間の経過，利用など

start（始める）	It started to rain.（雨が降り始めた。）
end（終わる）	The war ended in 1945. （戦争は 1945 年に終わった。）
spend ~ ...（~を…に費やす）	We spent about an hour playing cards. （1 時間ほどトランプをして過ごした。）
take (it takes ~ to ...) （…するのに~かかる）	It takes only five minutes to complete the form. （その用紙に記入するのに 5 分しかかからない。）

■ 前後の変化

at first, ..., but ... [..., however, ...] （最初は…。しかし…）	At first, they got along with each other, but soon they started to quarrel. （彼らは最初はうまくいっていたが，そのうち喧嘩を始めた。）
initially, ...（当初は…） eventually, ... （最終的には…）	The project cost a great deal of money initially, but eventually made a substantial profit. （このプロジェクトは当初は多大の経費がかかったが，最終的には相当の利益を生み出した。）

■ 時間的前後関係 1

before ...（…の前［…する前］）	We should be there before three o'clock. （3 時までにはそこに着いていなければならない。）
after ...（…の後［…した後］）	After I had lunch, I had a nap. （昼ご飯を食べた後，昼寝をした。）
earlier（さきに）	As we discussed earlier, the origin of the Japanese language is uncertain. （さきに論じたように，日本語の起源ははっきりしていない。）
later（あとで）	Miho and Kenji joined me later. （あとでミホとケンジが私に合流した。）

afterward（そののち）	At first I did not understand, but afterward it became clear. （最初はわからなかったが、あとになってはっきりした。）
earlier than ...（…よりも早く）/ later than ...（…よりも後）	I took supper much earlier than usual. （私はいつもよりずっと早く夕食をとった。）
... as soon as ...（…したらすぐに…）	Please reply to me as soon as you read this message. （このメッセージを読んだらすぐに返事してください。）
at the same time（同時に）	The three singers sang three different tunes at the same time. （3人の歌手たちは3つの異なるメロディーを同時に歌った。）

■時間的前後関係 2

... had ＋ 過去分詞 ... when ... 過去形 ... *	President Reagan had been in office just over two months when he was shot. （狙撃された時、レーガン大統領は、大統領に就任して2か月を過ぎたばかりだった。）
... 過去進行形 ... when ... 過去形 ... **	I was having a cup of coffee when the fire broke out.（火事が起きた時、私はコーヒーを飲んでいた。）

* 過去の時点を指す文と、過去完了形や過去進行形を用いた文を組み合わせることによって、相対的な前後関係を示すことができる。これは、前後関係を表す副詞（副詞句）や接続詞を用いず、いわば時制の落差によって時間的前後関係を表すパターンである。
** 時間的な「幅」を持つ行為（進行形で示されている）に「時点」を当てることで、前後関係を表すこともある。

4 経験・経歴を示す英語表現

■現在の行為・立場を述べる

I am currently 〜（私は現在〜です。）/ I am currently doing ...（私は現在…しています。）	I am currently working on my dissertation. （現在、私は博士論文に取り組んでいるところです。）

■時期・期間とともに過去の行為・立場を述べる

［年号・期間の表現］, I ＋動詞（過去形）（私は…に…した。）	From 2002 until 2003, I was a visiting scholar at ABC University. （2002年から2003年まで、ABC大学の客員研究員をしていました。）
	In summer 1992, I organized a series of workshops in swimming.

	(1992年の夏には私は水泳の連続講習会を開きました。)
	Prior to my marriage, I worked as a tourist guide for five years. (結婚するまで私は旅行ガイドとして5年間働いていました。)

■経験を述べる

I have ＋ 過去分詞（私はいままで…したことがある）	I have visited most countries in Western Europe. (私は西ヨーロッパの多くの国々を訪問したことがあります。)

■現在までの継続を述べる

I have been doing ... for [数] years.（私は…年間…してきた。）	I have been practicing the piano for five years, focusing mainly on jazz music. (私は5年間ピアノの練習をしており、主にジャズに取り組んできました。)
Since [年号] I have [過去分詞] ...（…以来私は…してきた。）	Since 1990 I have been involved in an environmental campaign. (私は1990年以来，環境キャンペーンにかかわってきた。)

■経歴の積み重ねを述べる

In addition to ...（…に加えて）/ also ...（また）	In addition to my work in North America, I have spent a number of years living and working as a Japanese teacher in Southeast Asia. (北アメリカで仕事をしたことに加えて，私は長年，東南アジアに住み日本語教師として働いたことがあります。)

5 空間を示す英語表現

■描こうとする対象の相対的位置を考えて書く

中央または周辺	The church is in the center of the city. (教会は市の中央にある。)
	They live in a suburb of Osaka. (彼らは大阪の郊外に住んでいる。)
前後，上下，左右	I will see you in front of the post office. (郵便局の前で会いましょう。)
	The helicopter was flying over the mountain. (ヘリコプターは山の上を飛んでいた。)
	We walked down the street side by side. (私たちは並んで通りを歩いて行った。)

遠方または近隣	The village is <u>far away</u> from here. (その村はここから遠く離れたところにある。)
	The shop is <u>within walking distance of</u> my house. (その店は，私の家から歩いて行けるところにある。)

■静止と動作を考えて描く

静止物の描写——存在「ある」を示す動詞（be 動詞など）と位置を表す修飾語句とを組み合わせる。	The telephone <u>is on</u> the desk. (電話はデスクの上にある。)
	A tree <u>stands beside</u> the house. (家のかたわらに木が一本立っている。)
動きを伴う空間描写——特定の動詞を用いる。	The boy <u>jumped into</u> the river. (少年は川へ飛び込んだ。)
	The liquid started to bubble and <u>overflowed from</u> the flask onto the floor. (その液体はぶくぶく泡立ち始め，フラスコから溢れ出て床にこぼれた。)

■空間を表す前置詞（前置詞句）

above（上に／上の方で）	I saw a helicopter hovering <u>above</u> the building. (ヘリコプターがビルの上を舞っているのが見えた。)
across（横切って／向こうに）	I swam <u>across</u> the river.（私は川を泳いで渡った。）
	The pharmacy is <u>across</u> the street. (薬局は通りの向かいにある。)
against（(〜に)寄りかかって）	I became dizzy and had to lean <u>against</u> the wall. (私はめまいがして，壁に寄りかからなければならなかった。)
along（〜にそって）	There were trees <u>along</u> the sidewalks. (歩道にそって木が立っている。)
among（〜の間で／〜の中で）	The lawyer was working <u>among</u> piles of documents. (弁護士は，山と積み上げられた文書の中で仕事をしていた。)
around (round)（〜のまわりに／〜のまわりを）	Flowers were planted <u>around</u> the pole. (花が支柱のまわりに植えられていた。)
	The earth goes <u>round</u> the sun. (地球は太陽のまわりを回る。)
at（＜地点＞〜で／＜位置＞〜に／＜対象・指示＞〜を）	We met <u>at</u> Shinjuku.（私たちは新宿で会った。）
	The local train stops <u>at</u> every station. (在来線は各駅に止まる。)
	The teacher pointed <u>at</u> me.（先生は私を指さした。）

before（〜の前で）	The accident happened before my eyes. （その事故は私の目の前で起きた。）
behind（〜の向こうに）	Someone is hiding behind the curtain. （誰かがカーテンの向こうに隠れている。）
below（〜の下に）	It is dangerous to dive below this level. （この深さより下へ潜るのは危険である。）
beneath（〜の下に）	I felt something warm beneath my feet. （私は何か暖かいものを足元に感じた。）
beside（〜の隣（横）に）	She sat beside me.（彼女は私の隣に座った。）
between（〜の間に／〜の間を）	A river runs along the border between the two countries. （二つの国の国境ぞいに川が走っている。）
	Many businessmen travel between Tokyo and Osaka. （東京と大阪の間を多くのビジネスマンたちが行き来する。）
beyond（〜の向こうに）	I do not know what lies beyond the hills. （丘の向こうに何があるのか私は知らない。）
by（〜のそばに）	The plant should be placed by the window. （その植物は、窓のそばに置くべきです。）
down（〜を下へ／[こちらから]向こうへ）	Tears streamed down her face. （涙が彼女の顔を伝って流れた。）
	Go straight down the street. （通りをまっすぐ行きなさい。）
from（<始点>〜から）	The shuttle bus takes students and staff from the station to the campus. （シャトルバスは学生と職員を駅からキャンパスまで運んでくれる。）
	The lake is three kilometers away from the hotel. （湖はホテルから3キロ離れたところにある。）
in（〜の中に／〜に）	There were three people in the room. （部屋には3人の人たちがいた。）
	There are many temples in Kyoto. （京都にはたくさん寺がある。）
inside（〜の内部に）	The suspect must be somewhere inside the building. （容疑者は建物のどこかにいるに違いない。）
in the middle (center) of（〜の中心部に［で］）	There is a spring in the middle of the garden. （庭園の中央には噴水があった。）
into（〜の中へ）	The coin fell into the hole.（硬貨は穴の中へ落ちた。）

in front of(〜の前部に)	Please stay in front of the gate. (門の前にいてください。)
near(〜の近くに)	My parents live near here. (私の両親はこの近くに住んでいる。)
next to(〜の隣に)	I sat next to him.(私は彼の隣に座った。)
off(〜から離れて)	The flat is off the main street. (そのアパートは本通りから入ったところにある。)
	I went off the road and walked into the woods. (私は道路から離れ、森へ入っていった。)
on(〜の上に) *基本的にはあるものの「上」に接触した状態で位置していることを表す。側面や下面に付いている場合にも用いられる。	I put my diary on the desk. (私は日記をデスクの上に置いた。)
	There was a picture on the wall. (壁に絵がかかっている。)
	The smoke detector can be seen on the ceiling. (天井に煙検知器が設置されている。)
opposite(〜の反対側に/〜と反対向きに)	The koban is just opposite the petrol station. (交番はガソリンスタンドの真向かいにある。)
	The couple sat opposite one another. (その男女は向かい合って座っていた。)
out of(〜の外へ)	He took an apple out of the box. (彼は箱からリンゴを取り出した。)
over (〜の上に/〜を越えて)	The light is over the table. (電灯がテーブルの上にある。)
	The next batter hit the ball over the fence. (次の打者が打つと、ボールはフェンスを越えていった。)
past (〜のそばを通り過ぎて)	She walked past me. (彼女は私のそばを歩いて通り過ぎた。)
through(〜の中を通って)	I pushed my way through the crowd. (私は群衆の中をかき分けて進んだ。)
to(〜へ/〜へ向かって)	Please come to the main gate. (正門へ来てください。)
toward(〜の方へ)	The snake moved toward the window. (その蛇は窓の方へと動いた。)
under(〜の下に)	A cat was sleeping under the table. (猫がテーブルの下で寝ていた。)
	We sheltered under the tree. (われわれは木の下に避難した。)
up(〜を上へ)	The dog went up the hill. (その犬は丘を登っていった。)

■空間を描くために使われる副詞(副詞句)

about(そのあたりを)	across(横切って)	ahead(前へ)
all over(そこらじゅう)	apart(離れて)	around(round)(あたりに)
behind(うしろに)	downward(下向きに)	everywhere(いたるところに)
far(遠くに)	near(近くに)	here(ここに)
here and there(そこここに)	in(中に)	inside(内側に)
inward(s)(内向きに)	out(外に)	outside(外側に)
outward(s)(外向きに)	over(越えて)	overhead(頭上に)
straight(まっすぐに)	there(そこに)	upward(上向きに)

6 文を対等につなぐための英語表現

■文と文を対等の関係でつなぐ接続詞

and	二つの文を対等につなぐ	He is a pediatrician, and his brother is a dermatologist. (彼は小児科医で、お兄さんは皮膚科医である。)
	時間的推移を示す	I handed him the toolbox and he started to work. (私が道具箱を彼に渡すと彼は仕事を始めた。)
	当然の帰結へとつなぐ	I have had severe pain in my lower back, and I can't stand up straight. (腰にひどい痛みがあって、まっすぐ立つ事ができない。)
but	前の文とは反対の内容へとつなぐ	He said he would come to the party, but he did not. (彼はパーティーに来ると言ったが、来なかった。)
	対比を示す	I like outdoor sports, but my brother likes to stay home and read books. (私は野外スポーツが好きだが、弟は家にいて本を読むのが好きだ。)
or*	選択すべき二つの内容をつなぐ	He may be a genius, or he may be a man of great persistence. (彼は天才なのかもしれない、あるいは大変な努力家なのかもしれない。)

*or でセンテンスをつなぐことは、and や but に比べてあまり多くはない。むしろ、語句をつなぐために用いられることが多い。

7 文を主従でつなぐための英語表現

■文と文を主従の関係でつなぐ接続詞など

when ... （…とき）	Ms. Jones, the accountant, takes care of office business <u>when</u> the manager is on vacation. （所長が休みの時は，経理のジョーンズさんが支店の業務を担当します。）
as ... （…とき/…ので）	
while ... （…のあいだ）	
after ... （…のあとに）	
before ... （…の前に）	
till (until) ... （…まで）	
as soon as ... （…やいなや）	
no sooner ... than ... （…やいなや…）	<u>Every time</u> he returned, he asked for money from his parents. （帰郷するたびに彼は両親にお金をねだった。）
the moment ... （…するとすぐに）	
every (each) time ... （…するたびに）	
that ... （…ということ）	I would like to suggest <u>that</u> you apply for the scholarship. （奨学金を申請することを提案します。）
because ... （…だから）	「8．論理を示す英語表現」参照。
since ... （…なので/…して以来）	
once ... （ひとたび…すると）	<u>Now that</u> the festival was over, we had to go home. （祭りは終わったので，帰宅しなければならなかった。）
now that ... （いまや…ので）	
although (though) ... （…であるが）	<u>Although</u> I am poor at speaking English, I believe I can write it quite well. （私は英語を話すのは下手だが，書くことはかなりできると思う。）
so that (in order that) ... （…するために）	The mountain is <u>so</u> tall <u>that</u> it breaks through the clouds. （その山はとても高いので，雲の上にそびえている。）
so ... that ... （あまりに…ので…）	
such ... that ... （あまりに…ので…）	

7. 文を主従でつなぐための英語表現

if ... (もし…ならば)	
in case ... (…だといけないので)	
provided that ... (…の場合は)	If you put your hand on the sensor, the door will open automatically. (センサーに手を当てれば，ドアは自動的に開く。)
as [so] long as ... (…する限り)	
as [so] far as ... (…する限り)	I am ready to work as long as I am well. (私は健康である限りは仕事をする気がある。)
even if ... (たとえ…であっても)	
as if [as though] ... (あたかも…)	
whereas ... (…ではあるが)	I feel quite relaxed in a room with pale blue walls, whereas red walls make me feel a little tense. (赤い壁の部屋ではすこし緊張するのに対して，壁が水色の部屋ではとても落ち着きます。)
whether ... or ... (…であろうが…であろうが)	You should look at the reality of your financial situation, whether you like it or not. (好むと好まざるとにかかわらず，自分の経済状況がどうなっているか直視するべきだ。)
no matter what (how / who / where) ... (たとえ何が/どんなに/誰が/どこに…であろうとも)	
whatever / however / whoever / wherever (たとえ何が/どんなに/誰が/どこに…であろうとも)	Whatever problems lie before us, we can solve them. (どんな問題が前に横たわっていようとも，解決することは可能だ。)
the＋比較級 ..., the＋比較級 ... (…すればするほど…)	The farther away things are, the smaller they look. (物は遠くにあればあるほど小さく見える。)
except that ... (…ということは除いて)	I can scarcely remember what he was like, except that he was very shy. (私は彼がどんな人だったのか，とても内気だったということ以外，ほとんど思い出せない。)

8 論理を示す英語表現

■原因・理由

because ... (…だから)	The student gave up applying to the school <u>because</u> he could not afford the tuition. （その学生は，授業料が払えなかったので，その学校への志望をあきらめた。）
since ... (…だから)	English is the most popular subject in our program <u>since</u> students are aware that it plays a vital role in international communication. （英語は本校の教育プログラムの中では最も人気の高い科目ですが，それは学生たちが，英語が国際的な交流において重要な役割を持っていることに気付いているからです。）
as ... (…なので)	<u>As</u> we are students, we can say that learning is our job. （われわれは学生であるから，学習することがわれわれの仕事だと言うことができる。）
for this reason （この理由で）	<u>For this reason</u> I think we should put more emphasis on Chinese in our language curriculum. （このような理由で，私は語学カリキュラムにおいてもっと中国語に力を入れるべきだと思うのである。）
because of ... (…のために)	French and German are still popular among Japanese students <u>because of</u> their association with art, culture, and philosophy. （フランス語とドイツ語は，芸術や文化や哲学との関連から，今でも日本人の学生に人気があります。）
owing to ... (…のために)	<u>Owing to</u> severe thunderstorms, the connecting flight to Narita was delayed. （激しい雷のために成田への接続便が遅れた。）
due to ... (…のために)	Some scientists believe that the recent floods in Europe are <u>due to</u> the greenhouse effect. （科学者の中には，最近のヨーロッパでの洪水は温室効果によるものであると信じている者もある。）
thanks to ... （…のおかげで）	<u>Thanks to</u> his French lessons, I was able to make myself understood in Paris. （彼からフランス語のレッスンを受けたおかげで，私はパリで話が通じた。）

■目的

to 不定詞（…するために）	We need money <u>to fix</u> the matter. （その件を処理するためにはお金が必要だ。）

in order to ... （…するために）	<u>In order to</u> use the machine efficiently, it is important to read the manual very carefully and follow the instructions step by step. （機器をうまく使うためにはマニュアルを注意深く読み，手順を確実に守ることが大切です。）
for the purpose of ... （…する目的で）	I am interested in studying handwriting <u>for the purpose</u> of character analysis. （私は性格を分析する目的で筆跡を調べることに関心がある。）

■結果・帰結

as a result of ...（…の結果） as a result, ...（その結果）	Otitis media occurs commonly in children <u>as a result of</u> infection. （中耳炎は，感染の結果として通常，子どもに起こる。）
consequently（その結果）	He spent all his money drinking in Ginza. <u>Consequently</u>, he had to walk all the way home to Setagaya. （彼は持っているお金を全部，銀座で飲んで使い果たした。その結果，世田谷の家まで歩いて帰らなければならなかった。）
... so [so that] ...（…のため… / …その結果…）	His recent film was a smash hit at the box office, but he had spent his own money making the film, <u>so that</u> the total amount of money he got must have been small. （彼の最近の映画は興行で記録的な大ヒットを飛ばしたが，すでに映画を撮るのに私財を投じていたので，手にしたお金は少なかったに違いない。）
thus（このため）	The committee questioned the reliability of the information and it was <u>thus</u> excluded from the evidence. （委員会はその情報の信頼性に疑義を抱いた。そのためにそれは証拠から除かれた。）
therefore（したがって）	He has always broken his promise. I have good reason, <u>therefore</u>, to believe that he will do so again. （彼は今までいつも約束を破ってきました。したがってまた破るだろうと信じる十分な理由があるのです。）

■要約・結論

To sum up, ...（要約すると） In summary, ...（要するに）	<u>To sum up</u>, there is urgent need to preserve and protect the natural heritage in this region. （[これまでの議論を] 要約すると，この地域の自然遺産の保全をおこなう喫緊の必要性がある。）

To conclude, ... （結論を言うと…）	In conclusion, it is dangerous to put too much emphasis on English at elementary school. （結論は，小学校で英語に重きを置きすぎるのは危険である，ということである。）
In conclusion, ... （結論は…）	
We can [may] conclude that ... （…と結論することができる）	

■推論・帰結

if ... （もし…ならば） then （そうならば）《if... then ... の形で》	If a firm can replace 1 machine with 2 workers and maintain the same output, and if a worker costs $12,000 a year and a machine costs $25,000 a year to rent, then by reducing machines by 1 and hiring 2 workers, the firm can reduce total costs. (Joseph Stiglitz, *Economics*.) （1台の機械を2人の労働者で置き換えて同じ産出高を維持することができれば，そして1人の労働者の人件費が年間12,000ドル，機械のレンタル料が年間25,000ドルであれば，機械を1台減らし2人の労働者を雇うことにより，企業は総費用を削減できる。）
may （かもしれない）	When the green leaves of a plant turn brown, it may be a sign that the plant is sick. It can also be a sign of the season of year. （植物の緑葉が茶色になると，それは病気にかかっていることを示しているのかもしれない。季節の推移を表していることもあり得る。） （Edward Spargo, *Timed Reading Plus*. Book 2.）
can （あり得る） might （あり得る） could （あり得る）	An e-mail message from him might [could] arrive at any moment. （この瞬間にも彼からメールが届くことはあり得ることだ。） 《低い可能性を表す》
will （であろう）	With a few minor corrections, your report will be fine. （いくつか小さな修正をほどこせば，あなたのレポートは満足なものになるでしょう。）
would （であろう）	It would be boring to sit through the whole lecture. （その講義をずっと聞いているのは退屈でしょう。）
should （はずである）	The document should be in the filing cabinet. （その書類は書類整理棚の中にあるはずだ。）
must （ちがいない）	There must be something wrong with the server. （サーバーに問題があるに違いない。）

8. 論理を示す英語表現

■逆接・譲歩・容認

but ...（しかし…）	The letter confirmed that the money would be refunded, but I have not got it back yet. （手紙には、お金は返還されると書かれているが、私はいまだに受け取っていない。）
..., however, ... （しかしながら）	There is no question about the wonderful features of the machine. Whether it will sell in Japan, however, is open to question. （その機械のすばらしい特徴については疑問はない。しかしながら日本で売れるかどうかについては疑問である。）
although / though ... （…ではあるが）	The main focus of the Department of Literature is in Japanese literature, although students can study Chinese or European literature as their sub-majors. （文学科の教育内容は主に日本文学です。もっとも、中国文学やヨーロッパ文学を副専攻として学習することもできます。）
nevertheless （しかしながら）	He was never a member of the cabinet. Nevertheless, he was extremely influential during his lifetime. （彼は一度も入閣したことはなかった。しかしながら、生涯にわたって極めて大きな影響力を持った。）
yet ...（とはいえ）	In order to be a professional musician, we need to have special training and experience. Yet, to some degree, each of us is a musician. （プロの音楽家になるには特別な訓練と経験が必要だ。とはいえ、われわれはある程度はだれでも音楽家なのだ。）
still（それでもなお） 《but とともに》	It is possible that he forgot to e-mail me, but it is still possible for his message to reach me at any moment today. （彼が私宛のメールを出し忘れたことはあり得るが、それでもなお、今日、この瞬間にも彼のメッセージが届くことはあり得ることだ。）

■類似

similarly（同様に） likewise（同じようにして） in a similar way （同じようにして）	At the party, men are expected to wear a jacket and a tie. Similarly, women must wear a dress. （パーティーでは男性はジャケットとネクタイを着用することが求められる。同様に女性はドレスを着用しなければならない。）
like（と同様に）	Like Mozart, Schubert was educated by his father in his early childhood. （モーツァルトと同様に、シューベルトは幼児期に父親から教育を受けた。）

in the same way（同様に）	I was brought up by my parents in an old fashioned way. I brought up my children <u>in much the same way</u>. （私は，親から古風なしつけをされて育った。私も自分の子どもを全く同様に育てた。）

■相違を浮かび上がらせる

..., but ...（…であるが…）	He has twin sons. One is brilliant at school and good at most subjects, <u>but</u> the other is a sportsman and poor at most academic subjects. （彼には双子の息子がいる。一人は学校で優等生でありほとんどの学科で優れているが，もう一人の息子はスポーツマンタイプで，学科の勉強は芳しくない。）
... on the other hand, ...（…他方…）	Traveling abroad is a wonderful experience. <u>On the other hand</u>, it costs too much money. （海外旅行はすばらしい経験だ。他方，とてもお金がかかる。）
..., while ...（…他方…）	Young people lack experience, <u>while</u> old people lack physical power. （若者には経験が欠けているが，他方，老人には体力が欠けている。）
whereas ...（…の一方で）	I feel quite relaxed in a room with pale blue walls, <u>whereas</u> red walls make me feel a little tense. （壁が水色の部屋ではとても落ち着くのに対して，赤い壁の部屋ではすこし緊張する。）
by contrast ／ in contrast（対照的に…）	In Britain, people in the countryside often live in old houses which are generally large. <u>By contrast</u>, most people in a big city like London live in a small flat. （イギリスでは，田舎の人々は大体において大きな古い家に住んでいる。それとは対照的に，ロンドンのような大都会では多くの人々は小さなアパートに住んでいる。）
conversely（反対に）	On its way out, the plane will have a tailwind. On its way back home, <u>conversely</u>, it will have a headwind. （飛行機は，往路は順風を受ける。反対に，復路は逆風になる。）
on the contrary（反対に）	He has not given up. <u>On the contrary</u>, he is determined to succeed. （彼はあきらめていない。それどころか，断固成功する気構えである。）

unlike ... (…とは異なり)	**Unlike** Schubert, Mozart spent most of his childhood traveling. (シューベルトとは異なり、モーツァルトは幼少期の大部分を旅に費やした。)

9 定義するための英語表現

1. 説明しようとするものを主語にして,「〇〇 is ...（〇〇は…である）」または「〇〇 is a kind of ...（〇〇は…の一種である）」という形で説明する。

～ is ... (～は…である)	"An apple" **is a round fruit** with red or green skin. （「リンゴ」とは，赤または緑色の皮のついた丸い形の果実である。）《物を定義》
	"Hope" **is a feeling** that something you want will happen. （「希望」とは，自分が欲することが起きるだろうという感情である。）《概念を定義》
～ is a kind of ... (～は…の一種である)	A symphony **is a kind of** musical composition. （交響曲とは音楽形式の一種である。）

2. define（定義する）という言葉を用い，定義しようとする言葉を主語にして，「〇〇 is defined as ...（〇〇は…と定義される）」という形で語義を示すこともできる。mean（意味する）という言葉を用いて「〇〇 means ...（〇〇は…という意味である）」という形をとることもできる。

～ can be defined as ... (～は…と定義される)	"Hope" <u>can be defined as</u> a feeling that something you want will happen. （「希望」とは，自分が欲することが起きるだろうという感情だと定義することができる。）
According to Kojien, ～ is ... (広辞苑によると，～とは…である)	<u>According to COD</u>, "democracy" is a system of government by the whole population, usually through elected representatives. （コンサイス・オックスフォード英語辞典によると，「民主主義」とは，すべての人民による，通常は選出された代表者を通して行われる政治制度のことである。）
OED defines ～ as ... (オックスフォード英語辞典は，～を…と定義している。)	

10 例をあげるための英語表現

for example や for instance を用いて具体例を導入することができる。これらの語句は文頭，または文中に置く。

for example ... （たとえば…） for instance ... （たとえば…）	In the Meiji period, a number of brilliant men were sent to the West to study advanced technology and ideas. Mori Ogai, <u>for example</u>, went to Germany to study hygiene. （明治時代，多くの優秀な人たちが，進んだ技術や思想を学ぶために欧米に派遣された。たとえば，森鷗外は衛生学を学ぶためにドイツへ行った。）
one example is ... （一つの例は…である）	Some types of noodles are far more popular in certain regions than elsewhere. <u>One example is</u> kishimen. （他の地域よりもある特定の地域で好んで食される麺類がある。その一つの例はきしめんである。）
such ~ as ... / such as ... （…のような~ / …のような）	Our curriculum offers a variety of language courses. You can take <u>such</u> Asian languages <u>as</u> Chinese and Korean. （本校のカリキュラムにおいては，さまざまな語学クラスを提供しています。中国語や朝鮮語のようなアジアの言語を履修することができます。）
~ like ...（…のような~）	Fruits <u>like</u> oranges and bananas are important sources of vitamins and minerals. （オレンジやバナナのような果物はビタミンやミネラルの重要な供給源です。）

11 一般論を述べるための英語表現

1. 一般的な真実を述べる場合には現在形を用いる。will を用いる場合もある。
2. 個別のものを特定するような言い方をしない。複数形などを活用する（people, politicians, cats, など。）
3. in general / generally （一般的に，大体），on the whole （全般的に）のように一般論を示す語句や，tend to ＋ 不定詞 / there is a tendency toward ... （する傾向がある）のように一定の傾向を示す言葉を活用する。
4. often / frequently のように，頻度の高さを示す言葉や，normally / usually のように日常性を示す言葉を活用する。

generally （一般的に，大体）	You can order a specific dish to suit your appetite and taste, but during the lunch time, people <u>generally</u> order a set menu called "today's lunch." （ご自分の食欲と好みに合わせて個別に料理を注文することもできますが，昼食時には大体において皆さん，「今日のランチ」という定食メニューを注文します。）

on the whole（全般的に）	In France, it can be cold in winter, but <u>on the whole</u> the climate is mild. （フランスでは，冬に寒くなることもあるが，大体において，気候は温暖である。）
often（しばしば）	British people <u>often</u> travel to Spain on vacation. （イギリス人はしばしば休暇でスペインへ旅行する。）

▌12▐ 見解・主張を示す英語表現

トピック文で見解・主張を述べるためには，見解・観点，主張，推量などを表す語句を用いるとよい。下記はその代表例である。

助動詞を用いる —— must, would, may, should, might, could，など
感情や見解，印象を表す動詞を用いる —— I feel, I think, It seems, など
観点を表す語句を用いる —— in my opinion, it is important to ...* など
推量を表す副詞を用いる —— certainly, probably, perhaps, possibly など

* it is ... to ...のように判断や評価を示す表現は，「15. It is ... to ... / It is ... that ... の英語表現」を参照。

トピック文の内容そのものに見解や主張が含まれている場合には，特に，これらの語句を用いて明示する必要はない。

▌13▐ 意見や感情を示す英語表現

■思考，判断，感情，想念を表す副詞
下記のような副詞を用いて文全体を修飾し，文の内容に一定の思考，判断，感情，想念を投影させる。

actually（実際に，実際は）	admittedly（だれもが認めるように，疑いもなく）	amazingly（驚くべきことには）
apparently（見たところでは）	basically（基本的に言えば）	certainly（たしかに）
clearly（明らかに）	curiously（奇妙にも）	definitely（間違いなく）
essentially（本質的には）	evidently（明らかに）	fortunately（幸運にも）
fundamentally（根本的に，本来）	generally（一般的に）	honestly（正直に打ち明けて，まったく）
hopefully（うまくいけば）	ideally（理想的には）	importantly（重要なことには）

indeed（本当に）	luckily（幸運にも）	naturally（当然）
obviously（明らかに）	officially（公式的には）	perhaps（ことによると，たぶん）
personally（個人的には）	possibly（ひょっとしたら）	precisely（正確に）
preferably（なるべくならば）	presumably（思うに）	really（ほんとうに，実際は）
reasonably（当然）	regrettably（残念なことに）	reportedly（伝えられるところによれば）
rightly（当然のことながら）	sadly（悲しいことに）	specifically（特に，具体的に言うと）
strangely（奇妙なことに）	supposedly（推定では）	surely（確かに）
surprisingly（驚くべきことに）	technically（技術的には）	theoretically（理論的には）
undeniably（まぎれもなく）	understandably（当然のことながら）	undoubtedly（疑いなく）
unfortunately（残念ながら）	unquestionably（疑いなく）	wrongly（間違って）
《以下，副詞句》		
broadly speaking（おおまかに言って）	generally speaking（一般的に言って）	no doubt（疑いなく）
of course（もちろん）	roughly speaking（大ざっぱに言って）	sad to say（悲しいことに）
strictly speaking（厳密に言って）	to be honest（本当のところ）	to be sure（確かに）
to my embarrassment（困ったことには）	to my regret（残念ながら）	to my surprise（驚いたことには）
*その他，副詞に more や enough を添えて，oddly enough（とても奇妙なことに）/ more importantly（さらに重要なことには）など。		

　上に示した副詞の多くは，それに対応する形容詞がある。その形容詞を用いて，下の例のように「it is 形容詞 that...」の形で同じ意味を表すことができる。

it is clear that ... / it is obvious that ... / it is surprising that ... / it is sad that ... / it is lucky that ... / it is fortunate that ... / it is unfortunate that ... / it is important that ...

■価値判断・現実認識を表す形容詞
　次のような形容詞を用いて語句を修飾し，筆者の思考，判断，感情，想念を投影させる。

13. 意見や感情を示す英語表現

abominable（いまわしい）	absurd（ばかげた）	acceptable（容認できる）
accurate（正確な）	adequate（十分な）	admirable（賞賛すべき）
affable（親しみのもてる）	agreeable（好ましい）	amusing（楽しい）
annoying（うっとうしい）	appropriate（適切な）	attractive（人を引き付ける）
awful（ひどい）	charming（魅力的な）	childish（子供みた）
comical（滑稽な）	correct（正しい）	crazy（きちがいじみた）
credible（信用できる）	crucial（重要な）	dangerous（危険な）
deceitful（惑わしに満ちた）	deceiving（人を惑わす）	delightful（楽しい）
desirable（望ましい）	detestable（いまいましい）	disappointing（期待はずれの）
distasteful（不愉快な）	doubtful（疑わしい）	enjoyable（楽しい）
exasperating（腹立たしい）	exciting（わくわくする）	fair（公平な）
favorable（好意ある，有利な）	foolish（ばかげた）	friendly（友好的な）
funny（おもしろい）	helpful（役立つ）	important（重要な）
incredible（信じられない）	infuriating（ひどく腹立たしい）	interesting（興味深い）
irritating（いらだたしい）	lovable（愛すべき）	lovely（愛らしい）
marvelous（すばらしい）	objectionable（不愉快な）	offensive（感情を害する）
reasonable（妥当な）	ridiculous（嗤うべき）	silly（ばかげた）
strange（奇妙な）	suitable（適切な）	surprising（驚くべき）
thrilling（どきどきする）	unacceptable（受け入れがたい）	unbelievable（信じられない）
unfair（不公平な）	unpleasant（不愉快な）	unreasonable（不合理な）
wonderful（すばらしい）		

■「私は…する」の形で意見や感情を表現する

I think (that) ...（私は…と考える）	I suppose (that) ...（私は…と考える）
I assume (that) ...（私は…と推測する）	I presume (that) ...（私は…と推定する）
I agree ...（私は…に賛成する）	I disagree ...（私は…に反対する）
I feel (that) ...（私は…と感じる）	I sense (that) ...（私は…を感じる）
I wish (that) ...（私は…を望む）	I hope (that) ...（私は…を望む）
I have a feeling (that) ...（私は…ということを感じる）	I have a sense (that) ...（私は…ということを感じる）
I want to ...（私は…を望む）	I would like to ...（私は…したい）
I feel like 〜ing ...（私は…したい）	I enjoy ...（私は…することが楽しい）

I like ... (私は…を好む)	I dislike ... (私は…が嫌いだ)
I love ... (私は…がとても好きだ)	I hate ... (私は…がとても嫌いだ)
I prefer ... (私は…の方が好きだ)	I would rather ... (私はむしろ…したい)

■「I am 形容詞」(私は…だ) の形で感情や態度を表現する

I am determined to ... (…する決心だ)	I am afraid that ... (残念に思う)
I am interested in ... (…に興味がある)	I am eager to ... (とても…したい)
I am happy (to/that) ... (うれしい)	I am angry (at/that) ... (腹が立つ)
I am worried (about / that) ... (心配だ)	I am anxious (about/that) ... (心配だ)
I am satisfied (with) ... (満足だ)	I am pleased (to/with/that) ... (うれしい)
I am glad (to/that) ... (うれしい)	I am delighted (that) ... (うれしい)
I am excited ... (わくわくする)	I am impressed ... (感銘を受ける)
I am surprised ... (驚く)	I am disappointed ... (がっかりだ)
I am displeased ... (不満だ)	I am aware (of/that) ... (気付いている)
I am sure (of/that) ... (確信している)	I am confident (of/that) ... (確信している)

14 強調を示す英語の副詞

absolutely (全く)	There was absolutely nothing in the cabinet. (キャビネットの中には全く何も無かった。)
awfully (とても / ひどく)	I'm awfully sorry for the trouble. (面倒を起こしてほんとうにすみません。)
completely (全く)	The campaign was completely successful. (キャンペーンは大成功だった。)
deeply (ひどく / 非常に)	Two passengers were deeply wounded in the accident. (二人の乗客が事故で重傷を負った。)
enough (いかにも)	Oddly enough, he said he did not receive my e-mail. (実に不思議なことだが，彼は私の電子メールを受け取っていないと言った。)
entirely (全く)	I entirely agree with you. (私はあなたに全く賛成です。)
extremely (きわめて)	It is extremely difficult to solve the problem. (その問題を解決するのはきわめて難しい。)
greatly (とても)	The building was greatly damaged by the fire. (建物はその火事でひどく損傷を受けた。)

highly（とても）	The workers are <u>highly</u> motivated for their job. （従業員たちは仕事に対してとても意欲的だ。）
immensely（とても）	I enjoyed the party <u>immensely</u>. （パーティーはとても楽しかった。）
indeed（本当に）	My mother is pleased <u>indeed</u> to have received a present from you. （私の母はあなたから贈り物をいただいてとても喜んでおります。）
intensely（非常に／ひどく）	The student dislikes the teacher <u>intensely</u>. （その学生はその先生をひどく嫌っている。）
much（とても）	He is <u>much</u> too delicate a man for a tough world of politics. （彼は過酷な政治の世界で生きていくにはあまりにデリケートな男だ。）
really（本当に）	The car is <u>really</u> cool. （その車はほんとうにかっこいい。）
simply（全く／単に）	The holidays <u>simply</u> sped by. （休日はただ漫然と過ぎて行った。）
strongly（強く）	They were <u>strongly</u> opposed to my opinion. （彼らは私の意見に強く反対した。）
terribly（とても）	It is <u>terribly</u> hard to pass the examination. （その試験に合格することはとても難しい。）
utterly（全く）	His answer is <u>utterly</u> wrong. （彼の答えは全く間違っている。）
very（とても）	The dinner was <u>very</u> good. （ディナーはとても美味しかった。）

15 It is ... to .../It is ... that ...（…することは…である）の英語表現

It is convenient to ...（便利な）	It is difficult to ...（難しい）
It is easy to ...（容易な）	It is impossible to ...（不可能な）
It is necessary to ...（必要な）	It is important to ...［It is important that ...］（重要な）
It is kind of you to ...（親切な）	It is a good idea to ...（良い考え）
It is a pity to ...（残念な）	It is clear that ...（明らかな）
It is obvious［evident］that ...（明らかな）	It is surprising to ...［It is surprising that ...］（驚くべき）
It is natural to ...［It is natural that ...］（自然な）	It is notable that ...（注意に値する）

It should be made clear that ... （明らかにすべき）	It must be remembered that ... （銘記すべき）
It is said that ...（言われる）	It is known that ...（知られている）
It seems that ...（…のように見える）	It is as if ... （あたかも…のよう）
It looks as if ... （あたかも…のように見える）	It happens that ...（たまたま…である）
It turns out (to/that) ... （…ということがわかる）	It occurs (to ...) that ...（思いつく）

16 ビジネスレターでよく使われる英語表現

（以下の文例中，組織を代表する立場で主体を表す場合は，いずれも I → we，me → us，my → our となる。）

1. 手紙の趣旨・目的を示す

「I am writing to you」に続けて目的や用件を示す。

> I am writing to you (to...)（…するためにお手紙を差し上げます。）
>   to ask a few questions about ...（…についていくつかお尋ねする）
>   to inform you that ...（…ということをお知らせする）
>   to apologize for ...（…についてお詫びをする）
>   to confirm ...（…を確認する）
>
>   regarding ...（…に関して）
>   because (I want to) ...（…［したい］ので）

《作文例》

- <u>I am writing to you to ask</u> you a few questions regarding your mail order system.
  （貴店の通信販売システムについてお尋ねするためにお手紙を差し上げます。）

- <u>I am writing to express</u> an interest in a full-time position of system administrator at your institute.
  （貴研究所でのシステム管理者の常勤ポストに興味があり，お手紙を差し上げます。）

2. 用件や件名を示す

ビジネスレターでは用件や件名を示すために次のような表現が用いられる。

> With reference to ...（…（の件）につきまして…）
> With regard to ...　…（（の件）につきまして…）
> Regarding ...　　（…に関しまして…）

《作文例》
- With reference to our telephone conversation today, I am writing to confirm your order for: *Writing Skills* Ref. No. 10234.（本日のお電話の件に関しまして，注文番号10234『作文技法』のご注文を確認させていただくためにお手紙を差し上げます。）
- With regard to your letter of June 7, we regret to inform you that the closing date for the application has passed.（6月7日のお手紙につきまして，お知らせいたします。残念ながら応募の締め切りは過ぎております。）
- Regarding your question about our refund system, I am pleased to inform you that the payment will be fully refunded.（返金システムについてお尋ねの件ですが，入金額を全額返済させていただきますので，その旨お知らせいたします。）

3. 返信の手紙である旨を示す

　返信の場合は，何に対する返事なのかを冒頭で明らかにすることが大切である。よく用いられる形は，「Thank you for ...」のように，相手からの手紙にお礼を言う形で，それに対する返事である旨を知らせることである。必要であれば，手紙の前提となる前段階のやり取りに言及することもあるだろう。

　ビジネスレターでは特に相手の手紙の日付を示すことを心がけよう。

```
Thank you (very much) for your ...（…をありがとうございました。）
                      for your letter 〜ing ...（…のお手紙を）
                      for your letter, which I received on ...
                        （…日に拝受いたしましたお手紙を）
                      for your letter dated ...（…日付のお手紙を）
                      for your letter of ...（…日付のお手紙を）
In answer to (your ...) ...（…へのお答えとしましては）
In response [reply] to (your ...) ...（…へのご返事としましては）
```

　「your letter」以外に，問い合わせの手紙であれば「inquiry (enquiry)」や「query」がある。また，日付の示し方は，「your letter dated January 9」「your letter of January 9」となる。

《作文例》
- Thank you very much for your letter dated June 12, asking for information about our program.（私どもの教育プログラムについてお尋ねの6月12日付のお手紙，ありがとうございました。）
- Thank you for your letter, which I received yesterday.
（お手紙ありがとうございました。昨日拝受いたしました。）
- Thank you for your invitation to dinner.
（夕食のお誘いありがとうございました。）
- In answer to your question about the accommodation, I would suggest you

contact the official who is in charge of the college dormitory.（下宿先に関するご質問へのお答えとしましては，カレッジの寮を担当している職員に連絡をお取りになってはいかがでしょうか。）

4. 依頼する

相手に何かをしてもらいたいのならば，それを簡潔明快に書く。一体，何をしてほしいのか，手紙を受け取った人がはっきりわかるように書くことが大切である。

> I would be grateful if you could …（…していただければ幸いです。）
> Could I ask you to …?（…していただいてよろしいでしょうか。）
> Could you please …?（…していただけませんか。）
> Please …（…してください。）

《作文例》
- I am very interested in the intensive summer program at your school and <u>I would be grateful if you could</u> send me your latest brochure.（貴校の夏期集中講座に関心がありますので，最新の案内書をお送りいただければ幸いです。）
- Regarding your advertisement in today's *Hayaoki Shimbun*, <u>could you please</u> send me a copy of your latest catalogue?（本日の『早起き新聞』掲載の広告につきまして，最新のカタログをお送りいただけませんか。）

手紙の用件が一つだけではなくもう一つある場合，同様の構文を用いて also で続ける。（依頼内容が複数ある場合には，何をしてもらいたいのかを相手に明確に示すことが特に大切である。）

《作文例》
- I would like to know if you want me to see you at the airport. I would <u>also</u> like to know if you want a hotel accommodation during your stay in Kyoto.（空港まで出迎えに参った方がよいかどうかお知らせください。また京都滞在中のホテルの手配をしてほしいかどうかもお知らせください。）

5. 相手にとって好ましいことや残念なことを伝える

> I am pleased to …（喜ばしいことには…）
> I am delighted to …（…してうれしく思います）
> Unfortunately …（残念ながら…）
> I am afraid (that) …（残念ながら/あいにく…）
> I am sorry to inform you that …
>   （残念ながら…ということをお知らせいたします。）＜やや堅い表現＞
> I regret that … / I regret to inform you that …
>   （残念ながら…です。／残念ながら…ということをお知らせいたします。）

16. ビジネスレターでよく使われる英語表現

《作文例》
- <u>We are pleased to inform you that</u> you were admitted at the Gold School of Economics.
(ゴールド経済専門学校への入校が許可されましたのでお知らせいたします。)

- Thank you very much for your letter asking me about our working hours. Our normal working hours is 10:00 to 16:00 on Monday through Thursday, but <u>unfortunately</u> we will be closed all next week because all the staff are away taking a business trip.
(営業時間のお尋ねをいただきありがとうございました。通常の営業時間は月曜日から木曜日の 10:00 から 16:00 です。しかし残念ながら来週はスタッフ全員が出張で不在のため閉店しています。)

- <u>I am afraid</u> I must cancel my reservation.
(残念ながら予約の取り消しをさせていただきます。)

6. お詫びの言葉を述べる

```
Please accept my (sincere) apologies for ...
    (…に対し [心より] お詫び申し上げます。)
I apologize for ... (…に対しお詫び申し上げます。)
            for the delay (遅れに対して)
            for the trouble (ご迷惑をおかけして)
```

《作文例》
- <u>Please accept my sincere apologies</u> for the delay.
(遅れに対し心よりお詫び申し上げます。)

- <u>I apologize for</u> any inconvenience this may cause.
(この件でご不便をおかけいたしお詫び申し上げます。)

7. 本文をしめくくる
□協力・支援をほのめかせながら手紙をしめくくる

```
Please contact me again if ... (もし…でしたらまた私にご連絡ください。)
Please do not hesitate to contact me for ... / if ...
    (…が必要でしたら/もし…でしたらご遠慮なくまた私にご連絡ください。)
            ... if we can help in any way. (もしお力になれるようでしたら…)
            ... if there are any problems. (もしなにか問題がありましたら…)
            ... if you have any questions. (もしなにかご質問がありましたら…)
            ... for further information (さらに情報が必要でしたら)
            ... for further questions (さらにご質問がありましたら…)
```

□感謝の言葉で手紙をしめくくる

```
Thank you very much for your ... (…していただきありがとうございました。)
```

《作文例》
- Thank you for your help. (お世話になりありがとうございました。)
- Thank you again for your kind consideration.
  (ご親切いただき重ねてお礼を申し上げます。)

□返事・再会などを期待しつつ手紙をしめくくる

I look forward to … (…をお待ちしています。)

《作文例》
- I look forward to your reply. (ご返事をお待ちしております。)
- I look forward to hearing from you soon.
  (すぐにお便りをいただけるものと期待しております。)
- I look forward to meeting you at Kyoto next month.
  (来月京都でお会いできることを楽しみにしております。)

8. 結語

Best wishes, ＜親しい人に宛てる場合＞
Best regards, ＜親しい仕事相手に宛てる場合＞
Yours sincerely, ＜フォーマルな手紙＞
Sincerely, ＜フォーマルな手紙＞
Sincerely yours, ＜フォーマルな手紙：アメリカ式＞
Yours faithfully, ＜イギリス式で，手紙を Dear Sir や Dear Madam で始めた場合＊＞

＊ Dear Mr. Smith の様に特定の相手に宛てる場合にはイギリス式では，Yours sincerely, を用いる。）

9. その他
□同封物に言及する

Please find enclosed … (同封の…をご覧ください。)＜堅い表現＞
Enclosed is … (…を同封しております。)
I have enclosed … / I enclose … / I am enclosing …
  (…を同封いたしております。)

《作文例》
- I enclose my résumé for your consideration.
  (私の履歴書を同封いたしておりますのでご検討ください。)

□別便で送ることを知らせる

I am sending you separately … (…を別便で送ります。)

《作文例》
- <u>I am sending you separately</u> a copy of my recently published book.
（私の近刊書を一冊別便で送ります。）

17 親しい相手への手紙によく使われる英語表現

「18. 電子メールでよく使われる表現」も参照。

1. 相手の手紙を受け取ったことを知らせる

> Thanks for your letter.（手紙ありがとう。）
> I was really pleased to get your letter.
> 　（手紙をもらって本当にうれしかったよ。）
> It was great to hear from you.（お便りありがとう。）
> It was good to hear from you.　[Good to hear ...]
> 　（お便りありがとう。）
> It was good to hear that ...　[I'm glad to hear that ...]
> 　（…とはうれしいことです。）

《作文例》
- <u>It was good to hear</u> from you again.（再度のお便りありがとう。）
- <u>It was good to hear</u> that you're doing well in France.
（フランスではうまくいっているとのこと、うれしいことです。）

2. 日常的な挨拶
《作文例》
□挨拶

> How are you?（元気？）
> How have you been?（元気にしてた？）
> How're things?（調子はどう？）
> I hope you are well.（元気にしていることでしょう。）

□無沙汰を詫びる

> Sorry it's been so long since ...（…以来ご無沙汰していてごめん。）
> Sorry I haven't written lately.（最近ご無沙汰していてごめん。）
> Sorry I haven't written for so long.（長いことご無沙汰してごめん。）

3. 用件のみを記した簡単なメッセージである旨を知らせる
短い手紙の書き出しに使われる。

> Just a quick note [word] to ... (ちょっと手短に…。)
> This is just to ... (手短に…。)
> I'd just like to ... (ちょっと…したい。)

《作文例》
- <u>Just a quick note to</u> let you know that I will be out of town next week.
 (来週は留守にしますので手短にお知らせします。)
- <u>Just a quick word to</u> thank you for the nice present.
 (すてきなプレゼントのお礼を一言。)
- <u>This is just to remind you that</u> the closing date for the application is tomorrow. (応募の締め切りは明日なので手短に知らせします。)
- <u>I'd just like to know</u> if you are available next week.
 (来週手が空いているかどうかちょっと知りたいんだが。)

4. 相手から聞きたい旨を示す

> Let me know ... (…を知らせてくれ。)

5. 相手からの返事を期待する言葉

> It would be great to hear from you. (お便りくれたらうれしいです。)
> Just drop me a line when ... (…したらお手紙をください。)
> * drop ＋人＋ a line「短い手紙を書く」

《作文例》
- <u>Just drop me a line when</u> you need help.
 (お役に立てることがあったらお便りください。)

6. しめくくりの言葉

> Let's keep in touch. (お互い連絡を取り合いましょう。)＜今後の交流を期す言葉＞
> Give my regards to ... (…によろしく。)
> Take care. (お元気で。)
> Hope to see you soon. (近いうちに会おうね。)
> Hope to hear from you soon. (近いうちにお手紙をください。)

7. 結語

> Love, ＜親しい友人に宛てる場合；with love from …の形もある。＞
> Lots of love, ＜親しい友人に宛てる場合＞
> Best wishes, ＜親しい人に宛てる場合＞
> Regards, ＜同僚に宛てる場合＞

18 電子メールでよく使われる英語表現

あわせて「16. ビジネスレターでよく使われる表現」「17. 親しい相手への手紙によく使われる表現」も参照。

電子メールで用いる英語は、形式ばらないということ以外は、特にビジネスレターなどと変わるところはない。送信時刻や発信者・受信者が自動的に表示される、という電子通信の特徴により、様式は簡略的になる。次のような語句は特に電子メールのメッセージでよく用いられる。

1. メールを送る

> send ... an e-mail [send an e-mail to ...]（メールを…に送信する）
> send ... by [via] e-mail（…をメールで送信する）

《作文例》
- Please <u>send me an e-mail</u> if you have any question.
  (ご質問がありましたらメールをお送りください。)
- We will soon be <u>sending</u> a confirmation of your order <u>by e-mail</u>.
  (注文確認をすぐにメールにてお送りいたします。)

2. メールを受け取る

> get [receive] an e-mail（メールを受信する）

《作文例》
- I <u>got your e-mail</u> yesterday.（昨日、メールを受信いたしました。）
- Thank you very much for your e-mail, <u>which I received</u> today.
  (本日メールをいただきありがとうございました。)

3.（メールに）返信する

> reply to ... / answer ...（[メールに] 返信する）

《作文例》
- I am sorry for being late in <u>replying to</u> your e-mail.
  (返事が遅れてすみませんでした。)
- I am sorry for my late <u>reply</u>.（返事が遅れてすみませんでした。）
- Please do not <u>reply</u> directly to this e-mail address.
  (このメールアドレスに直接返信しないでください。)

4.（メールを）転送する

> forward an e-mail （メールを転送する）

《作文例》
- Your e-mail was forwarded to me from my secretary.
 （秘書からあなたのメールが私へ転送されてきました。）

5. 添付する

> Attach（添付する）/ attachment（添付）

《作文例》
- Attached are the three files you asked for.
 （ご所望の3つのファイルを添付しています。）

- Please find attached an order form.
 （注文用紙を添付していますのでご覧ください。）

- You will see from the attached document that there were as many as 74 students enrolling in the program. [As the attached document shows, ...]
 （添付の文書からわかるとおり、74名もの学生がプログラムに登録しました。）

- I'll send the spreadsheet as an attachment.
 （表を添付で送ります。）

6. その他

> check one's e-mail （メールをチェックする）

《作文例》
- I haven't checked my e-mail over the last few days.
 （二、三日メールをチェックしていませんでした。）

> bounce back （［メールが送信エラーなどで］返送される）

《作文例》
- The e-mail that I sent to your address bounced back, so I am sending this message to your secretary to ask her to print it out.
 （あなたのアドレスへ送信したメールが返送されてきたので、このメッセージを秘書の方へお送りし、印刷してもらいます。）

> ... is posted on the internet at ...
> (… [の情報] はインターネットの… [のアドレス] に載っている)

《作文例》
- The schedule is posted on the internet at http://www.yyy.ac.jp/English.
  (スケジュールは，インターネットの http://www.yyy.ac.jp/English のアドレスに載っている)

19 日記・手帳でよく使われる英語表現

　日記や手帳は，基本的には書いた本人がわかればよく，メモ書きの文体が用いられることが多い。そのような趣旨に照らして，無駄な語句は省き，略語を用いることがしばしばである。
　もちろんこのような文体で書かなければならないというわけではなく，英語学習者としては，正規の文体で書くのもよいことである。英語で日記を書くことは，過去・完了・現在・未来という時制を考慮しながら自分自身の行為を英語で表現する，という点でライティングのよい勉強になるだろう。

■主語の I の省略
《作文例》
- Just got up.（たった今起きたところ。）
- Had lunch at about 2 p.m.（午後2時ごろ昼食をとった。）
- Feeling better today.（今日は気分がよい。）
- Wish I could talk to her now!（いま彼女と話ができたらな。）

■語句の省略
《作文例》
- Back from Tokyo.（東京より帰る。）
- Many of my friends are allergic to pollen. Glad I am not.
  （私の友人の多くは花粉アレルギーだ。私は幸いそうではない。）
- A bit worried about going to hospital today but I will be OK.
  （今日病院にいくことで少し心配だが大丈夫だろう。）
- Very hot and humid.（とても蒸し暑い。）

■略語の使用（&など）
《作文例》
- Miho & Kenji joined me later. Then we went to the Blue Bar & talked a lot.
  （後でミホとケンジが私に合流した。それから，ブルー・バーへ行きおしゃべりした。）

■天候・状況
<天候>

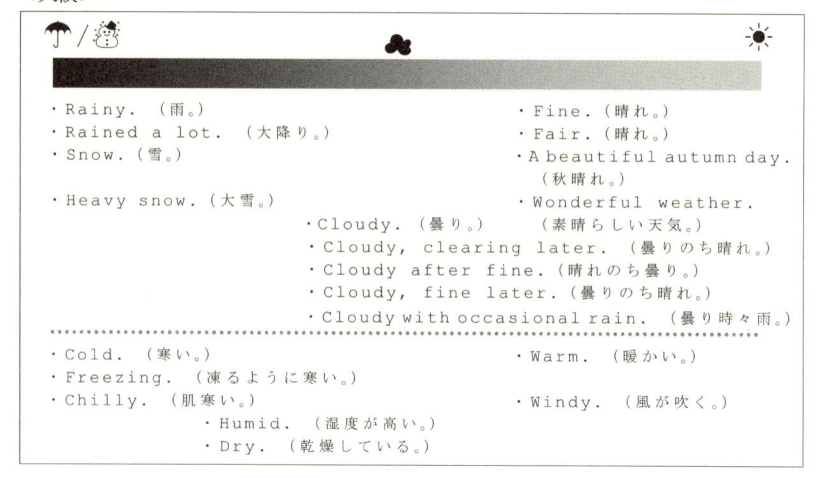

- Rainy.（雨。）
- Rained a lot.（大降り。）
- Snow.（雪。）
- Heavy snow.（大雪。）
  - Cloudy.（曇り。）
  - Cloudy, clearing later.（曇りのち晴れ。）
  - Cloudy after fine.（晴れのち曇り。）
  - Cloudy, fine later.（曇りのち晴れ。）
  - Cloudy with occasional rain.（曇り時々雨。）
- Fine.（晴れ。）
- Fair.（晴れ。）
- A beautiful autumn day.（秋晴れ。）
- Wonderful weather.（素晴らしい天気。）
- Cold.（寒い。）
- Freezing.（凍るように寒い。）
- Chilly.（肌寒い。）
  - Humid.（湿度が高い。）
  - Dry.（乾燥している。）
- Warm.（暖かい。）
- Windy.（風が吹く。）

<状況>
《作文例》

- Hectic.（多忙。）

- Bored all day.（一日中退屈。）

- A hectic day.（多忙な一日。）
  → A ... day. の形

- Haven't done much today.（今日は大したことはしなかった。）

■時制
<一日の出来事を過去形で語る>
《作文例》

- Had a nice day.（良い一日だった。）

- Spent hours cleaning up my room.（部屋の掃除に何時間もかかった。）

- Finished *War and Peace*.（『戦争と平和』読了。）

<最近の継続的行為を完了進行形で語る>
《作文例》

- I have been reading Tolstoy's *War and Peace*.
  （トルストイの『戦争と平和』を読み続けている。）

<現在進行中の行為を進行形で語る>
《作文例》

- Still doing Chemistry.（まだ化学の勉強をしている。）

引用文献

1. 書籍：

Bischof, George and Eunice Bischof. *Sun, Earth, and Man.* New York: Harcourt Brace, 1957.
Bridges, John, and Bryan Curtis. *50 Things Every Young Gentleman Should Know.* Nashville,TN: Rutledge Hill Press, 2006.
Dougill, John. *Kyoto: A Cultural History.* Oxford: Oxford UP, 2006.
Gertler, Nat. *Computers Illustrated.* Indianapolis, IN: Que Corp., 1994.
Harris, Sydney J. *For the Time Being.* Boston: Houghton Mifflin, 1972.
Hodgson, Peter E. *Energy and Environment.* London: Bowerdean Publishing, 1997.
Howard, Micki. "What Happened?" *Surprises and Discoveries about Japan.* Edited by Tomoyasu Miyano. Tokyo: Asahi Press, 2000. 53-56.
Jamestown Publishers. *The Contemporary Reader.* Volume 1, Number 2. New York: Glencoe/McGraw-Hill, 1996.
———. *The Contemporary Reader.* Volume 1, Number 6. New York: Glencoe/McGraw-Hill, 1996.
———. *The Contemporary Reader.* Volume 2, Number 1. New York: Glencoe/McGraw-Hill, 1996.
———. *The Contemporary Reader.* Volume 2, Number 2. New York: Glencoe/McGraw-Hill, 1998.
Jennings, Terry. *Science Success: Starter Book.* Oxford: Oxford UP, 2000.
Joyous, Marc. *Spaceship Earth.* Tokyo: Hokuseido, 1990.
Kenney, Carton. "A Christmas Surprise." *Surprises and Discoveries about Japan.* Edited by Tomoyasu Miyano. Tokyo: Asahi Press, 2000. 77-81.
Kerr, Jacqueline et al. "Randomized Control Trial of a Behavioral Intervention for Overweight Women: Impact on Depressive Symptoms." *Depression and Anxiety* 25 (2008): 555-558.
King, Lester S. *Why Not Say It Clearly: A Guide to Scientific Writing.* Boston: Little, Brown, 1978.
Lander, John S. *World Explorer.* Tokyo: Asahi Press, 2004.
Lindop, Christine, and Dominic Fisher. *Discover Britain.* Tokyo: Asahi Press, 1990.
Mackenzie, M. D., and L. J. Westwood. *Background to Britain.* London: Macmillan Education, 1978.
McConnel, Joan. *Language and Culture.* Edited by Tsuyoshi Amemiya. Tokyo: Seibido, 1981.
McGraw-Hill—Jamestown Education. *Timed Readings Plus in Science.* Book 3.

New York: Glencoe/McGraw-Hill, 2004.
Methold, Ken, and M. Iwagaki. *Talking in English*. Book Two. London: Longman, 1975.
Millward, C. M. *Handbook for Writers*. New York: Holt Rinehart & Winston, 1983.
Murdoch, Iris. *The Sandcastle*. London: Chatto & Windus. 1979.
O'Connor, Willaim F. *Cultural Snapshots*. Tokyo: Nan'un-do, 1991.
Rooney, Andrew A. *Word For Word*. New York: G. P. Putnam's Sons, 1986.
Seely, John. *Writing Reports*. Oxford: Oxford UP, 2002.
Spargo, Edward. *Timed Readings*. Book 3. New York: Glencoe/McGraw-Hill, 1989.
―――. *Timed Reading Plus*. Book 2. New York: Glencoe/McGraw-Hill, 1998.
Stanley, Nancy, Lindsay Brown, and Krystina Kasprowicz. *Think in English 1*. Tokyo: Macmillan Languagehouse, 1998.
Stiglitz, Joseph E. *Economics*. New York: W. W. Norton, 1993.
Taylor, Charles, and Stephen Pople. *Oxford Children's Book of Science*. Oxford: Oxford UP. 2004.
Thill, John V., and Courtland L. Bovée. *Excellence in Business Communication*. 7th ed. Upper Saddle River, NJ: Pearson Prentice Hall, 2007.
The University of Oxford Undergraduate Prospectus 1992-93. Oxford: University Of Oxford, 1991.
Zokowski/Faust, Jean, and Susan S. Johnston. *Steps to Academic Reading 5: Between the Lines*. Boston, MA: Thomson Heinle, 2002.

2．辞書・事典：

Compton's Concise Encyclopedia. San Francisco, CA: Compton's NewMedia, 1991.
Encyclopedia Americana. Danbury, CT.: Grolier, 1995.
Merriam-Webster's Primary Dictionary. Springfield, MA: Merriam-Webster, 2005.
Oxford Illustrated Science Encyclopedia. Oxford: Oxford UP, 2001.
Science Encyclopedia. London: Dorling Kindersley, 1997.

参考文献

1. 書籍（英文書式の手引き）：

Gibaldi, Joseph. *MLA Handbook for Writers of Research Papers*. The Modern Language Association of America. (『MLA 英語論文の手引』（[東京：北星堂書店])

American Psychological Association. *Publication Manual of the American Psychological Association*. (『APA 論文作成マニュアル』[東京：医学書院])。

The University of Chicago Press. *The Chicago Manual of Style*. U of Chicago Press.

2. 辞書・事典：

『ジーニアス英和辞典』（大修館書店）
『ジーニアス和英辞典』（大修館書店）
『新グローバル英和辞典』（三省堂）
『新編英和活用大辞典』（研究社）
『新和英中辞典』（研究社）
『ライトハウス和英辞典』（研究社）
Cambridge Advanced Learner's Dictionary. (Cambridge UP)
Collins COBUILD English Dictionary for Advanced Learners. (HarperCollins)（『コウビルド英英辞典』）
Concise Oxford Thesaurus. (Oxford UP)
Longman Dictionary of American English. (Pearson Education)
Longman Dictionary of Contemporary English. (Pearson Education)（『ロングマン現代英英辞典』）
Oxford Advanced Learner's Dictionary of Current English. (Oxford UP)（『オックスフォード現代英英辞典』）
Oxford Collocations Dictionary for Students of English. (Oxford UP)

[著者紹介]

﨑村　耕二（さきむら こうじ）
1957年福岡市生まれ。1983年九州大学大学院文学研究科修士課程修了。現在，京都工芸繊維大学教授（大学院工芸科学研究科所属）。専門は英語・英文学，言語文化論。主な著書に『英語論文によく使う表現』(1991年：創元社)，『英語で論理的に表現する』(1998年：創元社) がある。

[英語校閲者紹介]

ロジャー・チャールズ・ナン（Roger Charles Nunn）
1951年イングランド生まれ。レディング大学応用言語学センター修士課程修了。Ph.D.（応用言語学）取得。高知大学で英語を教えたのち，現在，the Petroleum Institute（アラブ首長国連邦）准教授。

論理的な英語が書ける本
© Koji Sakimura, 2009　　　　NDC836/ix, 301p/21cm

初版第1刷────2009年7月10日
　第2刷────2012年6月10日

著　者────﨑村耕二
発行者────鈴木一行
発行所────株式会社 大修館書店
　　　　　　〒113-8541 東京都文京区湯島2-1-1
　　　　　　電話 03-3868-2651（販売部）　03-3868-2293（編集部）
　　　　　　振替 00190-7-40504
　　　　　　[出版情報] http://www.taishukan.co.jp/

装丁者────下川雅敏
印刷所────三松堂印刷
製本所────司製本

ISBN978-4-469-24544-8　　Printed in Japan

Ⓡ本書のコピー，スキャン，デジタル化等の無断複製は著作権法上での例外を除き禁じられています。本書を代行業者等の第三者に依頼してスキャンやデジタル化することは，たとえ個人や家庭内での利用であっても著作権法上認められておりません。

効果的な英語論文を書く
―― その内容と表現

J. スウェイルズ、C. フィーク 著　御手洗靖 訳

同じ内容の論文でも書き方によって受ける印象は違う。より効果的な、より洗練された英語論文を目指す人への一冊。豊富な演習問題、解説付。

A5判・374頁　本体3,000円

Seeing Is Writing
英文エッセイ・ライティングの新しい技法

藤枝宏壽、ランドルフ・マン　編著

日本人学生が書いた英文エッセイ25編をモデルに、着想・構成から推敲まで、エッセイ・ライティングに必要な技法をユニークな視点から学ぶ。

A5判・192頁　本体2,100円

ライティングのための英文法

萩野俊哉　著

生徒が書く典型的な誤文を材料に、「書く」ために必要十分な文法事項とそれらを教える際のポイントを懇切丁寧に解説する。英語教師必読の書。

四六判・230頁　本体1,800円

英語教育21世紀叢書
パラグラフ・ライティング指導入門

大井恭子 編著　田畑光義、松井孝志 著

パラグラフ・ライティングとは何か？　どう指導していけばいいのか？　中高での実践例をもとに、英作文指導法を丁寧に解説。

四六判・288頁　本体2,000円

定価＝本体＋税5％　　　　　　　　　　　　　　2012年6月現在